ESTHÉTIQUE ET LOGIQUE

 *PHILOSOPHIE ET LANGAGE*

Roger Pouivet

esthétique et logique

MARDAGA

à D.

© 1996, Pierre Mardaga éditeur
Hayen 11 - B-4140 Sprimont
D. 1996-0024-16

Avant-propos

Ce livre développe l'idée que l'art et la connaissance ne peuvent être opposés. S'ils ne sont pas la même chose, ils sont du même ordre. Cette conviction n'a en soi rien d'original. Elle provient de l'idée que tous les produits humains expriment la même nature humaine à la fois rationnelle et sensible. Il ne saurait y avoir des œuvres humaines exprimant la rationalité et d'autres la sensibilité. Elles sont toujours toutes les deux à l'œuvre dans toute œuvre. Cette thèse est tout à fait traditionnelle. On la trouve chez Aristote. On la trouve chez saint Thomas quand il s'agit de caractériser l'humain comme un composé de forme et de matière. Et après encore, mais sans doute de façon moins assurée d'elle-même.

L'originalité de ce livre réside je crois dans l'effort pour tirer les conséquences de cette thèse pour une reconception de l'esthétique. C'est aujourd'hui une discipline universitaire. Même s'il est outrecuidant de le dire, j'en ai une mauvaise opinion. Une grande partie de ce qui s'écrit sous cette appellation, surtout en France, me semble reposer sur l'idée inverse de celle que je viens de rappeler. Elle me semble présupposer que tout ce qui concerne la beauté, et singulièrement l'art, doit être considéré comme si l'humain n'était pas forme et matière, mais une sorte de créature hybride mi-forme mi-matière, à peine juxtaposées. Ce qui importerait en matière d'esthétique, ce serait la partie sensible. La conséquence de tout cela est que l'esthétique moyenne est trop souvent le refuge de tout ce que la philosophie compte de prétention obscure. Le brouillard des mots y est d'une épaisseur impénétrable et l'ambiance résolument anti-rationaliste.

Dans ce livre, je rejette toute thèse qui suppose l'irréductibilité de la sensibilité à la rationalité. L'esthétique, telle que je l'envisage, est un domaine de la logique, entendue, et je m'en explique dès l'introduction, comme l'étude formelle des relations entre des éléments. Si le livre s'intitule *Esthétique et logique*, ce n'est donc pas du tout pour les opposer. En l'intitulant *Esthétique et connaissance*, titre donné à un recueil de textes de Nelson Goodman et Catherine Z. Elgin, j'aurais craint qu'on m'attribue simplement l'idée selon laquelle l'art nous apprend quelque chose. Je n'en doute pas. Mais je veux surtout expliquer que l'expérience esthétique est de part en part la mise en œuvre de relations logiques parfaitement déterminables.

On pourrait s'inquiéter de la radicalité d'une thèse qui a contre elle une tradition philosophique bien implantée et principalement kantienne. Je suis le premier à m'en inquiéter et j'admets qu'il est possible que je sois un peu excessif. Mais c'est seulement une possibilité et, pour le moment, je ne vois pas la raison de la retenir. J'ai quelque idée des raisons qu'on pourrait avancer pour diagnostiquer un tel excès, et certaines sont même discutées par avance dans ce livre. S'il s'avérait que je suis excessif, je crois que la situation de l'esthétique, au moins en France, l'exige. Le risque est certes d'aller de Charybde en Scylla. Mais je crois qu'il faut vigoureusement tordre le bois dans l'autre sens pour qu'il redevienne droit, quitte à ce que cela casse.

Ce livre est issu d'une thèse de doctorat de philosophie presque intégralement réécrite et reconsidérée à la lumière des avis de ceux qui ont eu à en juger. Je dois beaucoup à Frédéric Nef qui a dirigé mon travail initial. Sans ses critiques au vitriol et ses conseils judicieux j'aurais plus tort encore qu'il ne le pense. Je suis redevable à Jacques Bouveresse, Pascal Engel, Yves Michaud et Claude Panaccio d'une lecture scrupuleuse et bienveillante de ma thèse de doctorat. Pendant mes études, j'ai eu la chance d'avoir pour professeur Lucien Stéphan. Si je pense que l'esthétique peut être autre chose qu'un verbiage creux, c'est que son enseignement et ses écrits montrent que c'est possible. J'ai reçu le concours précieux, sous des formes variées et toutes méritoires, de André Brisard, Arnaud Guilloux, Jacqueline Lagrée, Sandra Laugier, Roland Le Clézio, Pierre Le Quellec-Wolff, Marie-Hélène Le Ny, Nathalie Seilhean, Antonia Soulez, Jacques Virbel. Je remercie pour leur confiance Mario Borillo, Daniel Soutif et, tout particulièrement, Jean-Pierre Cometti. Il va presque sans dire que je remercie Catherine Elgin, Nelson Goodman et Israël Scheffler. *The last but not the least*, je remercie Dorota Sikora, ma femme, et je lui dédie ce livre.

Introduction

1. ESPRITS DE GÉOMÉTRIE, ESPRITS DE FINESSE

Dans les lycées français, et sans doute ailleurs, on classe les élèves en littéraires et scientifiques. On définit ainsi deux grandes catégories d'esprit. Les uns, esprits sensibles, voire esprits de finesse, ne supportent pas la rigueur logique. Les autres, esprits de géométrie, ne connaissent que l'inférence et refusent le désordre de la suggestion intuitive. Certes, parfois un élève est à la fois esthète et mathématicien. C'est alors un esprit double. De réforme en réforme, ce schéma est reproduit. J'ai écrit ce livre parce que je pense qu'il est erroné. Je ne suis certainement pas le seul. On dit souvent qu'il faut redonner leur valeur aux études littéraires, qu'elles ont aussi une forme d'excellence. Pour autant, cela ne signifie certainement pas qu'on conteste la dichotomie fondamentale. On dit aussi qu'il y a une poétique de la science, une imagination scientifique, et les savants aiment bien se donner cette image d'artiste des choses abstraites. On dit encore qu'il y a une forme de rigueur dans la littérature ; on cite la dure loi de la versification ou de la version latine. Mais il ne s'agit que d'introduire un peu d'obscur dans le clair et un peu de clair dans l'obscur, certainement pas de contester l'opposition en question. En revanche, la thèse que j'entends défendre la conteste : *L'expérience esthétique est de part en part cognitive et suppose la maîtrise de systèmes symboliques, c'est-à-dire la capacité à mettre en œuvre des relations logiques entre des éléments déterminés.* Certes, cela ne signifie certainement pas que l'art et la science ne sont qu'une seule chose, que la science est réductible à l'art ou l'inverse, mais que l'activité cognitive est une et s'exerce aussi bien, et selon des modalités au moins comparables, dans le domaine esthétique et dans des domaines conceptuels, comme ceux de la science. Le plaisir esthétique, bien loin de supposer une suspension de la logique, survient sur l'activité cognitive en œuvre dans l'expérience esthétique.

2. LOGIQUE PHILOSOPHIQUE

Dire que l'expérience esthétique est de part en part cognitive et suppose la maîtrise de systèmes symboliques revient à contester l'opposition entre esthétique et logique — telle au moins qu'elle apparaît chez Kant dans la distinction du jugement esthétique (de goût pur) et du jugement de connaissance (que Kant dit logique). On pourrait cependant considérer que le terme «logique» ne convient absolument pas dans ce cadre parce que la logique concerne la théorie des inférences valides. Mais la logique, c'est aussi la théorie générale de la référence. Par «logique», j'entends ce que les anglo-saxons appelle *«philosophical logic»*. Elle ne consiste pas à codifier les arguments et à fournir, en partant d'axiomes, des tests de consistance et de validité. Elle concerne les arguments, la signification et la vérité[1]. Ici, ce qui est en jeu ce sont les opérations et les règles logiques constitutives, à mon sens, du fonctionnement esthétique de certains objets, opérations et règles qui doivent être maîtrisées pour qu'une expérience esthétique soit possible. Cette façon large de comprendre la logique est tout à fait traditionnelle et c'est seulement le rôle que jouent les différents calculs dans la logique formelle symbolique depuis le début du siècle qui peut laisser penser que la logique en général se limite à la théorie des inférences logiques. L'acception de la logique que je fais mienne correspond ainsi à ce que l'on trouve chez Aristote, dans le *Des Catégories* ou le *De l'Interprétation*, et chez les auteurs médiévaux[2]. Elle est présentée par exemple chez Ockham :

> La logique sert à rendre facile de percevoir la valeur des mots et la façon propre de parler. Car grâce à cet art, on sait facilement ce que disent les auteurs au sens littéral du discours, ce qu'ils disent, non au sens littéral, mais selon la façon courante de parler ou d'après leur intention particulière, ce que l'on dit proprement, ce que l'on dit métaphoriquement ; et cela est surtout nécessaire à tous ceux qui s'appliquent à comprendre les paroles d'autrui ; car ceux qui interprètent toujours au sens littéral et propre tous les propos des auteurs tombent dans de nombreuses erreurs et d'inextricables difficultés[3].

Ainsi la logique porte aussi sur le rapport entre le signe (ou, comme je dirai, le symbole) et ce à quoi il réfère, selon toutes les modalités possibles de ce rapport. C'est cela qui sera en question dans ce livre et qui justifie l'emploi du terme «logique» dans son titre.

Qu'esthétique et logique ne fassent pas bon ménage est devenu une *évidence* pour le discours moderne sur l'art après Kant. La seule constestation d'envergure de cette thèse s'est faite au nom d'une métaphysique du beau pour laquelle l'art est un moment de la «Logique» comprise comme Histoire de l'Esprit. Avec Hegel, c'est encore d'un tout autre sens du mot logique qu'il s'agit et, pour le dire très sommairement, de l'idée selon laquelle il y aurait au-dessus de la logique des logiciens, une logique proprement métaphysique[4]. Ce n'est pas au nom d'une logique spéculative que j'entends contester l'oppositon entre esthétique et logique. (Je ne tenterai aucun dépassement de cette opposition dans le devenir même de l'être.) C'est la thèse kantienne du § 1 de la *Critique de la faculté de juger* qui est visée. Kant prétend que dans le jugement esthétique le rapport de la représentation à l'objet est suspendu. A mon sens, tel n'est pas le cas. Pour continuer à parler en termes kantiens, le jugement esthétique est un jugement de connaissance, certes un peu particulier, et j'expliquerai en quoi, mais un jugement de connaissance tout de même. C'est pourquoi l'opposition entre logique et esthétique est rejetée.

3. NOMINALISME

En affirmant que le fonctionnement esthétique des symboles peut être décrit logiquement, au sens du terme «logique» que je viens d'indiquer, je laisse la place pour un choix en matière de logique. Je n'entrerai pas ici dans le débat qui oppose ceux pour lesquels il n'y a qu'une logique et ceux pour lesquels il y en a de multiples, déviantes par rapport à celle qui se limite au calcul des propositions, au calcul des prédicats et à la théorie des relations[5]. Dans ce livre, les relations logiques mises en jeu dans la description du fonctionnement esthétique des symboles sont extensionnelles. Elles ne supposent pas qu'un des termes entrant dans les relations en question réfère à une entité intensionnelle. La logique est non extensionnelle quand elle permet la quantification sur autre chose que des entités individuelles, par exemple des propriétés (comme dans la logique du second-ordre, et à la différence de la logique de premier-ordre), des classes (non réductibles à des collections d'individus), des types, etc., qui sont des entités intensionnelles. (La quantification est la procédure d'affirmation de l'existence de certaines choses, celles qui sont en place de variables sur lesquelles on quantifie[6].) Il pourrait certes être tentant de ne pas se limiter à une logique extensionnelle, surtout quand il s'agit de faire une description logique de phénomènes comme l'expression, la fiction, la métaphore, etc., que m'intéressent particulièrement. Quel est alors l'intérêt de s'imposer une telle limitation (au risque même de se trouver pris en flagrant délit de ne pas s'y conformer) ?

Il s'agit d'une limitation thérapeutique. L'esthétique a par trop tendance à être une discipline philosophique dans laquelle on peut tout se permettre. Comme si le discours sur l'art se devait lui-même d'être artistique, eu un sens que je rejette, c'est-à-dire au sens de dégagé de toute exigence logique. En se limitant à la logique extensionnelle, il me semble qu'on évite de se donner la part belle en disant par exemple qu'une œuvre d'art exprime la joie ou la tristesse, comme si joie et tristesse étaient des entités, qu'une métaphore doit être comprise comme décrivant une manière de penser, comme si nous pouvions identifier et réidentifier sans aucun problème des manières de penser. On verra aussi que je rejette l'idée selon laquelle les œuvres d'art seraient des objets idéaux, une tentation grande pour rendre compte du fait qu'il puisse par exemple y avoir plusieurs versions d'une œuvre musicale. Cependant, certaines formules dans ce livre peuvent ne pas apparaître extensionnelles. Cela est dû au fait que le symbolisme n'est que très peu employé et qu'il est souvent très difficile dans la langue naturelle de fournir des formules tout à fait orthodoxes sur ce point. Mon but est de convaincre mon lecteur que l'opposition entre logique et esthétique est douteuse, que l'esthétique aurait intérêt à s'en méfier et à se développer sous la forme d'une logique extensionnelle de la référence, et évidemment pas de faire un livre de logique.

L'extensionnalisme est une position logique (ou, plus précisément, sémantique) qui excut les entités intensionnelles. Le nominalisme est une position *ontologique* qui, à suivre Goodman, et sans que cela corresponde nécessairement à d'autres emplois de ce terme largement polysémique, consiste à ne reconnaître comme entité que des individus[7]. Ainsi, une entité abstraite considérée comme un individu est ontologiquement acceptable pour un nominaliste goodmanien[8]. Pourquoi adopter une telle position ? Pourquoi être nominaliste ? Goodman parle d'une intuition philosophique qui ne peut être justifiée par le recours à quoi que ce soit de plus fondamental[9]. Quine fait appel au sens esthétique de ceux qui ont du goût pour les paysages désertiques[10]. Russell disait que l'avantage du rasoir d'Ockham c'est qu'il permet d'éviter les erreurs[11]. Certes, la multiplication du nombre de types d'entités accroît le risque de confusion entre les différents types. On pourrait aussi invoquer un principe d'économie : simplicité des lois et richesses des effets. Mais il serait juste de remarquer alors que l'économie des moyens entraîne une complication du lexique[12]. Pour traduire nominalistiquement une proposition comme

Il y a exactement deux pôles

on doit écrire

(∃x) (∃y) [(Px ∧ Py) ∧ (x ≠ y) ∧ (z) (Pz ⊃ ((z = x) v (z = y)))]

Economie sémantique et ontologique, lourdeur lexicale !

Le nominalisme dans ce livre va consister surtout à éviter toute inflation sémantique et ontologique, à rechercher toujours comment on va pouvoir rendre compte du fonctionnement esthétique des œuvres d'art sans postuler d'entités au statut mal défini et qui, pour le moins, ne peuvent d'aucune façon être considérées comme individuelles : la Beauté (Platon, Plotin), l'Idée esthétique (Kant), l'Esprit (Hegel), sans parler de l'Absolu ou de l'être de l'étant. Certes, on trouve toujours plus nominaliste que soi (et on verra dans le dernier chapitre qu'Eddy Zemach est d'une radicalité encore plus grande que Goodman en cette matière). De plus, dans la mesure où ce livre ne contient pas de logique au sens strict, c'est-à-dire formelle et symbolique, le nominalisme qui y est défendu, à l'instar de l'extensionnalisme, est plus une attitude générale commandée par l'espoir de fournir une alternative plus claire et plus rigoureuse en esthétique que le choix d'un calcul logique particulier, comme c'est le cas dans *The Structure of Appearance*, ouvrage dans lequel Goodman rejette le calcul des classes au profit d'un calcul des individus (et donc d'une méréologie nominaliste). Mon nominalisme est un *état d'esprit*. Mais, encore une fois, qu'est-ce qui le justifie ? Est-ce une intuition philosophique ? Un goût esthétique ? Claude Panaccio explique que

> les nominalistes médiévaux étaient partisans de l'ontologie la plus économique possible et adeptes de l'analyse logico-sémantique. Par delà l'âge classique, la parenté est frappante avec la philosophie analytique contemporaine. Les deux caractères conviennent parfaitement bien à certains philosophes d'aujourd'hui (...) : Leśniewski, Quine, Goodman, Sellars, Davidson, Eberle, Field et d'autres encore[13].

Le nominalisme est une famille et les thèses de tous ces auteurs ont un air de famille. A ma très modeste mesure, je pense appartenir à cette famille en cherchant à être ontologiquement économe et en tentant autant qu'il est possible et souhaitable pour mon sujet de m'en tenir à l'analyse logico-linguistique. Je m'efforce ainsi d'être *nominaliste* en esthétique.

4. NORME ET VALEUR ESTHÉTIQUES

Comme Goodman, je délaisse totalement le problème de la valeur esthétique des œuvres[14]. Je ne pense absolument pas que ce soit la question la plus importante en esthétique. La raison en est qu'un objet est une œuvre d'art indépendamment de la valeur esthétique qu'il possède. On pourrait objecter que si je m'intéresse au fonctionnement esthétique des œuvres d'art, un tel fonctionnement doit être tributaire de la valeur esthétique des objets. C'est probable. Mais pour les phénomènes esthétiques qui m'importent dans ce livre, l'émotion, la représentation, l'expression et la fiction, on verra que la question de la valeur esthétique n'entre pas directement en ligne de compte. Cela n'empêche pas le jugement esthétique, tel que je le décris, d'être normatif. Mais il l'est dans un sens ne supposant pas qu'il ait à concerner la valeur esthétique des objets.

La logique semble être à la fois normative et évaluative puisqu'elle permet par exemple de dire ce que vaut, d'un point de vue logique, un argument (à condition que nous parvenions à déterminer quelle est sa forme logique). Comme le dit Pascal Engel :

> Ce que la logique «décrit», ce sont les *normes*, les *canons*, ou les *critères* qui nous permettent d'évaluer une inférence donnée (la plupart du temps sous forme linguistique, mais pas nécessairement) comme correcte ou incorrecte[15].

Mais il y a aussi un second sens de la formule : «La logique est normative». La normativité porte alors sur l'explication ou la prédiction d'évènements et pas sur l'évaluation de formules. Engel dit alors :

> La logique est normative parce qu'elle énonce un ensemble de principes sans lesquels nous ne pouvons pas expliquer les compétences ni les performances cognitives des agents[16].

La normativité logique à l'œuvre en esthétique est à mon sens de cet ordre. Il ne s'agit pas tant d'évaluer les œuvres que de montrer comment elles sont appréhendées comme des œuvres. Que des critères évaluatifs se surajoutent qui font distinguer un chef-d'œuvre d'une croûte, dire que tel roman est esthétiquement meilleur que tel autre, mais aussi que tel art (la chanson) est esthétiquement inférieur à tel autre (l'opéra), je n'en doute pas un instant. Mais ces critères évaluatifs ne paraissent pas prioritaires, ou au moins je n'ai jamais eu besoin de leur donner, pour ce qui me préoccupe dans ce livre (la discussion de l'opposition entre logique et esthétique), un rôle constitutif de la compétence de ceux qui ont une expérience esthétique. Par *normes esthétiques non évaluatives*, j'entends donc des normes particulières cognitives constitutives du fonctionnement esthétique des œuvres d'art, normes dont je suppose qu'elles sont maîtrisées par celui qui comprend qu'il s'agit bien d'une œuvre d'art, qui l'apprécie (et peut certes lui accorder une valeur esthétique). Quand je dis que ces normes sont maîtrisées, cela signifie qu'elles n'ont pas besoin de relever d'une connaissance explicite.

Dans la mesure où je recours à l'idée de connaissance implicite, de *règles* que l'on suit, etc., ma thèse n'échappe pas au mentalisme. On verra aussi que j'accorde une importance non négligeable à l'*usage* qui est fait par un *agent* des systèmes symboliques qui sont en quelque sorte à sa disposition. Pour autant, j'ai essayé d'éviter la thèse selon laquelle on pourrait expliquer tel ou tel phénomène esthétique, par exemple l'expression, en disant que ce qui est exprimé est une intention d'un artiste et en plaçant donc l'intention en tant que telle comme élément d'une relation. Le mentalisme se limite ici à reconnaître que la maîtrise des règles logiques constitutives du fonctionnement esthétique de certains objets, et singulièrement des œuvres d'art, est la condition *sine qua non* de ce fonctionnement. Dans le chapitre IV consacré à la fiction, j'accorde un rôle explicatif important aux *inscriptions*, par exemple à l'inscription < M-a-d-a-m-e B-o-v-a-r-y >, c'est-à-dire à la suite des lettres qui vient d'être inscrite. C'est évidemment à la *capacité à maîtriser l'usage* d'une telle inscription que j'accorde de l'importance. Si je dis que le prédicat «être-une-bourgeoise-normande-qui-trompe-son-mari» dénote l'inscription < M-a-d-a-m-e B-o-v-a-r-y >, cela dépend d'une *capacité* à mettre en relation les deux, le prédicat et l'inscription, puisque bien évidemment l'inscription en question n'est pas une bourgeoise normande. Ce sont toujours des *agents* qui sont capables de quelque chose. La normativité esthétique concerne donc un esprit qui se sert de règles grâce auxquelles il peut mettre en relations des symboles avec ce dont ils tiennent lieu[17].

5. PROJET

Les deux premiers chapitres ont pour fonction de rejeter deux thèses incompatibles me semble-t-il avec celle que j'entends défendre. La première est héritée de Kant et la seconde pourrait s'autoriser de Wittgenstein. L'une dit que jugement logique et jugement esthétique sont tout à fait distincts et l'autre que l'esthétique est ineffable. Je suis tout à fait conscient que des spécialistes de ces auteurs, et en général les historiens de la philosophie, penseront que j'ai trahi les auteurs, qu'ils ne disent pas ce que je leur fais dire, qu'on peut trouver chez eux des réponses aux questions que je pose, etc. Ce travail ne relève pas de l'histoire de la philosophie. Mais je ne vois pas pourquoi tout ce qui s'est écrit sous le nom de philosophie devrait appartenir aux historiens de la philosophie et relever exclusivement d'une méthode historique. Il va aussi de soi que je ne crois pas être infidèle à la pensée des auteurs convoqués dans une démarche qui reste la mienne. Bref, il ne s'agit pas d'exégèse, car si tel était le cas, il est probable que le problème, tel que je le pose, ne pourrait être posé. Il s'agit, par delà le temps, d'une polémique philosophique avec les auteurs en question. Je suis dubitatif concernant certains présupposés ou certaines conséquences de leurs thèses. En les discutant, je prends *très au sérieux* ces auteurs. Je ne considère pas leurs thèses comme des témoignages culturels ou des objets de contemplation (voire de vénération) dans un musée intellectuel, mais réellement comme des *thèses* dont la prétention à la vérité doit toujours être discutée. Ce que je viens de dire vaut aussi pour Goodman. Je ne prétends nullement fournir dans ce livre un exposé de ses thèses, un relevé de ses arguments, une défense de sa philosophie[18]. Même si je suis en sympathie intellectuelle manifeste avec sa pensée[19], je ne cherche en rien l'orthodoxie goodmanienne. Alors que Kant est en général utilisé négativement, Goodman l'est positivement. Mais l'un et l'autre sont surtout discutés au profit de ce que je veux montrer, dans la limite du respect de la lettre de leurs écrits.

Les chapitres III et IV proposent respectivement une théorie de l'expression et une théorie de la fiction, c'est-à-dire des deux phénomènes qui, on le verra, sont au centre du fonctionnement esthétique des œuvres d'art. Le chapitre V est consacré à une problématique ontologique, celle de l'authenticité, et vise à fournir des éléments pour une réponse à la question «qu'est-ce qu'une œuvre d'art?» dans une perspective nominaliste et fonctionnaliste comme la mienne. Je parviendrai ainsi *in fine* à la définition suivante de l'œuvre d'art, justifiée je l'espère par tout ce qui précèdera, et présentée ici comme programmatique : une œuvre d'art est un artefact dont le fonctionnement symbolique est esthétique[20]. Si cette définition est correcte, esthétique et logique ne s'opposent pas, et l'esthétique comme discipline n'est rien d'autre qu'une province de la logique, comprise comme une théorie générale de la référence.

NOTES

[1] Wolfram, 1989, p. 1.
[2] On la trouve encore bien sûr dans *La logique de Port-Royal*, par exemple, ou l'*Inductive logic* de John Venn, pour un autre exemple.
[3] *Proême du commentaire sur les livres de l'art logique*, éd. 1978, p. 55.
[4] Introduction de la *Science de la Logique*.
[5] Haack, 1974, chap. 1.
[6] Engel, 1989, IV.3.
[7] PP, p. 157.
[8] C'est le cas dans Goodman, SA, où l'agrégation des *qualia*, entités abstraites, forme méréologiquement des *concreta*.
[9] PP, p. 174.
[10] 1961, p. 4.
[11] 1989, p. 441.
[12] Vuillemin, 1971, p. 306.
[13] 1991, p. 16. A cette liste, j'ajouterais pour ma part Eddy Zemach (1970, 1992) dont je parlerai dans le chapitre V, mais aussi et surtout Tadeusz Kotarbiński (1955, et Woleński, 1990, pour une analyse et une bibiographie), une des grandes figures de la philosophie du XXe siècle et singulièrement du nominalisme.
[14] LA, VI, 6.
[15] 1989, p. 392.
[16] *Ibid.*, p. 393.
[17] Le chapitre I contient une réflexion sur ce que c'est que *suivre une règle*.
[18] Pour un tel projet : Elgin, 1983. Sous une autre forme : Morizot, 1992, 1993.
[19] Cette sympathie a pris la forme de la publication de *Lire Goodman*, 1992a, de multiples articles sur tel ou tel point de sa philosophie (voir bibliographie) et de plusieurs traductions.
[20] Cette définition est très proche de celle proposée par Genette, 1994, p. 10.

Chapitre I
Émotion

1. L'ART EN-DEÇÀ, L'ART AU-DELÀ DE LA SCIENCE

On dit aujourd'hui assez volontiers que l'art est une forme de connaissance[1]. Mais, le plus souvent, on entend par là qu'il n'est pas une forme de connaissance au même titre que la science.

Baumgarten proposait une thèse d'inspiration leibnizienne selon laquelle l'esthétique serait une connaissance sensible — en termes leibniziens[2] : claire mais confuse — alors que la science serait une connaissance claire et distincte, c'est-à-dire logique. L'art proposerait ainsi une connaissance handicapée par la confusion sensible, l'absence de distinctions conceptuelles, d'articulation logique — à moins d'une perfection propre à la connaissance claire et confuse, perfection propre que Baumgarten trouvait dans la poésie. On n'en est pas moins en-deçà de la connaissance scientifique. Comme le précise Baumgarten :

> La connaissance sensible est (...) l'ensemble des représentations qui se situent en-deçà de toute distinction substantielle[3].

Il dit aussi :

> On estime presque impossible que la philosophie [comprenons : toute connaissance conceptuelle] et la poésie [toute connaissance sensible] séjournent en un même endroit : la première en effet recherche avec un extrême acharnement la distinction des concepts, tandis que la seconde ne s'en préoccupe pas, cette distinction se situant au-delà de sa sphère[4].

Certains proposent au contraire pour l'art un au-delà de la connaissance scientifique, non plus le handicap infra-conceptuel, mais la promotion supra-conceptuelle. Le modèle de cette thèse se trouve dans les pages fameuses où Bergson affirme que

> nous ne voyons pas les choses mêmes; nous nous bornons, le plus souvent, à lire des étiquettes collées sur elles[5].

L'impersonnalité du langage, et bien sûr du savoir scientifique qui vise l'objectivité, est directement étrangère à la perception des choses «dans leur pureté originelle»[6], à «la plus haute ambition de l'art, qui est ici de nous révéler la nature»[7]. Dire que «l'art n'est sûrement qu'une vision plus directe de la réalité»[8] est tout à fait représentatif de cette thèse selon laquelle l'art nous apprend quelque chose que la science ne peut pas nous apprendre, justement parce qu'il n'est pas inséré dans une structure logique et linguistique, pour tout dire symbolique, qui nous voile le réel en sa pureté.

L'art en-deçà ou au-delà de la science? La confusion ou la révélation? L'alternative me paraît fausse. Dans les deux cas, remarquons-le, ce qui est supposé faire la différence, sous forme de handicap ou de promotion, c'est le rôle de la sensibilité. Ce que j'appellerai ici l'émotion. Elle fait la confusion ou elle fait la profondeur du sentiment non dévoyé par les catégories de la langue. L'émotion est directement étrangère à la logique et à la science. Ce serait pourquoi l'esthétique et la logique, quand bien même on ne prétendrait plus les opposer, qu'on parlerait de l'art comme d'une forme de connaissance, n'en resteraient pas moins étrangères; l'émotion les sépare.

Avant d'examiner la question de l'émotion esthétique, je ferai un détour par celle de la beauté. On suppose traditionnellement que la connaissance a trait à la vérité et l'art à la beauté[9]. Et cette distinction apparaît tout a fait évidente. Je veux montrer qu'elle passe au contraire à côté de ce qui importe, car l'art, aussi curieux que cela puisse paraître, n'a finalement que peu à voir avec la beauté.

2. LE GÉNIE ET LE CERVEAU

Baumgarten, s'il distingue en bon leibnizien connaissance sensible et connaissance conceptuelle, n'en fait pas deux mondes distincts. Leibniz, Aristote et tant d'autres, dit-il, ont joint au manteau du philosophe le laurier du poète[10]. On trouverait chez Hume quelque chose de comparable : la délicatesse du goût suppose qu'on exerce ce que j'appelle «l'émotion» afin de permettre le jugement esthétique[11]. La rupture se trouve chez Kant. Il est *le premier* à ne plus concevoir le jugement esthétique comme une forme du jugement de connaissance. La thèse qui, aujourd'hui, pour beaucoup, va de soi, est apparue en 1790 dans la *Critique de la faculté de juger* : la connaissance d'un côté, l'émotion de l'autre. C'est pourquoi j'examinerai l'idée selon laquelle le jugement esthétique et le jugement logique s'opposent, celle-là même qui apparaît dans le § 1 de la *Troisième Critique*.

La critique de la *Critique*

Une précaution liminaire : dans la perspective que j'adopte, une des difficultés d'examen du texte kantien, c'est qu'il répond, comme tous les grandes œuvres philosophiques, à une exigence interne qu'un questionnement externe ne respecte que difficilement. Pour le comprendre, il suffit de se reporter au dernier paragraphe de l'introduction de la *Critique de la faculté de juger*. Le système est résumé en un tableau qui place l'art entre nature et liberté et la finalité entre la légalité de l'entendement et le but final de la raison, de même que le sentiment esthétique est placé entre la faculté de connaître et la faculté de désirer. La *Critique de la raison pure* montrait que l'entendement donne les lois de la nature, en tant qu'on peut en faire une expérience sensible, et en offre une connaissance théorique. La *Critique de la raison pratique* montrait que la raison légifère *a priori*, c'est-à-dire donne la règle morale sous forme d'un impératif suprasensible totalement inconditionné. On a ainsi obtenu deux concepts, celui de la nature et celui de liberté, et entre les deux un «grand gouffre»[12]. Le sentiment de plaisir et de peine devient un pont entre nature et liberté. Pour Kant, il convient de montrer qu'un sentiment peut être l'indication de la nature morale de l'homme et du devenir moral de l'humanité. La perspective est donc intégralement téléologique, même concernant le jugement esthétique. L'analyse de la beauté et celle du sublime sont intégralement orientées vers la mise en évidence de ce devenir moral de l'humanité qui réconcilie nature et liberté. La beauté naturelle ressentie par le sujet de goût est l'indice en lui de cette capacité de désintérêt (Premier moment de l'«Analytique du beau») comme *analogon* de la capacité morale elle-même. Kant cherche donc à utiliser la notion de finalité, tout à fait classique dans le discours des métaphysiciens les plus dogmatiques, mais sous une forme critique, c'est-à-dire débarrassée des prétentions ontologiques et théologiques. Comme le fait remarquer Gérard Lebrun :

> La tâche de la *Critique de la faculté de juger* est donc essentiellement *systématique* : il s'agit, à l'aide de certains jugements, empiriques d'apparence, de détecter la présence

d'une faculté de juger *a priori*. Si l'on suppose que l'ouvrage fut suscité par l'intérêt porté au beau, il est impossible d'en comprendre le but et la méthode[13].

Dès lors, on est toujours en porte-à-faux quand on met en question la prétendue «esthétique kantienne»[14]. On pose des questions comme «Faut-il opposer art et connaissance?», «Comment décrire l'expérience esthétique?» et on sollicite un texte qui cherche à compléter un édifice philosophique lequel constamment nous reconduit à des problèmes tout autres : le rapport entre les facultés de connaître, la finalité, le devenir moral de l'humanité.

Un passage de la *Critique de la faculté de juger* est pourtant en marge de cette problématique finaliste qui est l'axe de la *Troisième Critique*. Il concerne les beaux-arts (§ 43 à 54). Kiesewetter, le lecteur des épreuves de la *Troisième Critique*, fut tout à fait décontenancé par ce passage; il ne suit en rien ce qui précède et n'est aucunement utile à la compréhension de ce qui suit dans l'œuvre[15]. Certes, le passage est clairement lié au § 15-17 de l'«Analytique du beau», mais il possède une sorte d'autonomie. Elle doit me permettre de cerner ce qui me semble totalement faux dans l'analyse kantienne et qui a conduit à opposer esthétique et logique et à supposer que l'art est une forme de connaissance *anti*-scientifique. Je cherche, on le comprend bien, à ne pas être pris au piège du système kantien; il y a une telle sur-détermination interne des notions utilisées par Kant qu'il devient excessivement difficile de proposer une critique frontale de Kant. Cette critique paraît pourtant indispensable dans la mesure où tout le mal, si je puis dire, semble venir de là : un arrière-fond de kantisme qui, toujours, nous encourage à situer l'esthétique et la logique aux antipodes l'une de l'autre et, en conséquence, à opposer émotion et cognition.

Des règles sans concept

Dans ce passage autonome de la *Troisième Critique* que constitue l'analyse des beaux-arts, Kant, au § 47, distingue le génie et le cerveau (*Kopf*)[16]. Le génie invente, le cerveau découvre et n'est donc pas créateur[17]. Si «tout art suppose des règles»[18], pour Kant, la création géniale n'est pas l'application, même habile, d'un savoir, comme l'est l'artisanat[19]. Ainsi la production artistique n'est pas guidée par des règles (*Unregelmässigkeit*), même si elle ne peut être absence de règles (*Regellosigkeit*). Les règles dont use le génie ont ceci de très particulier qu'elles sont sans concept déterminant[20].

On est tenté de penser qu'une règle doit être conçue. On en possèderait alors le concept. Qu'est-ce alors qu'une règle sans concept ? Prenons un exemple : la règle du mouvement de la tour au jeu d'échecs. Cette règle est déterminée par le concept suivant : tout mouvement en avant, en arrière et sur les côtés, aucun mouvement en diagonale. Le concept d'une règle serait alors simplement sa définition. Si l'on peut suivre une règle sans se souvenir de sa définition ou sans avoir verbalisé cette définition, peut-on suivre une règle sans définition, c'est-à-dire inconcevable ? Oui, répond Kant, si on est génial. Ainsi Homère ne peut expliquer à d'autres ou s'expliquer à lui-même quelles règles il suit pour créer. Michel-Ange ou Bach sans doute pas plus.

Le cerveau, au contraire, c'est-à-dire l'homme de science ou le philosophe, peut tout expliquer des règles qu'il suit. Newton ne dirait jamais : cet après-midi, pendant ma sieste, j'ai découvert les lois de la gravitation universelle, mais je ne sais pas comment et il faut me croire sur parole. Il expose ces lois et, selon Kant, la démarche qu'il a suivie se confond avec leur démonstration. La règle du cerveau est déterminée par le concept dans la mesure où elle est définie. La thèse kantienne consiste ainsi à distinguer l'art, dans lequel la production, lorsqu'elle est géniale, ne suppose aucun concept, et la science, dans laquelle la production est réglée par le concept. Que pourrait alors répondre Kant aux deux questions suivantes :

1) Comment fait-on pour produire sans concept de ce qui est à produire ?

2) Comment sait-on qu'une œuvre est géniale s'il n'y a aucun critère de conformité à une règle déterminée qui permette d'en juger ?

Génie à l'œuvre

Le génie, selon Kant, est incapable de dire comment il fait pour produire. Vue de l'extérieur, pour ainsi dire, son activité se caractérise par l'originalité et ses produits par le caractère exemplaire de sa production. Kant donne un sens assez particulier au terme « original ». Ce qui *n'est pas* original, c'est la liaison causale des phénomènes. Dans l'expérience, dont la science donne les lois, on ne peut s'attendre qu'à certaines choses. Il n'y a rien d'original, rien de primitif[21] dans la nature dont Newton fait la théorie. C'est pourquoi Newton découvre les lois de la nature, selon Kant, et ne les invente pas. En revanche, le génie n'est pas cette nature mécanique dépourvue d'originalité parce que réglée par des lois. Avec lui, on est toujours dans l'inattendu et l'inédit. L'inattendu, puisque de l'original il ne saurait y avoir de loi. L'inédit, parce que l'œuvre géniale n'entre dans aucun rapport de causalité. Elle est donc toujours absolument nouvelle.

Cette analyse de l'originalité l'est cependant assez peu. Selon Pline l'ancien, Lysippe n'avait pas de maître. L'idée d'originalité du Maître est un lieu commun de la littérature biographique des artistes depuis l'époque hellénistique[22]. Mais pour Kant, l'originalité n'est qu'une condition nécessaire du génie. La condition suffisante est l'exemplarité de ce qui est produit.

L'exemple est exemplaire quand il est la règle réalisée. Ce qui en fait un modèle. Il y a donc exemplarité si le produit de la règle et la règle ne font qu'un. Michel-Ange n'imite personne s'il ne suit aucune règle. Les produits du génie sont à eux-mêmes leur propre règle de production. Il sont à la fois règle et modèle et pas la copie du modèle selon la règle. Evidemment, tout cela nous éloigne de l'activité de l'homme de science. On connaît la formule de Kant : « Apprendre n'est autre chose qu'imiter »[23]. Mais imiter quoi ? On peut supposer : l'activité rationnelle de ceux qui savent, même si c'est pour penser autre chose ou autrement qu'eux, voire les contredire. Connaître suppose qu'on suive une méthode. On pense donc, suggère Kant, *avec* les autres comme autant de critiques vigilants de la démarche.

La lecture du § 47 de la *Critique de la faculté de juger* suffit à en convaincre, Kant a une conception nécessitariste de l'histoire des sciences. L'idée de la gravitation universelle était inscrite dans la démarche rationnelle de la pensée cheminant sur la voie sûre de la science. Le cerveau (la « grosse tête ») est celui qui expose ce qui aurait dû être su si on ne s'était pas égaré. Il est simplement un pas plus avant que l'érudit laborieux ou même le pire des cancres (qui en sait aujourd'hui plus que bien des savants d'autrefois). Depuis Bacon, au moins, la gravitation universelle était une affaire faite. Dans le même esprit, Cournot parle de « maturité des découvertes »[24]. La pomme de Newton est le fruit mûr de la connaissance scientifique du XVIIe siècle finissant. Newton n'est pas un génie.

Cerveau et génie s'opposent alors comme la transparence logique de la méthode et l'opacité intuitive de l'originalité. Toute confusion de leurs domaines respectifs conduirait, d'une part, à l'académisme artistique, et d'autre part, à l'anarchie de la pensée, la paresse intellectuelle, la présomption, le charlatanisme, l'autoritarisme ou la folie de ceux qui prétendent écrire en vers la science... ou la philosophie[25]. D'un côté : le savant, la démarche rationnelle publique, les théories déterminées par le cheminement historique et conceptuel de la science. De l'autre côté : le génie, le mystère de la création, l'exemplarité de l'œuvre géniale dont rien ni personne ne peut donner la raison suffisante.

Jouir sans entrave

Comment justifier la génialité d'une production si aucun critère conceptuel ne s'y applique? On ne peut dire que l'exemplarité est un critère. Dans la mesure où le modèle n'est pas déterminé par une règle, qu'il *est* la règle, nous ne pouvons déterminer ce qui est modèle et ce qui ne l'est pas. Nous n'avons pas véritablement de critère. Comme le jugement esthétique pur dit d'une chose qu'elle est belle, et évidemment pas qu'elle est une œuvre d'art, il ne peut être utile ici. Kant n'est pas sans se rendre compte de la difficulté, comme le suggère la fin du § 47 de la *Critique de la faculté de juger*. La production géniale ne serait-elle que *pur* hasard? Pline raconte l'histoire du peintre Protogénès qui essayait de peindre la bave écumante d'un chien hors d'haleine. Furieux, il jette l'éponge. Elle tombe sur le tableau et produit l'effet tant recherché. A quoi tient le génie! On voit qu'il faut amender une thèse qui nous laisserait sans critère de ce qui est génial ou pas. Il faut distinguer l'œuvre de l'art de ce que Kant appelle l'«effet» naturel[26].

Kant veut préserver la thèse des deux domaines de la connaissance et de l'art tout en rendant compte de la reconnaissance par un public du caractère génial d'une œuvre. La notion d'«Idée esthétique» est ici primordiale. Si une règle sans concept, c'est un cercle qui n'est pas rond, l'Idée esthétique est un cercle carré. L'Idée, par nature, est rationnelle. Elle est même, chez Kant, ce à quoi aucune intuition sensible ne correspond[27]. Parler d'Idée esthétique supposait chez Kant une reconception fondamentale de ses propres concepts (dont l'histoire de la philosophie offre peu d'exemples) et une grande souplesse intellectuelle (rarement reconnue au philosophe de Königsberg). L'Idée esthétique a bien des mérites. Elle guide le génie dans sa production sans toutefois être un bête concept de l'entendement et ravaler la production géniale au rang d'un artisanat subtil et raffiné. Elle guide le jugement, elle est un critère de reconnaissance du caractère génial d'une œuvre, sans toutefois relever d'une détermination conceptuelle de connaissance. Avec l'Idée esthétique, on gagne sur tous les tableaux. Elle donne à penser sans être un concept. Elle donne même à penser ce «qu'aucun langage ne peut complètement exprimer ni rendre intelligible»[28]. Le génie donne une forme à une Idée qui est la matière de l'œuvre d'art. La richesse de la pensée géniale sera ainsi reconnue sans effort et connaissance conceptuelle impliquée puisque l'Idée esthétique, ce qui est à reconnaître, n'est pas vraiment un concept tout en donnant à penser. Kant suppose un effet direct de la sensibilité sur la Raison, indépendamment de toutes les exigences scolaires du concept. Cet effet est une forme de pensée aussi puissante que spontanée même si elle ne prend pas la forme d'une doctrine, tant on est loin de toute discursivité. Cette pensée diffuse, irréductible à un code, est bien de l'ordre du sentiment. C'est la Raison *ébranlée* par le sentiment. On voit que la doctrine kantienne des facultés fait ici merveille.

Tirons quelques conséquences que Kant, certes, ne tire pas. L'Idée esthétique participe d'un beau rêve : être instruit sans peine, penser sans effort. Le génie n'a rien du professeur qui exige exercice et patience, qui s'adresse simplement à l'entendement. L'œuvre du génie ébranle l'imagination qui met en mouvement la Raison. Bien sûr, tout est alors ineffable, mais c'est tout de même «plus qu'on ne peut penser dans un concept déterminé»[29]. On reconnaît une thématique devenue courante et convenue : au-delà des limites du langage, on ressent, on ne conçoit plus, on est délivré de la pesanteur conceptuelle, du temps de l'étude et de la formation du savoir[30].

Les règles que l'on suit, les règles qui vous suivent

Posons à Kant deux questions :

1) Newton découvre-t-il réellement les lois de la gravitation universelle comme on atteint l'estuaire en se laissant porter par le fleuve ?

2) N'y a-t-il que le génie à suivre (ce que Kant considère être) des règles sans concept ?

Mais avant de répondre, je propose une distinction entre deux types de règles : les règles que l'on suit et les règles qui vous suivent. Les règles du génie kantien seraient du deuxième type. Ce qui ferait de vous un génie, selon Kant, ce serait d'user de telles règles du deuxième type. Je veux montrer que les hommes de science, les critiques d'art, les enfants qui apprennent à tracer des lettres ou à faire de la bicyclette sont dans le même cas que le génie (dans la version kantienne) et utilisent aussi des règles du deuxième type.

Empruntons l'exemple que donne Wittgenstein[31] : suivre la règle «$2x + 1$» sur la suite des entiers naturels positifs en partant de l'unité. La règle est ici formulable et formulée. La suivre, c'est écrire : «1, 3, 5, 7, ...». Une règle du même (premier) type est celle que suivent les écoliers dans les exercices de grammaire. Par exemple, pour ne pas excéder mes capacités, celle des participes passés employés avec l'auxiliaire être à la voix non pronominale. On a suivi la règle si on écrit la proposition suivante

Les professeurs sont mal payés

sans omettre « és » à la fin du participe passé.

Trois remarques s'imposent. La suite des nombres ou la proposition sont, du point de vue syntaxique qui nous intéresse, complètement déterminées par la règle. On pourrait, dans les deux cas, trouver une illustration supplémentaire de la règle : en la suivant encore et toujours, dans le premier exemple (« ..., 9, 11, 13, 15, ... »), ou en donnant une autre proposition (« Les professeurs sont fatigués ») illustrant la même règle. La règle n'est pas elle-même un cas de ce qu'elle règle. (Son énoncé n'est pas un cas de ce qui est réglé, une suite de nombre ou l'accord grammatical en question.)

Kant constate que les génies n'utilisent pas de telles règles. Je me demande si qui que ce soit a jamais dit le contraire. Tout le monde est d'accord : il n'y a pas de manuel de génialité. Les arts poétiques, du *Phèdre* de Platon aux *Lettres à un jeune poète* de Rilke, en passant par Horace et Du Bellay, font toujours place à l'inspiration. Chacun sait que

« C'est en vain qu'au Parnasse un téméraire auteur
Pense de l'art des vers atteindre la hauteur.
S'il ne sent point du ciel l'influence secrète,
Si son astre en naissant ne l'a formé poète,
Dans son génie étroit il est toujours captif;
Pour lui Phébus est sourd, et Pégase est rétif. »

Considérons l'autre type de règles. Des exemples : un professeur d'éducation physique fait des mouvements et dit : « Allez-y, faites 3 séries de 10. Allez, un peu de nerf ! ». Une institutrice trace des lettres sur le tableau et dit : « Tracez les mêmes lettres sur vos cahiers ». On remarque que la règle n'est pas formulée. Le professeur d'éducation physique ne définit pas anatomiquement le mouvement à faire. La maîtresse d'école ne dit pas : « Tracez de haut en bas une boucle vers la gauche entre le troisième interligne et la ligne, puis remontez tout droit jusqu'au troisième interligne et redescendez en effectuant un mouvement gracieux vers la droite ». Le gymnaste ou le professeur pourraient certes énoncer des règles, mais cela ne marcherait pas, cela n'aurait aucune *efficacité*. Ce qui est vraiment la règle ici, ce n'est pas ce qu'ils disent, mais ce qu'ils font. La règle est alors un cas de ce qu'elle règle. La règle est indétachable de l'action selon la règle. On ne suit pas ce type de règle, c'est la règle qui vous suit alors que vous agissez en fonction d'elle.

C'est la même chose pour l'apprentissage de la bicyclette, la plupart des activités techniques comme le tournage ou le fraisage, des activités artisanales comme la poterie ou le tissage. On n'apprend pas dans un manuel à faire de la bicyclette. Cela ne signifie évidemment pas que le cycliste ne suit aucune règle ou qu'elles sont ineffables, encore moins que les règles suivies sont sans concept ou qu'elles relèvent de la génialité. Un artiste, comme un cycliste, usent de règles indétachables de son activité.

Prenons l'exemple de la fugue musicale. La définition du dictionnaire ne vous apprend évidemment pas à en faire une.

> Composition musicale écrite dans le style du contrepoint et dans laquelle un thème et ses imitations successives forment plusieurs parties qui semblent se fuir et se poursuivre l'une l'autre[32].

Le musicologue anglais du début du siècle, Daniel Tovey, croit savoir pourquoi. Il affirme que

> la fugue est d'une texture telle que les règles ne suffisent pas à déterminer la forme de la composition du tout[33].

On peut certes imaginer que Bach ou Beethoven écrivent des fugues sans se référer à une règle conceptuelle, au sens d'une définition. Pourtant, si on reconnaît certaines de leurs œuvres ou parties d'œuvres comme des fugues, c'est qu'elles sont réglées comme telles. Simplement, Bach et Beethoven font comme l'apprenti-cycliste ou l'écolier qui apprend à tracer des lettres : ils ne suivent pas une règle détachable. Ils font des fugues selon la règle qui ne fait qu'un avec la fugue qu'ils font.

Mon analyse ne conduit évidemment à aucune définition de la génialité. Elle a uniquement pour but de montrer que si la génialité consiste à produire selon des règles inconcevables, alors les gymnastes, les cyclistes et les écoliers sont des génies. Il n'y a aucune raison de penser que des règles sont *inconcevables* parce qu'elles sont *indétachables*. Une règle indétachable n'est pas une règle sans concept déterminant. C'est une règle dont le concept ne peut être distingué d'un usage. La génialité est alors la chose du monde la mieux partagée.

Le génie ne peut être distingué du cycliste, sur la base des règles qu'ils utilisent, et il ne peut pas plus, sur cette base, être distingué de l'homme de science. Ou bien, il faudrait dire que Newton connaissait le détail de la formulation mathématique des lois de la gravitation universelle avant de parvenir à leur formulation. Il y a nécessairement un moment dans la démarche de Newton où il produit des lois sans les suivre tout en pensant en fonction de ces lois. Alexandre Koyré rappelle que l'anecdote de

Newton pensant à la gravitation universelle après la chute d'une pomme sur son extraordinaire tête lors d'une sieste dans un pré à Woolsthorpe est authentique[34]. Son interprétation met l'accent sur le hasard de la découverte scientifique. Il me paraît beaucoup plus intéressant de coupler cette anecdote avec la distinction que proposait Norwood Hanson entre contexte de découverte et contexte de justification[35]. Dans le premier contexte, la règle est dans l'activité même et indétachable de cette activité. Dans le second contexte, elle est détachée à des fins d'examen, c'est-à-dire de justification, par le monde scientifique, avant d'entrer dans les manuels scolaires.

Quand il cherche, le savant (le chercheur) agit de la même façon que l'artiste. L'usage des règles, et il s'agit bien d'un *usage* et non d'une application, est le même. Kant, dans le § 47 de la *Critique de la faculté de juger*, ne fait pas de différence entre contexte de découverte et contexte de justification et, ce qui est encore moins acceptable, entre les modalités de la recherche et les formes de l'exposition de son résultat. Or, ces formes d'exposition peuvent fort bien être une reconstruction de la recherche, assez éloignée de ce qu'elle fut, dans la mesure où les raisons d'émettre une hypothèse ne se confondent que rarement avec les raisons de l'accepter. Kant compare curieusement l'activité de l'artiste au produit fini de l'homme de science ; il peut difficilement s'étonner de trouver une différence insurmontable. A comparer deux activités de découverte, les différences se seraient estompées ou auraient pris une tout autre forme.

La distinction entre art et connaissance doit être reconçue si son critère le plus fondamental, celui de la spécificité des règles suivies dans la production artistique, ne tient pas. Le clivage kantien entre le concept et la sensibilité doit être repensé.

3. LE BEAU

Traditionnellement, on dit que la science cherche la vérité et l'art, la beauté. Définir l'art par la beauté pose bien des problèmes. La beauté n'est évidemment pas une condition suffisante de l'art. En est-elle une condition nécessaire ? La difficulté est manifeste : le caractère polysémique et particulièrement confus de la notion de beauté. Je veux simplement ici montrer que le clivage entre art et connaissance ne peut s'autoriser de la beauté considérée comme caractéristique du seul domaine esthétique. J'insisterai sur deux thèses, l'une concernant l'art et l'autre l'esthétique. La première affirme que la question de la beauté et celle de l'art sont indépendantes l'une de l'autre. Dès lors, la beauté ne peut plus être considérée comme corrélative d'une définition de l'art. (C'est de nouveau vers Kant que je me tournerai pour le montrer.) La seconde thèse affirme que la question d'une définition de l'esthétique est indépendante du problème de la valeur esthétique. Autrement dit, la question de l'évaluation esthétique (par exemple, en termes de beauté) passe après celle de l'identification esthétique, c'est-à-dire celle de la classification d'un objet comme esthétique. Si cette thèse est correcte, une *esthétique non évaluative* est possible. A partir de là, l'opposition entre esthétique et logique en fonction de l'indifférence ou pas à la question de la connaissance peut être reconsidérée. Si l'expérience esthétique n'est pas immédiatement évaluative, elle est d'abord cognitive parce que la reconnaissance d'un objet comme esthétique est fonction de la maîtrise d'un système symbolique, c'est-à-dire d'un ensemble de relations de référence.

L'art n'est pas beau

Selon Gérard Lebrun,

la *Troisième Critique* est le point de flexion où des concepts métaphysiques devenus intenables se métamorphosent en «figures du savoir» du XIXe siècle[36].

L'idée critique en général peut être définie comme la recherche d'une norme de tout jugement. On passe d'une métaphysique du Beau à une *analytique du beau*, si la norme du jugement esthétique, lequel est réduit à la forme «*x* est beau», ne se trouve plus dans une réalité transcendante (le Beau). Le jugement de goût pur est pour Kant universel et nécessaire, mais *sans* concept. Il n'y a donc pas de science du beau, puisqu'en l'absence d'une détermination conceptuelle du jugement esthétique, il n'y aura pas de doctrine du beau. Une science concerne toujours un réseau conceptuel. La science de la nature concerne le concept de matière en fonction des quatre catégories du jugement (quantité, qualité, relation et modalité) rapportées au concept de mouvement[37]. Nos sensations pas plus que nos sentiments ne peuvent fonder une telle doctrine.

«Beau» est un prédicat non objectif. Le rapport réciproque et libre (sans concept déterminant) des facultés de connaître (sensibilité et imagination, d'une part, et entendement d'autre part) face à un objet des sens suffit à le dire beau. Que le jugement de goût ait une prétention à l'universalité ne change rien à son caractère éminemment subjectif. Le beau n'est alors évidemment pas une idée, une essence ou une forme. C'est un étrange prédicat applicable aux objets considérés au moment où se réalise un *état de l'esprit* très particulier : une harmonie des facultés (de connaissance) indépendante de tout concept déterminant et corrélative d'un sentiment de plaisir lui aussi particulier parce que non sensuel[38]. Le beau concerne *cet* état de l'esprit. Il ne concerne même *que* cela.

Je veux montrer qu'avec une telle définition du beau, il n'est simplement plus possible qu'on parle de belles œuvres d'art. Dans la *Troisième Critique*, Kant parle de l'art en général[39], puis des beaux-arts[40]. Mais ce thème apparaît brusquement. Toute la «Déduction des jugements de goût pur» qui précède ne semble pas l'impliquer. Au sens strict, la justification des jugements de goût s'achève dès qu'on trouve leur principe. Ce principe est «l'Idée d'un sens commun à tous»[41]. La *Critique de la faculté de juger esthétique* pourrait, au moins dans sa partie analytique, en rester là. Les § 41 et 42 traitent respectivement de l'intérêt empirique et de l'intérêt intellectuel du beau. Kant se justifie en disant :

> On a suffisamment montré plus haut que le jugement de goût, par lequel quelque chose est déclaré beau, ne devait avoir aucun intérêt comme *principe déterminant*. Mais il ne s'ensuit pas, qu'une fois qu'il a été porté comme jugement esthétique pur [*i.e.*, exempt de tout intérêt concernant l'objet même dont on juge], aucun intérêt ne puisse lui être lié[42].

On ménage ainsi la possibilité de lier un intérêt au jugement de goût (dans un plaisir qui sera donc relatif à l'existence de son objet), à la condition que l'intérêt soit *postérieur* au jugement lui-même. Toutefois, comment prétendre qu'un tel intérêt ne corrompra pas la pureté du jugement de goût ?

Par principe, l'art exige un intérêt. L'intérêt empirique d'abord puisque «le beau n'intéresse empiriquement que dans la société» et qu'«un homme abandonné sur une île déserte ne tenterait pour lui-même d'orner ni sa hutte, ni lui-même ou de chercher des fleurs, encore moins de planter pour se parer»[43] . On dira que cela ne concerne que les arts d'agréments «dont la jouissance est le seul but»[44], selon Kant. Cependant, Kant dit aussi :

> Les beaux-arts sont un mode de représentation qui est en soi conforme à une fin et, bien que ce soit sans finalité, qui stimule la culture des facultés de l'âme en vue de la communication en société (*zur geselligen Mitteilung*)[45].

L'intérêt apparaît dans le « en vue de ».

Comme Pascal, Kant ne voit dans la peinture que vanité si ce qui nous intéresse n'est que l'artiste et ce qu'il prétend dire. Il dit :

> J'accorderai volontiers que l'intérêt relatif aux *beautés de l'art* (parmi lesquelles je compte aussi l'usage artificiel des beautés de la nature pour la parure, donc pour la vanité) ne donne aucune preuve d'une pensée attachée au bien moral, ou seulement même d'une pensée qui y tende[46].

On ne saurait apprécier les beautés de l'art purement (immédiatement) et sans intérêt pour ce qu'elles «communiquent», pour ce qui s'y exhibe, en quelque sorte. Car,

> ou bien l'art est une imitation telle de la nature qu'elle va jusqu'à l'illusion et, dans ce cas, c'est en tant que beauté naturelle (étant pris comme telle) qu'il a un effet; ou bien il s'agit d'un art dirigé de manière visible à l'intention de notre satisfaction et alors la satisfaction prise à ce produit par le goût serait bien immédiate, mais il n'y aurait pas d'autre intérêt qu'un intérêt médiat pour la cause se trouvant au principe, je veux dire l'art[47].

Dès qu'il y a un auteur, c'est *lui* qui m'intéresse, pas même ce que je ressens. L'intention manifestée dans l'œuvre d'art est plus intéressante, suppose Kant, que le seul effet produit par un objet sur le rapport entre les facultés de l'âme. L'art corrompt la beauté. Un plaisir pur, immédiat et libre est-il possible face à une œuvre d'art? L'art semble empêcher l'état de l'esprit propre au jugement de goût pur.

Qu'il y ait des beaux-arts ne semble pas signifier, pour Kant, que l'art soit beau. La beauté semble simplement pouvoir trouver une *occasion* dans l'art. En jugeant une œuvre d'art, on fait toujours intervenir des éléments étrangers à la pure beauté[48]. Certes, dira-t-on, mais l'expression «beaux-arts» n'est pas comme celle de «belles-sciences»[49] une simple équivoque. Non, bien sûr, et c'est à la théorie du génie de le montrer. Comment sauver les beaux-arts? Il faut en faire «les arts du génie» et définir celui-ci comme «disposition innée de l'esprit par laquelle la nature donne les règles à l'art»[50]. La production du génie devient ainsi naturelle, au moins *sur le papier*. Malgré cela, un concept de ce que la chose (artistique) doit être reste au fondement de tout jugement sur les œuvres d'art, même géniales[51]. Mais le génie réussit à *insuffler la vie*, à donner de l'âme à ses œuvres, suggère Kant hyper-métaphoriquement[52].

Kant est alors conduit à opposer matière géniale qui, sans doute, insuffle la vie et donne de l'âme, et forme artistique scolaire, apanage du «goût» qui «rogne les ailes» du génie, «le civilise et le polit»[53]. Qu'apprécie-t-on dans une œuvre d'art? la matière ou la forme? la nature ou l'artifice? Les deux? Mais,

> si en un conflit opposant ces deux qualités quelque chose doit être sacrifié dans une œuvre, cela devrait plutôt concerner ce qu'il y a de génial; et la faculté de juger qui rend sa sentence, d'après ses propres principes, dans les choses des beaux-arts permettra plutôt qu'on porte quelque préjudice à la liberté et à la richesse de l'imagination qu'à l'entendement[54].

Les beaux-arts sont passés du côté de l'entendement. Ils exigent tout autre chose qu'un jugement de goût pur. Quelque chose de bien français, disent Hume et Kant[55] : le goût qui clarifie et ordonne, qui met en forme. Le goût, curieusement, corrompt le jugement esthétique pur. Il se définit vraiment comme une activité de connaissance (clarté, ordre, etc.).

Si les produits des beaux-arts sont beaux, c'est à cette seule condition : qu'ils «possèdent en même temps l'apparence de la nature»[56]. Exigence dont on peut bien s'étonner. L'art n'est beau que s'il se masque, en quelque sorte. Les œuvres du génie ont déjà quelque chose de naturel qui évite un travestissement trop important. La limite à ne pas dépasser serait celle de la disparition de l'art lui même. Ainsi,

> en face d'un produit des beaux-arts on doit prendre conscience que c'est là une production de l'art et non de la nature[57].

Kant ajoute :

> L'art ne peut être dit beau que lorsque nous sommes conscients qu'il s'agit d'art et que celui-ci nous apparaît cependant en tant que nature[58].

C'est une façon de dire que l'art ne se départit jamais d'une forme d'illusion — il doit être le plus naturel possible pour être beau, et plus il est naturel moins il est art.

Kant a donc frappé d'impossibilité toute esthétique du fait même d'une définition du beau. Une fois le beau défini, comment parvenir à lui raccrocher l'art ? Je propose alors de désolidariser complètement les deux questions du beau et de l'art puisque la considération de la première mène à une impasse concernant la seconde : tout ce qu'on trouvera à dire concernant l'art reviendra à mesurer sa capacité à, pour ainsi dire, «faire le beau». Et ce n'est jamais bien brillant, une fois que vous avez défini le beau comme Kant le propose.

On objectera qu'il y a bien d'autres définitions du beau. Mais je ne crois pas qu'une métaphysique du Beau à la Plotin puisse parvenir à un résultat beaucoup plus satisfaisant concernant le statut de l'art. Une fois que vous avez fait du Beau une réalité transcendante, on voit mal ce que pourra en suggérer une œuvre d'art, si ce n'est en offrir une bien pâle copie. Reste le cas de Hegel. Mais là encore, je ne saisis pas bien ce que sa thèse change. L'exigence chez Hegel est celle de la manifestation sensible de l'Idée. La beauté artistique est une telle manifestation... par défaut. Je crois plutôt que le rapport entre la question du beau et celle de l'art ne tient pas à une doctrine particulière. C'est en quelque sorte toujours la même histoire : l'art ne parvient pas à satisfaire une exigence, métaphysique (Platon, Plotin), transcendantale (Kant) ou historico-conceptuelle (Hegel) qui le dépasse.

Je conteste qu'il y ait une telle exigence. Je ne vois pas pourquoi l'art devrait être défini en termes de beauté. Kant est beaucoup plus intéressant sur ce point que la plupart des autres philosophes, justement parce qu'il désolidarise les deux questions de l'art et de la beauté, en traitant la première comme une incise dans sa *Critique de la faculté de juger esthétique*. Mais, il ne va pas suffisamment loin dans ce sens. Il donne à la question du beau une priorité telle (parfaitement justifiée dans la problématique générale de sa philosophie) qu'il ne parvient plus ensuite à justifier esthétiquement l'art. Ainsi, une fois le jugement de goût pur défini par différence, si ce n'est opposition, avec le jugement de connaissance, l'œuvre d'art sera aussi définie par différence avec l'œuvre scientifique, même si l'hypothèse d'une immédiateté du jugement de goût portant sur les œuvres d'art, d'une indifférence à tout investissement conceptuel dans un tel jugement, paraît complètement improbable. L'analyse du beau et le jugement esthétique qu'elle conduit à définir aboutissent ainsi à une opposition entre esthétique et logique, sous la forme de la distinction entre jugement esthétique et jugement de connaissance, qui paradoxalement ne permet plus du tout de donner un statut esthétique à l'œuvre d'art.

La valeur esthétique

La question du beau et celle de l'art doivent être distinguées. Traiter de l'une ne suppose ni n'implique qu'on traite de l'autre est la thèse que je soutiens. Elle est souvent mal reçue car on considère impossible d'identifier les œuvres d'art autrement qu'en termes de valeur esthétique. En posant la question «Qu'est-ce qu'une œuvre d'art?», on poserait toujours en fait et inévitablement en droit la question «Qu'est-ce qu'une *belle* œuvre d'art?» «Beau» ou «belle» ne seraient pas des prédicats descriptifs, mais des prédicats évaluatifs. Il y aurait donc une *norme esthétique* servant de critère grâce auquel on peut déterminer ce qui art et ce qui ne l'est pas. Toute identification d'un objet comme œuvre d'art supposerait son évaluation esthétique en termes de beauté[59]. Je veux montrer : 1) pourquoi cette objection apparaît si plausible ; 2) pourquoi l'objection n'est pas correcte.

La thèse que je défends peut prendre la forme (crue) suivante :

Avant d'évaluer x, il faut l'identifier comme étant x, c'est-à-dire distinguer x d'autres choses, y, z, u, etc. L'identification de x comme œuvre d'art suppose prioritairement une activité *cognitive* consistant à placer une chose dans l'ensemble des œuvres d'art. Ainsi, l'esthétique n'est pas nécessairement évaluative : par exemple, tout ce qui concerne la question de la reconnaissance d'une chose comme œuvre d'art n'est pas évaluatif ; ce qui concerne l'émotion et le plaisir esthétiques ne l'est pas plus.

Si on conteste cette thèse, c'est souvent en faisant une remarque parfaitement juste, mais dont on tire une conclusion erronnée. On affirme que dire de *x* que c'est une œuvre d'art suppose une *interprétation*. Par exemple, dans le cas d'un texte, on a une suite de symboles. C'est moyennant une certaine interprétation (c'est-à-dire une certaine théorie de la signification des symboles) que le texte est une œuvre d'art. *Madame Bovary* est une œuvre d'art lorsque le texte est lu d'une certaine façon, autre par exemple que celle dont on lit un rapport. A l'inverse, une certaine façon de lire un rapport, par exemple un rapport de police intégré à un roman policier, sera esthétique[60]; elle concernera moins ce qui est rapporté (même si cela a son importance pour la compréhension de l'intrigue) que le rôle esthétique joué par l'introduction d'une prose à prétention factuelle dans une œuvre de fiction. L'interprétation consiste alors à lire le passage du roman policier comme signifiant le non fictionnel dans un texte de fiction.

Un tableau doit lui aussi être interprété en fonction des symboles qui le constitue. L'ange dans l'*Annonciation* de Pierro della Francesca doit être reconnu comme ange, et Dieu comme Dieu, avec tout ce que cela signifie. Un suite de sons doit, elle aussi, être interprétée. C'est tout le problème de la musique «concrète». Ce qui était simples bruits dans la rue devient, sous certaines conditions d'audition et d'interprétation, une œuvre musicale. Ainsi, l'interprétation est bien une activité essentielle à la reconnaissance d'une chose comme œuvre d'art.

L'idée d'*interprétation*, mise en jeu à juste titre pour la caractérisation d'un objet comme œuvre d'art, est alors confondue avec celle d'*évaluation*. Interpréter revient ici à dire que telle chose est une œuvre d'art (telle suite de mots, tel dessin, telle suite de sons, etc.), c'est-à-dire à classer cette chose (en termes d'œuvre d'art). Ainsi, ce que j'appelle «interpréter» ne concerne pas la découverte de la signification cachée d'un texte ou d'une œuvre en général, mais l'identification de quelque chose comme œuvre d'art. Cette identification est fonction d'une classification.

Si l'identification est fonction d'une classification, c'est que l'identité est relative[61]. Dire que «*x* est la même chose que *y*», c'est dire que «*x* est le même *A* que *y*». Telle chose peut être classée dans plusieurs ensembles en fonction des propriétés considérées. La question «Combien y a-t-il de choses dans cette pièce?» n'a pas de sens. La question «Combien y a-t-il de meubles, de tableaux, de personnes dans cette pièce?» en a un. C'est toujours en fonction d'un terme sortal que s'opère la classification. De plus, cette classification est toujours fonction de nos intérêts. Ceux-ci sont nombreux. Les extensions des termes sortals (c'est-à-dire ce à quoi ils s'appliquent, les objets auxquels ils réfèrent) se recouvrent partiellement. Pour prendre un exemple très simple, dans une même pièce la télévision et la chaîne haute-fidélité appartiennent à l'extension du terme « mobilier » pour le déménageur et à l'extension du terme « appareil électrique » pour le réparateur. Mais le recouvrement ne vaut que pour le propriétaire (ou le locataire) : pour lui, une partie du « mobilier » (pour le déménageur) est aussi « appareil électrique » (pour le réparateur). L'identification d'un objet comme appartenant à une espèce (une sorte) particulière suppose ainsi qu'on tienne compte de certaines de ses caractéristiques (être du mobilier ou être un appareil électrique) et pas d'autres relativement à des intérêts variés et variables. Ainsi, de la même façon, un texte, un dessin ou une suite de sons peuvent être classés en fonction des propriétés considérées.

Il y a dans cette classification une *apparente* évaluation. On passe en effet de l'identité relative à un terme sortal à l'idée selon laquelle il est impossible de définir quelque chose sans *ipso facto* définir ce que c'est d'être une bonne instance de cette sorte de choses. Cette thèse est manifeste chez Collingwood :

> la définition d'une espèce (*kind*) de choses donnée est aussi la définition d'une bonne chose de cette espèce : car une bonne chose relativement à son espèce est seulement une chose qui possède les attributs de cette espèce[62].

Il semble en effet que l'apprentissage d'un terme sortal suppose une classification évaluative des choses. Vous ne pouvez apprendre à quelqu'un ce qu'on appelle « une voiture » en lui montrant un véhicule très endommagé, ni ce qu'on appelle « une pomme » en lui montrant un fruit totalement pourri. L'apprentissage des termes sortals supposeraient donc une évaluation préalable. De la même façon, il serait impossible d'identifier quelque chose comme une œuvre d'art sans évaluer l'objet. Wittgenstein a montré que pour définir une chose C vous ne donnez pas des conditions nécessaires et suffisantes de C-ité, du fait de la texture ouverte de tous les termes empiriques. Ce que vous faites, c'est indiquer un bon C, vous indiquez quelques unes de ses bonnes caractéristiques *en tant que* C (les caractéristiques qui en font un bon C), et vous dites que cette chose et toutes les choses qui lui sont similaires relativement à ces bonnes caractéristiques sont (typiquement) des C[63].

Cet argument ne me semble pas convaincant. Si la thèse de l'identité relative est correcte, les caractéristiques en fonction desquelles on détermine cette identité sont elles-mêmes relatives. Etre un bon exemplaire de ce qui est dans l'extension d'un terme sortal, ce n'est pas être une bonne chose absolument mais relativement aux intérêts qui ont guidé le choix des caractéristiques définissant le terme sortal. Si l'identité est relative, l'évaluation l'est aussi. Une chose sera un bon exemplaire relativement au terme sortal et à l'usage que nous en faisons. Or, cet usage peut ne pas impliquer la recherche de l'excellence. Je peux montrer à quelqu'un une pomme coupée, pourrie, etc., pour lui faire comprendre ce qu'est une pomme, justement parce que je souhaite qu'il n'identifie pas les pommes à la pomme que certains intérêts (gastronomiques) déterminent comme une «bonne» pomme. Je suppose que l'esthétique, en tant que discipline académique, nous place dans ce cas. Elle est normative, mais non évaluative. Elle essaie de déterminer en fonction de quelles caractéristiques nous formons l'espèce «œuvre d'art», mais il semble bien qu'elle doive suspendre toute évaluation pour éviter la confusion entre l'identité relative et l'excellence relative dans l'espèce constituée.

La question de l'art, de notre capacité à appréhender un objet comme œuvre d'art et à le comprendre esthétiquement, n'est donc pas identifiable à la question de la beauté, c'est-à-dire à celle d'une détermination de la valeur esthétique des objets placés dans l'extension du terme sortal «œuvre d'art». Nous sommes tentés de le croire si nous adoptons une théorie essentialiste pour laquelle la beauté est une caractéristique *nécessaire* de l'œuvre d'art. Ceux qui ont adopté cette thèse ont dû définir la beauté et j'ai soutenu plus haut que la définition s'applique mal... à des œuvres d'art. Nous sommes aussi tentés de le croire en supposant que toute identification classificatoire est évaluative. Cela me semble erroné : l'identité ne se fait pas nécessairement en termes d'excellence. Je peux bien au contraire choisir une identification qui récuse une excellence incrustée, i.e. jugée à tort nécessaire pour la classification. Par exemple, je peux choisir d'étiqueter une image d'un handicapé physique par «*Ecce homo*». Ce qui est alors signifié, c'est que le critère d'excellence obvie n'est pas un critère de classification. L'étiquetage proteste alors contre une valorisation qui prétend se faire passer pour une honnête classification.

L'esthétique n'est pas la critique d'art. Elle identifie les œuvres d'art en fonction d'intérêts qui concernent la reconnaissance d'un fonctionnement esthétique et ne pose donc pas la question de la valeur esthétique.

L'esthétique normative et non évaluative

On pourrait objecter que si l'esthétique n'a pas à être évaluative, l'expérience esthétique pourrait l'être nécessairement. C'est le cas de l'éthique qui est bien l'étude non nécessairement évaluative de jugements évaluatifs. Mais ce serait une erreur. Le critère que nous faisons un jugement moral, c'est que ce jugement présuppose des valeurs. Ainsi, qu'il soit un jugement de valeur définit le jugement moral. Ce n'est pas nécessairement le cas pour le jugement esthétique. Je peux comprendre une théorie philosophique sans pour autant penser qu'elle est correcte. Je reconnais sa cohérence, sa subtilité conceptuelle, etc., mais la considère fausse (la théorie physique d'Aristote est indéniablement fausse, mais tout à fait magistrale). De la même façon, je peux *comprendre* une œuvre d'art, i.e. *reconnaître* son fonctionnement symbolique et sa subtilité, sans aucunement me prononcer à son égard en termes de jugement de valeur (esthétique), sans lui accorder de mérite esthétique.

Cela a une signification importante concernant l'esthétique qui est normative mais non évaluative. La normativité prend deux formes. L'une est indéniablement évaluative. Par exemple, quand nous disons que tel raisonnement est incorrect, nous supposons qu'il ne respecte pas au moins une norme logique. Ainsi :

$((p \supset q) \& q) \supset p$

n'est pas valide parce que la formule n'est pas une tautologie. L'autre est normative sans être évaluative. C'est le cas lorsque j'attribue certaines opérations logiques à un interlocuteur dans une langue qui m'est totalement étrangère et que j'essaie de traduire. C'est une des leçons de la thèse quinéenne de l'indétermination de la traduction[64]. Supposons que je veuille traduire la formule[65]

q ka bu q

je peux évidemment choisir de traduire en faisant l'hypothèse caricaturalement lévy-bruhlienne d'un interlocuteur appartenant à une peuplade dont la mentalité est pré-logique. Je traduirai alors par

p et non p

Mais c'est alors moi qui aurait injecté le caractère prélogique chez l'interlocuteur par l'hypothèse de traduction elle-même. La norme ne concerne absolument pas ici la validité d'une inférence logique, mais une hypothèse concernant la rationalité. Je suppose que mon interlocuteur respecte des normes semblables à celles que moi-même je respecte et grâce auxquelles, par exemple, une inférence valide est possible. Mais il ne s'agit pas d'évaluer une inférence déterminée. Cette seconde forme de normativité qui concerne non pas l'évaluation mais, en quelque sorte, la description de ce qui est effectué par des individus et la supposition de la rationalité de leur discours, voire de leur comportement, est celle qui importe dans le cas de l'esthétique.

J'ai contesté le primat de la question du beau sur celle de l'art dans le kantisme esthétique et sa conséquence : le jugement de goût pur serait sans norme. J'ai contesté le rôle qu'on fait jouer très souvent à la notion de valeur esthétique dans l'identification de l'œuvre d'art. En revanche, je soutiens que la rationalité est centrale dans l'expérience esthétique. Cette expérience est conditionnée par des normes descriptibles. Quand quelqu'un regarde un tableau, qu'il écoute une œuvre musicale, qu'il assiste à un ballet, que, d'une façon générale, il a une activité caractérisable comme esthétique, il opère intellectuellement en fonction de normes. Elles peuvent être décrites par l'esthétique en tant que discipline.

L'esthétique en tant que discipline consiste alors à faire les hypothèses que pourraient faire un natif d'Alpha du Centaure venant sur notre terre et s'interrogeant sur le comportement des peintres et des visiteurs de musées, des musiciens et des mélomanes, des danseurs et du public des ballets. Il devrait supposer chez tous les artistes et les esthètes certaines activités intellectuelles déterminant de tels comportements ou des affirmations comme «Ce tableau est triste», «Cette symphonie est vraiment héroïque», «Ce ballet donne beaucoup à penser». Je crois que les hypothèses de l'alpha du centaurien porteraient essentiellement sur la signification des peintures, des œuvres musicales ou des ballets. Il devrait essayer de déterminer comment une image peut être triste, une série de sons héroïque et une suite de mouvements particulièrement interrogative. Pour cela, je lui conseillerai, s'il le veut bien, de s'intéresser à la façon dont les images, les sons ou les mouvements fonctionnent comme symbole dans une théorie de la référence et quelles sont les normes descriptibles d'un tel fonctionnement.

Ces normes ne sont pas évaluatives. Elles ne permettent pas de dire si un tableau est meilleur qu'un autre. Mais elles sont constitutives de l'expérience esthétique. Non pas qu'une expérience esthétique serait autre chose caché derrière l'usage de ces normes. Avoir une expérience esthétique, c'est simplement *raisonner* selon ces normes. Par la suite, j'expliquerai que ces normes concernent certaines modalités de notre représentation des choses (chapitre II) et peuvent être décrites dans une théorie de la référence (chapitres III et IV) La normativité esthétique n'est pas évaluative parce qu'elle concerne la description d'opérations sémantiques constitutives de l'expérience esthétique et pas la détermination de la valeur esthétique des objets impliqués dans cette expérience.

4. L'ÉMOTION ESTHÉTIQUE

L'opposition entre l'art et la connaissance présuppose fréquemment que l'expérience esthétique est émotionnelle et l'émotion nécessairement non cognitive. Pour contester cette opposition, on peut faire appel à une théorie de l'émotion dans laquelle :

1) les émotions ne sont pas de purs états mentaux privés ;

2) les émotions sont rationnelles ;

3) certaines émotions sont cognitives (aussi bien dans le domaine de la science que dans celui de l'expérience esthétique) ;

4) le plaisir esthétique est directement lié au caractère cognitif de l'expérience esthétique.

Privé et public

Une image cartésienne des émotions les présente comme des états mentaux privés, objets d'une attention spirituelle immédiate et infaillible. Les émotions ne seraient liées que de façon contingente à leurs manifestations comportementales et au langage dans lequel on les exprime. Cette image est devenue beaucoup moins acceptable après Wittgenstein et ce qu'on appelle « l'argument du langage privé ». La version qu'en propose Anthony Kenny est particulièrement claire :

> La réflexion sur la nature du langage que nous utilisons pour exprimer des émotions montre que les émotions ne peuvent pas être de purs états mentaux (...). Tout mot supposé être le nom de quelque chose d'observable seulement par introspection, et connecté seulement causalement avec des phénomènes publiquement observables, devrait avoir acquis une signification par une opération purement privée et invérifiable. Mais si les noms des émotions acquièrent leur signification pour nous par une cérémonie dont toute autre personne est exclue, alors aucun de nous ne peut avoir une idée de ce qu'une autre personne signifie par le mot. Et personne ne peut même savoir ce que lui-même signifie par ce nom ; connaître la signification d'un mot, c'est savoir comment l'utiliser correctement ; là où il ne peut y avoir aucune vérification de la façon dont quelqu'un utilise un mot, il n'y a aucune raison de parler d'un usage « correct » ou « incorrect »[66].

L'argument du langage privé ne signifie évidemment pas que nous n'avons pas de « vie intérieure » et pas d'états mentaux privés. Les émotions ne sont pas nécessairement manifestées ; elles peuvent être gardées secrètes. Le sentiment que personne ne peut ressentir vos émotions est tout à fait naturel. Il correspond à la « grammaire » du terme « émotion », comme à celui du terme « douleur ». Personne n'est supposé ressentir votre mal de dent, mais pour apprendre à dire « j'ai mal aux dents » à bon escient (ou en mentant), il a fallu non pas identifier en soi un état mental et procéder à son baptême intérieur, mais maîtriser un «jeu de langage» propre à une communauté linguistique. En ce sens, l'intériorité de mes douleurs ou de mes émotions résulte de l'apprentissage du langage (que je sache nommer mes émotions et dire «j'ai mal») et pas de leur étiquetage intérieur dans un langage privé traduit ensuite dans une langue commune. Comme le fait remarquer Jacques Bouveresse :

> La définition ostensive publique peut toujours être mal comprise; mais la définition ostensive privée ne peut pas être comprise, non pas seulement par quelqu'un d'autre, mais en fin de compte pas même par celui qui la donne[67].

Une définition ostensive privée supposerait une règle privée — ce qui est au moins une contradiction *in adjecto*[68] et même sans doute une absurdité.

Kenny remarque :

> Il suit de nombreuses théories philosophiques traditionnelles et influentes qu'un langage privé est possible; en conséquence, si des langages privés sont impossibles, ces théories sont fausses[69].

Sans doute est-ce un peu expéditif. Cependant, il paraît tout à fait souhaitable qu'une esthétique ne repose plus sur l'évidence prétendue d'une définition ostensive intérieure de notre émotion esthétique, et conséquemment sur l'affirmation d'un langage privé. Car cela supposerait une esthétique dans laquelle la notion la plus importante, celle d'émotion, ne fait référence à rien. Une esthétique qui présuppose l'inaccessibilité intrinsèque d'un univers «intérieur» paraît peu plausible.

L'émotion esthétique est aussi peu *profondément intérieure* que n'importe quelle autre. Nous avons appris à exprimer *cette sorte d'émotion*. Non pas à étiqueter pour les autres une expérience intérieure dont nous ne savions pas comment la dénommer. Nous avons appris à nous comporter d'une certaine façon : à applaudir, à «contempler» des images, en général à adopter tel ou tel comportement face aux œuvres d'art. Certes, éprouver une émotion ne consiste pas à adopter ce comportement ou à dire certaines choses («Que c'est beau !», «J'aime beaucoup cela», etc.). On peut l'adopter ou les dire sans rien éprouver. Mais cette possibilité n'implique nullement qu'il y ait quelque chose *de plus* dans le cas de celui qui adopte ce comportement ou dit ces choses en *ayant une émotion*, quelque chose d'intérieur et de caché. Si tel était le cas, nous serions reconduits à la difficulté déjà évoquée : comment, lors de sa *première fois*, l'émotion esthétique aurait pu être identifiée comme étant justement ce qu'on appelle «émotion esthétique» et qui s'exprime en adoptant telle ou telle attitude ? Nous avons une vie intérieure, là n'est pas le problème, mais elle n'est pas une prison intérieure[70]. Nous avons une vie intérieure en fonction d'une langue commune et d'habitudes de comportement communes. Dès lors, c'est dans ce cadre commun que la notion d'émotion esthétique a un sens et pas dans celui d'une théorie qui suppose que le terme d'émotion réfère à un état mental privé.

Les émotions ne forment pas une classe naturelle; les émotions esthétiques pas plus. Ressentir une émotion esthétique suppose une forme d'apprentissage (tout à fait complexe) dans lequel se mêlent l'exemple des comportements déjà évoqués, d'expressions linguistiques de satisfaction ou d'ébranlement intérieur («Va voir ce film, il est bouleversant») ou même simplement des intérêts. On imagine mal quelqu'un affirmant qu'il adore la peinture mais ne va jamais dans un musée ou ne regarde jamais des livres d'art, que cela ne l'intéresse pas du tout. Il ne s'agit pas seulement ici de la thèse selon laquelle nos émotions seraient socialement déterminées et il ne s'agit pas du tout d'un problème de détermination causale. Tous, nous avons appris que nous avons des émotions esthétiques. Nous l'avons appris non pas en constatant leur présence intérieure préalable («Tiens, j'ai ce qu'on appelle des «émotions esthétiques»!»), mais en participant à ce que Wittgenstein appelle «une forme de vie»[71].

Ainsi, l'argument selon lequel l'expérience esthétique serait privée parce qu'émotionnelle est inacceptable. Son corrélat: l'expérience esthétique, émotionnelle, est aux antipodes de toute forme de rationalité, elle est affaire de pure sensibilité intérieure, doit alors être reconsidéré.

La rationalité des émotions

Que les émotions soient contraires à la rationalité est une thèse traditionnelle en philosophie. On a soutenu que la raison doit maîtriser passions et émotions ou que la raison n'est, quoi qu'elle se croie, rien d'autre que l'esclave des passions et des émotions. Pour montrer que l'émotion est tout à fait rationnelle, malgré ce que l'on a généralement dit, commençons par une analyse, inévitablement schématique, de la rationalité[72].

Un acte est irrationnel s'il va à l'encontre de son but manifeste (salir en nettoyant) ou de celui de l'agent (se rendre malade en prenant des médicaments). Ce que vous voulez est irrationnel si cela contredit une autre volonté clairement affichée avec laquelle c'est incompatible (vouloir rester chez soi et avoir le désir de voir du pays). Une croyance est irrationnelle s'il est invraisemblable qu'elle soit vraie (il y a une formule magique pour que les femmes vous aiment) ou qu'elle a été acquise d'une façon nettement contraire à la façon dont on acquiert généralement des croyances vraies (un lutin recontré sur la lande bretonne vous a donné cette formule magique). D'une façon générale, on définit ici la rationalité comme la capacité de rechercher une fin sans soi-même s'empêcher de l'atteindre. La rationalité est un concept téléologique, pour ce qui concerne l'action; elle est un concept logique pour ce qui concerne la croyance (irrationnelle si et seulement si elle est contradictoire). Dans la mesure où le fonctionnement de nos organes peut lui aussi être décrit comme concourant à une fin, sans pour autant que les organes soient en eux-même rationnels (même s'il y a une description rationnelle du fonctionnement des organes), ni nécessairement les êtres dont ce sont les organes, la rationalité n'est pas seulement téléologique; *la rationalité est aussi intentionnelle.* Elle ne suppose pas simplement que nos actes ne contredisent pas une fin recherchée et y concourent, mais aussi que nos actes et nos croyances soient intentionnellement dirigés vers la fin recherchée.

Notre question devient alors la suivante : une émotion est-elle nécessairement contraire à la rationalité, c'est-à-dire introduit-elle inévitablement une contradiction téléologique ou logique dans l'acte, la volonté ou la croyance? Si on répond affirmativement, l'émotion n'est plus rationnelle. On n'a toutefois aucune raison de répondre «oui». Une émotion peut être un comportement particulièrement approprié. Par exemple, rougir quand on vous complimente est approprié quand vous croyez qu'il convient d'afficher une certaine modestie. Etre profondément ému par la mort d'un proche découle du fait que vous êtes supposé vouloir qu'il reste en vie. L'émotion contredit tellement peu ce à quoi on s'attend de la part d'un individu qu'il est largement possible d'anticiper sur les émotions qu'on aura, ou que les autres ont, en leur attribuant des croyances probables. Vous savez en allant voir votre ami que vous allez provoquer chez lui une émotion en le complimentant pour son livre que vous venez de lire. C'est aussi la raison pour laquelle en observant les émotions vous savez ce que croient les gens. Ce n'est évidemment pas parfaitement fiable. Vous savez que certaines personnes ne montrent pas leurs émotions. Mais vous ne concluez nullement à leur irrationalité du fait qu'elles les montrent. Bien au contraire, avoir certaines émotions suppose que vous avez été capable de comprendre une situation et donc que vous possédez des croyances rationnelles la concernant. Pour être ému par une situation dramatique, la mort d'un enfant par exemple, il faut comprendre qu'elle est dramatique — le sentiment du tragique suppose qu'on saisisse le caractère contradictoire de deux exigences, qu'on comprenne ce qu'est une contradiction et donc qu'on raisonne. Il semble que, dans la plupart des cas, l'absence d'émotion vous conduise plutôt à soupçonner l'imbécillité de celui qui n'est pas ému plutôt que sa rationalité (supérieure). Il est certes clair que certaines émotions paraissent tout à fait irrationnelles, la jalousie par exemple. Mais celui qui a certaines croyances fausses, par exemple : toute femme cherche avant tout à se procurer un plaisir sensuel, ou bien : on préférera n'importe qui à moi si on en a l'occasion, il est rationnel d'être jaloux. Qu'une croyance fausse n'est pas irrationnelle semble aller de soi puisqu'une croyance n'est irrationnelle qu'en fonction d'une autre et qu'une croyance fausse est fausse eu égard à ce qui est le cas (en réalité) et pas eu égard à une autre croyance.

Celui qui ne montre pas d'émotion est supposé détenir un pouvoir sur leur expression, mais on ne voit pas en quoi il serait plus rationnel de ne pas exprimer des émotions qui n'introduisent aucun élément contradictoire dans le déroulement de nos actions ou dans nos croyances que de le faire. Que certaines émotions soient telles qu'elles nous empêchent d'arriver à nos fins (par exemple, être si ému qu'on ne peut pas passer un examen auquel on souhaite pourtant être reçu) montre simplement que *parfois* nos émotions introduisent un élément contradictoire dans nos actions, mais pas que les émotions sont en elles-mêmes irrationnelles. On peut certes dire qu'une émotion est irrationnelle si la correction de la croyance présupposée par l'émotion ne change rien à cette émotion, en quelque sorte incrustée. (Vous êtes ému parce que vous croyez, en fonction de ce que vous dit le détective privé que vous avez engagé, que votre femme vous trompe, et il s'avère que le détective s'est trompé de femme ; vous continuez cependant à ressentir la *même* émotion.) Bien entendu, celui qui *résiste* à des considérations qui devraient le conduire à corriger sa croyance est irrationnel. On peut donc dire qu'une émotion est rationnelle si elle est justifiée, c'est-à-dire ne suppose pas une croyance elle-même irrationnelle.

Si les émotions peuvent être rationnelles, voire le sont la plupart du temps, sont-elles intentionnelles ? On est tenté de répondre négativement : je n'ai pas les émotions que je veux et je suis même ému malgré moi. Cependant, il faut distinguer le fait d'être ému et la possibilité de l'être. Que je sois ému par tel ou tel événement n'est évidemment pas affaire de décision. En ce sens, même si mon émotion est rationnelle, qu'elle ne contredit aucunement une fin recherchée, on serait ici dans le même cas qu'un organe dont le fonctionnement concourt certes à une fin, mais inintentionnellement. Toutefois, pour pouvoir décrire quelqu'un comme *pouvant être ému*, il faut le décrire comme possédant une disposition à l'être et non pas seulement en termes de mécanisme bio-physique. Cette disposition est dans une grande mesure notre fait, puisqu'elle est liée à nos croyances. On pourrait objecter que nos croyances sont elles-mêmes déterminées, socialement notamment. Mais il s'agit alors d'un tout autre problème, beaucoup plus général, et qui ne change rien au fait que nos croyances constituent dispositionnellement nos émotions et que la modification de nos croyances entraîne (sauf cas d'incrustation déjà évoqué) la modification de nos émotions. De plus, nous avons la possibilité de jouer avec nos émotions. Par exemple : chaque fois que je croise Adeline, je suis profondément ému (par son sourire, ses yeux, sa silhouette, etc.); je ne veux pas l'être car je sais que l'amour que je lui porte est peine perdue et cela me fait souffrir; je ne veux donc plus penser à elle; mais, plus je pense à ne pas penser à elle et plus je suis ému (par son sourire, ses yeux, sa silhouette, etc.). La meilleure solution est de provoquer, en quelque sorte, une autre émotion. Je parle d'elle à Gaston qui la hait et me dit (en substance) qu'elle n'a pas de cœur, qu'elle est volage, prétentieuse, etc. Dès que je la vois, je penserai à cela. Si cela ne suffit pas, je m'arrangerai pour tomber amoureux de quelqu'un d'autre (et si j'y parviens, mon ancienne émotion m'apparaîtra totalement ridicule). Bref, nous ne sommes pas livrés pieds et poings liés à nos émotions. Si les émotions étaient totalement irrationnelles et inintentionnelles, toutes ces opérations de détournement et de modification des dispositions seraient totalement inefficaces. Or, dans de nombreux cas, ces opérations sont efficaces. Les émotions ne sont en effet pas extérieures à ces dispositions, mais leur appartiennent.

On peut également comprendre ces dispositions à être émus en termes d'apprentissage linguistique. Nous sommes devenus familiers avec le vocabulaire des émotions grâce à ce qu'on peut appler des «scénarios». Ceux-ci ont été élaborés petit à petit à partir de la petite enfance et se sont compliqués (plus ou moins) du fait des événements de la vie quotidienne, certes, mais aussi des paradigmes qu'on a pu trouver, notamment dans des œuvres littéraires, et partout où il est question des sentiments — par exemple, dans la Bible, quand vous êtes conduit à la lire quotidiennement. L'émotion amoureuse, vaut-il la peine de le dire, est directement fonction de scénarios que nous connaissons et grâce auxquels nous appréhendons les rôles que chacun joue et même le nôtre. La Rochefoucauld disait qu'on ne tomberait pas amoureux si on n'avait pas lu qu'on peut le faire. Cela ne change strictement rien à la sincérité de l'émotion, pas plus que le fait de savoir que telle promenade vous conduira devant tel «point de vue» particulièrement beau ne modifie la beauté du paysage et le plaisir pris à le regarder. Les scénarios peuvent eux-mêmes entrer dans des méta-scénarios, c'est-à-dire faire l'objet d'un scénario. Nos émotions se présentent sous la forme qu'elles ont dans des descriptions particulières. (On vit la jalousie sur le mode proustien par exemple). Nos émotions deviennent alors de plus en plus sophistiquées et nos existences affectives de moins en moins transparentes parce qu'elles renvoient obliquement à des émotions décrites. De plus, certains scénarios s'avèrent particulièrement inadaptés à une situation *objective*. L'irrationalité de l'émotion tient à cela : nous interprétons une situation dans des termes qui lui sont inadéquats. Nos croyances concernant la situation sont irrationnelles parce qu'elles introduisent constamment une contradiction entre deux types de croyances, celles qui concernent la représentation de la situation et d'autres, en quelque sorte plus terre à terre.

Les émotions esthétiques supposent par excellence la maîtrise de certains scénarios. Ceux-ci se constituent petit à petit, en se raffinant généralement, en fonction de l'apprentissage de situations particulières dans lesquelles nous sommes mis en présence de réactions à des œuvres d'art. Le raffinement, en cette matière, permet d'éviter les scénarios stéréotypés. Mais il y a aussi des scénarios de recherche de scénarios non stéréotypés (snobisme, dandysme). Les émotions esthétiques sont elles aussi rationnelles, c'est-à-dire qu'elles ne constituent pas du tout des débordements sensibles incontrôlables. Elles sont des réponses adaptées à des stimulations, de la même façon que rougir, en certaines circonstances, peut l'être. Elles n'introduisent aucune contradiction dans nos croyances. Elles sont fonction de certains scénarios en fonction desquels nous réagissons esthétiquement (et quand bien même ils seraient excessivement frustes). On peut évidemment proposer une description sociologique de tels scénarios. On a alors une histoire de la réception des œuvres d'art. Un philosophe se proposera plutôt de fournir une analyse générale du fonctionnement de tels scénarios, non pas en les décrivant sociologiquement, mais en proposant une reconstruction logique de concepts structurels de ces scénarios, comme ceux d'expression (chapitre III), de fiction (chapitre IV). Cette reconstruction logique montrera combien l'émotion esthétique n'est pas une réaction purement sensible (quand bien même ce serait une réaction dont seul un être rationnel serait capable, mais non cognitive, comme le suggère Kant[73]), mais constitue un certain usage de nos capacités sémantiques.

Les émotions cognitives

Le thèse centrale de la *Critique de la faculté de juger* de Kant est la distinction entre jugement de connaissance (conceptuel) et jugement esthétique pur (non conceptuel). Dans ce cadre, et indépendamment du texte kantien lui-même, l'émotion esthétique est affaire de pure sensibilité. On peut proposer au contraire de présenter l'émotion esthétique comme fonction d'une activité de connaissance. On peut refuser de présenter l'expérience esthétique comme non cognitive et la connaissance comme non émotionnelle.

On peut d'abord remarquer que la condition nécessaire de l'émotion esthétique, ce sont certaines opérations intellectuelles qui supposent des connaissances. D'une façon générale,

> à moins de connaître ou de croire certaines choses, on ne peut faire l'expérience de certaines émotions[74].

Il y a une structure conditionnelle de l'émotion, dans la mesure où c'est seulement parce qu'on attribue telle ou telle connaissance à une personne qu'on lui suppose telle ou telle émotion. Comme le fait remarquer Goodman[75], pour lire un poème, il faut savoir lire et mettre en œuvre toutes les connaissances qu'on peut posséder de la langue en question (voire d'autres).

Nous avons pourtant du mal à renoncer à l'idée que, d'une façon ou d'une autre, l'art doit être beaucoup plus émotif que tout ce qui concerne la connaissance, qu'il est d'une nature sensible, voire spirituelle, nettement différente. Or, comme le fait remarquer Goodman :

> Pour qu'une peinture et l'acte de la regarder ou pour qu'un concert et l'acte de l'écouter soient esthétiques, il n'est nullement nécessaire qu'ils suscitent une émotion, et pas davantage qu'ils procurent une satisfaction[76].

Qu'on puisse avoir une émotion esthétique ne signifie nullement que l'expérience esthétique consiste à avoir une émotion ni même une émotion d'une espèce déterminée. On peut même penser qu'une émotion trop forte entrave l'expérience esthétique. Dans le film de Francis Ford Coppola, *Apocalypse now*, le bateau militaire qui remonte la rivière croise des combats dont on voit ce qu'on peut appeler les illuminations. A l'abri, l'expérience esthétique est possible — et elle suppose alors la capacité à voir les lumières provoquées par un combat d'artillerie nocturne comme un spectacle. Mais, sur le champ de bataille, elle est remplacée par la peur ou tout autre sentiment qui en soi n'est en rien esthétique. Ce n'est pourtant pas simplement une affaire de degré. L'expérience esthétique ne se caractérise pas par une émotion limitée.

Certaines œuvres n'encouragent manifestement pas l'émotion. Goodman donne comme exemples un Rembrandt tardif, un Mondrian tardif, un quatuor de Brahms ou un autre de Webern[77]. J'ajouterai que c'est aussi le cas de nombreuses œuvres musicales contemporaines, par exemple : *Aus den sieben Tagen* de Karl H. Stockhausen. C'est même ce qui nous les rend moins accessibles tant nous sommes imprégnés de l'esthétique issue de la tradition kantienne, puis romantique, pour laquelle l'expérience esthétique doit, d'une certaine façon, être émotionnelle[78]. Je ne suis pas persuadé que certaines œuvres médiévales, comme le *Requiem* de Johannes Ockeghem, soient particulièrement émotionnelles. Il est à peine besoin de dire qu'en ce domaine la relativité est complète. Certaines danses de la Renaissance nous paraissent si peu rythmées qu'elle n'induisent aujourd'hui aucun sentiment de mouvement et de vivacité — dans ce domaine, il nous en faut aujourd'hui beaucoup plus, des effets excessivement marqués. Or, dans les cours du XVIe siècle, cela entraînait à la danse ! De plus, trouver qu'une œuvre n'induit pas ou peu d'émotion peut être esthétiquement très significatif[79]. Le *Requiem* de Gabriel Fauré, par exemple, retient l'émotion et, en quelque sorte, la raffine. Je ne multiplierai pas les exemples, tant il est clair que

> une ligne tracée entre l'émotif et le cognitif a toute chance de séparer moins nettement l'esthétique du scientifique que de séparer les uns des autres certains objets et expériences esthétiques[80].

L'expérience esthétique n'exige évidemment pas l'anesthésie. La thèse soutenue ici n'est nullement intellectualiste. L'émotion, dans l'expérience esthétique, joue un rôle cognitif. J'ai affirmé plus haut que nos émotions peuvent être rationnelles quand elles sont adaptées à l'intention qui préside à notre activité, qu'elles ne la contredisent pas. De la même façon, nous appréhendons esthétiquement une œuvre d'art en ayant une émotion particulière. Mais ressentir telle ou telle émotion ne consiste pas à se laisser couler dans un bain émotionnel ou à ressentir des vibrations qu'émettrait l'œuvre d'art. Bien au contraire, être à même d'effectuer des distinctions complexes, d'apercevoir des analogies ou au contraire des différences, de mettre en perspective plusieurs œuvres, etc., c'est cela même en quoi consiste l'émotion esthétique. Quand vous commencez à saisir ce qui fait l'unité d'une œuvre (surtout dans le cas où l'unité n'est pas donnée, comme dans la musique classique, par une forme traditionnelle, mais inventée au cas par cas, comme dans la musique contemporaine) ou d'un ensemble d'œuvres (des objets dogon qui reprennent le même schème plastique), c'est bien alors que vous appréciez esthétiquement et que vous ressentez une émotion. L'émotion n'est pas indépendante de la compréhension, même si la compréhension peut ne pas induire une émotion d'une intensité extrême ou, au contraire, qu'une compréhension minimale peut entraîner une émotion forte.

En d'autres termes, l'émotion est fonction d'une attitude beaucoup plus générale qui est celle de *compréhension*. Le cognitif et l'émotif sont intégrés. C'est ce que dit Kant quand il analyse le jugement esthétique comme mettant en jeu les facultés de connaissance; mais, c'est aussi ce qu'il rejette en refusant tout rôle au concept dans l'expérience esthétique et en rendant le jugement esthétique pur tout à fait autonome. La vulgate kantienne insistera sur ce point et cherchera une essence de l'expérience esthétique dans le *purement* sensible ou le *purement* émotionnel, souvent dans le cadre d'une phénoménologie de l'infra-conceptuel. Une telle démarche repose sur une magistrale erreur : séparer l'émotif et le cognitif, refuser leur intégration dans la compréhension. Comprendre un *Requiem*, revient à saisir le rapport entre ce qu'exprime la musique et ce que dit le texte d'un *requiem*; l'émotion suppose, voire consiste dans la compréhension de ce rapport.

En quoi cette émotion diffère-t-elle de celle ressentie par l'homme de science? Car, il y a bien une telle émotion *cognitive*.

> Quelle que soit la science, si l'objectivité requise proscrit une pensée hypothéquée par le désir, un déchiffrement de l'évidence empirique grevé de préjugés, le rejet des résultats non voulus, la mise à l'écart des voies de recherche inquiétantes, elle ne proscrit pas le recours au sentiment dans l'exploration et la découverte, ni l'élan de l'inspiration et de la curiosité, ni la recherche ardente d'indices à partir de problèmes fascinants et d'hypothèses prometteuses[81].

Ce véritable programme de recherche sur le rôle de l'émotion dans la recherche scientifique, que propose Goodman, a été explicité par Israël Scheffler dans un article intitulé «*In Praise of the Cognitive Emotions*» (A la louange des émotions cognitives). La recherche scientifique n'est pas exempte d'émotions. Mettre au point une théorie, la tester patiemment, essayer de répondre à des objections, etc., n'est pas n'est pas émotionnellement neutre. Certes, il peut y avoir de tels intérêts affectifs en jeu que l'homme de science est conduit à tricher. «L'esprit scientifique» supposerait alors une rupture avec l'émotif considéré comme un obstacle épistémologique. Mais c'est plutôt le contraire. Si l'on découvre une supercherie, par exemple un trucage des résultats d'expérience, l'opprobre tombe sur le coupable. La science n'aime pas les tricheurs. Pourquoi? Il semble qu'on lie directement rationalité et honnêteté intellectuelle. On exige par exemple de l'homme de science qu'il reconnaisse avoir tort si on le lui prouve. La rationalité scientifique ne peut être définie indépendamment de certaines qualités humaines de ceux qui pratiquent la recherche. Il ne s'agit pas seulement de maîtriser ses affects, il s'agit d'avoir les bons affects, ceux qui portent au progrès de la science. Il s'agit de prendre plaisir à la recherche, même si elle invalide vos travaux et réduit à néant vos efforts. Sans verser dans un moralisme de la science, il est hautement probable que si la plupart des chercheurs étaient totalement dépourvus de tels affects et ne ressentaient nullement un tel plaisir à voir triompher la vérité sur l'erreur (jusqu'à la prochaine mise en question annonciatrice de nouvelles excitations intelectuelles), la recherche scientifique n'existerait simplement plus. Le cœur de l'homme de science bat aussi.

Le désir du vrai et l'émotion qui est liée à ce désir jouent non seulement un rôle dans le rejet de l'erreur, mais aussi dans la détermination d'une hypothèse. Le savant tatonne, sent que ceci ou cela est vrai, s'attache à telle ou telle hypothèse, n'en démord pas facilement, etc. Tous ces phénomènes ne sont nullement négligeables. Une description aseptisée de la démarche scientifique les néglige, mais c'est un tort. Israël Scheffler insiste aussi sur «la joie de la vérification» et «le sentiment de surprise»[82]. Dans la mesure où il n'y a pas d'harmonie préétablie entre ce que nous croyons et ce que nous constatons, quand cette harmonie se réalise ou bien, au contraire, quand elle ne se produit pas alors même qu'on l'attendait, il y a bien une émotion *cognitive*. La surprise n'est pas une émotion irrationnelle; ce n'est pas une simple contradiction de nos croyances (une croyance implantée et une autre actuelle) parce que l'attitude scientifique suppose la possibilité d'une telle contradiction et lui donne un statut épistémique.

Comprendre qu'il y a des émotions cognitives suppose toutefois qu'on ait renoncé à l'idée que l'émotion «agit à la manière d'une eau qui rompt la digue», qu'elle est une «ivresse», qu'elle «agit sur l'état de santé comme une attaque d'apoplexie», et autres remarques psychologiques de ce genre où l'émotion est largement confondue avec la commotion cérébrale[83]. Le caractère *totalement caricatural* d'une telle description de l'émotion est manifeste. Que la terreur intense ou les débordements de joie délirants soient incompatibles avec la réflexion va de soi, mais que toute émotion soit ressentie sous une forme de pararoxysme psycho-physiologique est manifestement inexact. Bien au contraire, on peut dire avec Israël Scheffler :

l'émotion sans cognition est aveugle et (...) la cognition sans émotion est vide[84].

Ainsi la ligne de démarcation entre émotion et connaissance n'a pas lieu d'être ; certaines de nos émotions sont cognitives et elles jouent un rôle ausssi bien dans l'attitude scientifique que dans l'expérience esthétique. Ce sont de telles émotions qui doivent être recherchées et cultivées.

Il y a certainement tout un apprentissage nécessaire à leur mise en jeu et à leur développement. On apprend à avoir de bonnes émotions, celles qui peuvent avoir des conséquences bénéfiques pour la connaissance et l'appréciation esthétique. Notre éducation consiste en grande partie non pas seulement en la transmission de connaissances, mais d'attitudes émotionnelles adéquates à certaines activités appréciables. Les émotions en jeu dans les sciences et dans l'expérience esthétique sont les mêmes : recherche de différences (distinction) ou de similitudes (analogie, métaphore), mise en ordre, reformulation éclairante, formalisation, etc.

Survenance du plaisir esthétique

> Apprendre est un très grand plaisir non seulement pour les philosophes, mais pareillement pour les autres hommes; seulement ceux-ci n'y ont qu'une minime part. Ce qui fait qu'on a plaisir à voir les images, c'est que le cas échéant, l'on s'instruit en les contemplant et l'on conclut ce qu'est chaque chose, par exemple que celui-ci est un tel[85].

Aristote affirme dans ce texte qu'il y a un plaisir de la connaissance et qu'il est le même que celui pris à voir des images. Aristote est donc bien loin de séparer art, émotion et connaissance. Certes, chez le Philosophe, cette thèse est liée à une définition mimétique de l'art. Aristote semble aussi envisager la possibilité d'un plaisir lié aux qualités matérielles de l'œuvre[86]. Mais il ne fait que mentionner un tel plaisir qui ne retient pas vraiment son attention et ne joue pas de rôle important dans son analyse du plaisir.

Je n'entrerai pas dans le débat sur la signification de la théorie du plaisir chez Aristote. Mais la thèse défendue est, *mutatis mutandis*, fort proche de l'idée aristotélicienne selon laquelle le plaisir consiste en une activité. Cette idée se trouve dans l'*Ethique à Nicomaque*, livres VII et X[87]. Dire que l'expérience esthétique est cognitive (elle suppose des connaissances, fonctionne comme une activité conceptuelle et satisfait un besoin de savoir) paraît s'accorder avec ce qu'Aristote dit du plaisir. C'est l'activité même de l'esprit qui procure du plaisir. Le plaisir n'est donc pas un sentiment distinct de l'activité de connaître, mais l'exercice de cette activité elle-même[88].

Ryle, comme on peut s'y attendre, fait écho à Aristote :

> On dit d'un individu trop absorbé dans une activité quelconque pour s'interrompre aisément ou même penser à autre chose, qu'il y «prend plaisir» ou «s'y plaît»; cependant, il n'est nullement agité ou hors de lui et n'éprouve donc point de sentiment particulier. (...) En ce sens, prendre plaisir à une activité, désirer la poursuivre et ne pas vouloir faire autre chose sont différentes manières de formuler la même idée[89].

Aristote expliquait que le plaisir est l'activité elle-même et pas le *terminus ad quem* d'un processus. Ou encore, le plaisir se surajoute à l'activité quand elle n'est pas entravée. Aristote dit ainsi :

> Le plaisir perfectionne [donc] l'activité, non comme la perfectionne l'état habituel immanent d'où elle procède, mais comme une sorte de fin qui vient s'y ajouter par surcroît, comme vient s'ajouter par surcroît, à la force de l'âge, la beauté[90].

Un des concepts fondamentaux de la philosophie analytique depuis quelques années, celui de *survenance*[91], semble ici pouvoir être valablement utilisé. On dira ainsi que le plaisir survient sur une activité. En l'occurence, à mon sens, le plaisir esthétique survient sur une activité cognitive. On peut considérer qu'un ensemble F de propriétés survient sur un ensemble G de propriétés eu égard à un domaine D si et seulement si deux choses dans D qui ne peuvent pas être distinguées dans G sont aussi nécessairement indiscernables dans F. F est ce qui survient et G la base de survenance. Jaegwon Kim dit ainsi, reprenant la signification initiale du terme telle qu'elle apparaît dans des livres de philosophie morale :

> On dit que des propriétés morales surviennent sur des propriétés non-morales dans la mesure où si deux choses coincident dans toutes les propriétés non-morales, elles ne peuvent diverger quant à leur propriétés morales[92].

La survenance entraîne donc la co-variance de deux ensembles de propriétés (de choses, d'évènements, etc.), leur dépendance et leur non réductibilité réciproque[93]. Elle est aujourd'hui une des notions fondamentales de la philosophie de l'esprit. La vie mentale survient sur des caractéristiques physiques, de telle façon qu'il y a pas de différence mentale sans différence physique, mais pour autant, selon Davidson[94], cette survenance du mental sur le physique n'entraîne pas la possibilité d'une réduction du mental au physique. D. Lewis a, comme toujours, une formule splendide pour dire cela :

> Il y a survenance quand il ne pourrait pas y avoir de différence d'une sorte sans différence d'une autre sorte[95].

Pour ce qui me préoccupe, cela signifierait que le plaisir esthétique n'est certainement pas l'activité cognitive elle-même. Mais qu'il survient sur une telle activité, co-varie avec elle, en est dépendant sans y être réductible. Il s'agit bien d'un *plaisir esthétique*, et pas du plaisir tout court, car on peut supposer (ce que je tenterai de montrer dans les chapitres) que l'activité cognitive à l'œuvre dans l'expérience esthétique, et qui la constitue comme expérience esthétique, est si ce n'est spécifique (ce qui supposerait des caractéristiques nécessaires), du moins déterminable en fonction de certains symptômes particuliers. Si donc il y a une activité cognitive esthétique, consistant à maîtriser le fonctionnement particulier de systèmes symboliques (chapitre II), à mettre en œuvre certaines relations entre des symboles et ce dont ils tiennent lieu (chapitre III), il y a aussi un plaisir particulier qui survient sur une telle activité.

Opposer esthétique et logique sur la base de la distinction entre plaisir (esthétique) et anesthésie cognitive n'est pas acceptable. L'entendement est esthète et l'esthète exerce une activité de compréhension. Séparer radicalement l'esthétique et le cognitif repose sur des distinctions qui, même si elles ont leur mérite (celle entre jugement de connaissance et jugement esthétique par exemple), ont des conséquences tout à fait malheureuses parce qu'elles ne permettent plus de rendre compte de l'activité intellectuelle en jeu dans l'expérience esthétique et du plaisir particulier qu'on y prend et qui survient sur cette activité cognitive. C'est une telle activité que ce livre prétend mettre en évidence.

NOTES

[1] Gilson, 1963, part du même constat. Il propose de penser l'art en termes de «factivité» (ce qui est de l'ordre du faire), en renouvelant de façon magistrale certaines analyses de la philosophie thomiste. Même si la thèse qui sera ici défendue est loin d'être celle de Gilson, je ne crois pas que les deux soient *absolument* incompatibles.

[2] «Une connaissance est *claire*, lorsqu'elle suffit pour me faire reconnaître la chose représentée, et cette connaissance est à son tour ou confuse ou distincte. Elle est confuse, lorsque je ne peux pas énumérer une à une les marques suffisantes pour distinger la chose d'entre les autres, bien que cette chose présente en effet de telles marques et les éléments requis, en lesquels sa notion puisse être décomposée», Leibniz, 1978, p. 9-10.

[3] Baumgarten, 1988, p. 127.

[4] *Ibid.*, p. 35.

[5] Bergson, 1940, p. 117.

[6] *Ibid.*, p. 118.

[7] *Ibid.*, p. 119.

[8] *Ibid.*, p. 120.

[9] Tel n'est pas le cas chez Hegel. Mais le sens qu'il donne au mot «vérité» n'a aucun rapport avec celui qu'il a s'il s'agit de la connaissance commune ou scientifique. Il m'apparaît beaucoup trop idiosyncrasique pour devoir ici être analysé.

[10] Baumgarten, 1988, p. 35.

[11] Hume, 1974.

[12] CFJ, V, 195.

[13] Lebrun, 1970, p. 297. Voir Zammito, 1992 ; Pouivet, 1994a.

[14] Il n'y a pas d'esthétique kantienne, puisque justement Kant considère qu'il n'y a pas de science du goût, ni de doctrine du beau. Sur ce point : Lebrun, 1970, p. 298.

[15] Zammito, 1992, p. 129 *sq*.

[16] La traduction «grosse tête» ne me paraît pas excessive.

[17] *Anthropologie d'un point de vue pragmatique*, § 57.

[18] CFJ, § 46.
[19] Ibid., § 43-2.
[20] Ibid., § 46.
[21] CRP, A 544/B 572.
[22] Sur cette question, Kris & Kurz, 1987.
[23] CFJ, § 47.
[24] Cournot, 1973, p. 191.
[25] Les termes que j'ai choisis pour caractériser la confusion en question sont issus d'une lecture des textes de Kant suivants : *Rêve d'un visionnaire expliqués par des rêves métaphysiques*, II, 339-340; *Qu'est-ce que s'orienter dans la pensée?*, VIII, 145; *D'un ton Grand Seigneur adopté autrefois en philosophie*, VIII, 389-391, note de la p. 405-406; *CFJ*, § 47; *Anthropologie*, § 59.
[26] CFJ, § 43-1.
[27] CRP, A312/B368 *sq*.
[28] CFJ, § 49.
[29] CFJ, § 49.
[30] La doctrine kantienne des facultés est magistralement métaphorique. Dans le cas du jugement esthétique, les facultés, traitées la plupart du temps comme des entités et non des dispositions, jouent ensemble, se pénètrent, se provoquent à atteindre des *maxima*, et autres choses assez étranges de ce genre.
[31] Wittgenstein, 1953, I, 226.
[32] Dictionnaire *Robert*.
[33] *Encyclopaedia Brittanica*, « Fugue », 1929.
[34] Koyré, 1968, p. 48, note 35.
[35] Hanson, 1980.
[36] 1970, p. 10.
[37] Kant, *Premiers principes métaphysiques d'une science de la nature*, Ak. IV, 475-477.
[38] CFJ, § 39.
[39] Ibid., § 43.
[40] Ibid., § 44.
[41] Ibid., § 40.
[42] Ibid., § 41.
[43] Ibid.
[44] Ibid., § 44.
[45] Ibid.
[46] Ibid., § 42.
[47] Ibid.
[48] Ibid., § 51 (début).
[49] Ibid., § 44.
[50] Ibid., § 46.
[51] Ibid., § 48.
[52] Ibid., § 49.
[53] Ibid., § 50.
[54] Ibid.
[55] Ibid., note.
[56] Ibid., § 45.
[57] Ibid.
[58] Ibid.
[59] Zemach, 1992, p. 111-126.
[60] On lira, par exemple, le début de Auguste Le Breton, *Razzia sur la Chnouf*, Gallimard, Série noire, Paris, 1954.

[61] Je ne développe pas ici les aspects logiques de cette affirmation. On peut lire sur ce point les deux textes qui sont à la source de cette thèse : Geach, 1972, p. 238-249; Zemach, 1992, p. 59-89.
[62] Collingwood, 1938, p. 280.
[63] C'est la thèse défendue par Zemach, 1992, p. 116.
[64] Laugier, 1992.
[65] Quine, 1976, p. 109.
[66] Kenny, 1989, p. 52.
[67] Bouveresse, 1976, p. 425.
[68] *Ibid.*, p. 429.
[69] Kenny, 1973, p. 179.
[70] Pears, 1993.
[71] Wittgenstein, 1953, I, 23.
[72] J'utilise ici certaines analyses de de Sousa, 1987.
[73] CFJ, § 5.
[74] Gordon, 1969, p. 408.
[75] LA, p. 284.
[76] *Ibid.*, p. 288.
[77] *Ibid.*, p. 289.
[78] Chez Kant, le plaisir esthétique est d'une nature émotionnelle très particulière, mais il s'agit tout de même d'un sentiment.
[79] LA, p. 293.
[80] *Ibid.*, p. 289.
[81] *Ibid.*, p. 294.
[82] Scheffler, 1991, p. 9-15.
[83] Je cite Kant, *Anthropologie d'un point de vue pragmatique*, § 74. L'erreur de Kant me semble être de traiter l'émotion comme un état mental non intentionnel.
[84] 1991, p. 4.
[85] Aristote, *La poétique*, 48 b 13-18. On peut aussi lire *Rhétorique*, I, 1371 b 4-12.
[86] *La poétique*, 48 b 18-20.
[87] Sur la différence des deux passages, Owen, 1977.
[88] *Ethique à Nicomaque*, 1175 b 10-15.
[89] Ryle, 1978, p. 104.
[90] *Ethique à Nicomaque*, 1174 b 31-33.
[91] Le concept de survenance a des racines profondes dans l'histoire de la philosophie, comme le montre de façon certainement non exhaustive Kim, 1993, p. 131-135. Sur ce concept, Pouivet, 1995a.
[92] 1993, p. 175.
[93] *Ibid.*, p. 139-140.
[94] 1980, p. 214. C'est une conséquence de la thèse davidsonnienne de l'anomie du mental, comme le montre Engel, 1992, 2.5.
[95] 1986, p. 14.

Chapitre II
Représentation

1. UN MONDE SANS VISIONS

L'esthétique est l'application d'une théorie générale de la référence et de la signification au domaine particulier de l'art. Telle est la thèse défendue dans ce livre. Le chapitre I entendait réfuter l'objection kantienne, d'une part, et l'objection émotionnaliste, d'autre part. La première dit que l'esthétique n'est pas possible parce que le jugement de goût n'est pas réglé par un concept et la seconde, que l'émotion esthétique est non cognitive (et ne peut donc consister dans la maîtrise de règles de référence qui seront décrites dans le chapitre III).

Mais, une autre objection est possible. Celle qu'on tirerait d'une théorie de la représentation dont le cœur serait la notion d'isomorphie extensionnelle. La notion technique d'isomorphie traduit l'idée intuitive de *structure commune*, par exemple celle du patron en papier d'une robe et de la robe que coud la couturière[1]. On dirait alors que, contrairement aux énoncés de la science, les énoncés et les images esthétiques, ceux qu'on trouvera dans une œuvre poétique ou un roman, celles qu'on trouvera dans une peinture, une photographie ou un film, ne s'embarrassent pas de représenter adéquatement la réalité. Ils cherchent simplement à exprimer notre sentiment *face* à la réalité. C'est même souvent ainsi qu'on a cru devoir justifier la peinture non figurative. On opposerait alors représentation scientifique, isomorphe à la réalité, et représentation esthétique, libre de cette exigence isomorphique et toute dévolue à une réalité tout autre, celle du sens.

Je m'inscris en faux contre cette double conception de la représentation en montrant qu'une certaine définition de la représentation en termes d'isomorphie extensionnelle évite cette dualité. La définition de l'isomorphie extensionnelle sera empruntée aux premières pages de *The Structure of Appearance* de Goodman qui offrent (non seulement la «clé» de l'œuvre de Goodman, mais) une perspective particulièrement féconde concernant la représentation. L'isomorphie n'est pas définie par l'identité d'extension entre deux structures, mais par la possibilité de projeter une structure sur une autre, sans qu'il soit nécessaire que les deux structures soient extensionnellement identiques. La notion d'isomorphie est suffisamment souple pour rendre compte de multiples manières dont nous pouvons représenter les choses, sans qu'une façon de les représenter, qui semble adéquate dans le domaine des sciences, puisse être diamétralement opposée à une autre, d'une tout autre nature.

La thèse défendue n'est pas qu'il y a une vision non scientifique du monde qu'il conviendrait d'opposer à la vision scientifique, afin de compenser, voire de combattre, la prétendue réduction que la science fait subir à notre appréhension des choses, mais de multiples usages possibles des systèmes de symboles, selon des intérêts différents. L'usage caractérisé comme scientifique est un usage particulier, mais il est articulable avec les autres, et par exemple ceux que l'on peut trouver dans le domaine artistique. Il ne constitue pas une *Weltanschauung* incommensurable à d'autres perspectives, plus significatives de notre humanité, que nous adopterions quand nous visitons des musées, allons au concert ou lisons de la poésie. Les sciences et les arts ne constituent pas deux domaines hétérogènes. La thèse défendue prendra alors la forme de ce que j'appelle le *holisme symbolique*. L'élaboration des représentations dites scientifiques et dites esthétiques de la réalité ne fait pas appel à des symboles respectivement scientifiques et esthétiques. Il y a un usage scientifique et un usage esthétique des symboles. Chacun d'eux consiste à les *lire* d'une façon particulière, en insistant sur certaines caractéristiques des systèmes symboliques dans lesquels fonctionnent les symboles. Mais cela ne crée pas un monde de la science et un monde de l'art — pas plus qu'il n'y a un monde du concept et un monde de l'émotion, un monde de «la techno-science» et un monde des affects, ainsi que j'ai essayé de le montrer dans le chapitre I.

2. L'ISOMORPHIE EXTENSIONNELLE

Tractatus

On peut être tenté de penser qu'une théorie scientifique est une image vraie de la réalité. On peut aussi être tenté de penser que pour être cette image vraie de la réalité, elle doit respecter les conditions suivantes : (1) Les éléments de l'image doivent tenir lieu dans l'image des objets de la réalité, (2) les relations entre les éléments de l'image doivent tenir lieu des relations entres les objets de la réalité. On reconnaît ici ce que dit Wittgenstein dans le *Tractatus logico-philosophicus*[2]. Mais, il ne s'agit pas du tout de proposer une analyse critique de la thèse défendue par Wittgenstein dans le *Tractatus*, et rejetée par lui-même au début des années 30. Je cherche simplement à caractériser une position générale concernant le rapport entre image et réalité parce que cette position suppose une conception trop étroite de l'isomorphie. Son étroitesse conduit à opposer des images vraies de la réalité, images caractérisées comme scientifiques, et des images indifférentes à la vérité, images esthétiques. On crédite en général ces dernières d'une tout autre vertu que l'adéquation à la réalité décrite. Elles auraient pour fonction de représenter non pas la réalité, mais le sens que lui donnent les artistes et qu'ils nous «communiquent» dans leurs œuvres. L'image scientifique de la réalité serait objective et donc commune, mais hélas ne permettrait pas l'expression de notre sentiment de l'existence que l'indifférence de l'art à la fidélité isomorphique de la représentation rendrait possible.

Nous sommes ainsi tentés de penser qu'une image vraie du monde met en relation deux structures isomorphes parce que extensionnellement identiques. Le principe de cette identité est le suivant. Soit S et T, les deux structures. Elles contiennent respectivement les termes *s1, s2, s3, ..., sn*, pour l'une et *t1, t2, t3, ..., tn*, pour l'autre. Il y aura relation d'isomorphie entre S et T si et seulement si on peut corréler les termes de S avec les termes de T dans une relation bi-univoque telle que

[I (S, T)] ⊃ [I (s1, t1), I (s2, t2), I (s3, t3), ..., I (Sn, tn)]

Respecter la condition d'identité extensionnelle nous assurerait ainsi, outre que notre structure-image ne contient pas de termes vagues ou ambigus, que nous représentons bien la réalité et les objets qu'elle contient (puisque tout ce qui apparaît comme élément de la structure-image doit correspondre à un élément de la réalité). On peut remarquer que la structure-image ne peut pas contenir de termes fictionnels. La notion de fonction propositionnelle correspondra quant à elle à celle de relation dans la réalité.

Au début de *The Structure of Appearance*[3], Goodman propose une analyse qui montre l'étroitesse de la conception de l'isomorphie qui vient d'être caractérisée. Dans la mesure où le lecteur français ne dispose pas (encore) d'une traduction de ce texte, j'en fournirai un résumé.

Soit le schéma suivant

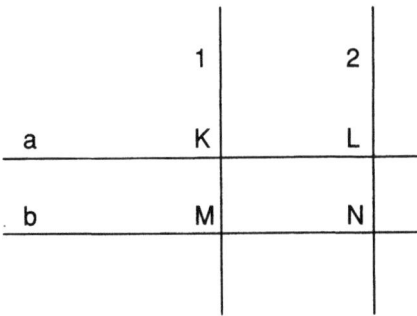

Figure 1.

On définit une séquence à deux places (couple) qu'on écrira

« x, y »

On définit également une paire consistant en deux membres d'une classe (à deux membres qu'on écrira) :

« x : y »

S est la relation qui structure la figure 1. R est la relation qui apparaît dans l'image isomorphique de la figure 1. Or, contrairement à ce que dit Wittgenstein (en 2.13), aux objets de la figure 1, ne va pas nécessairement correspondre les éléments de l'image de la figure 1. Car, on peut écrire :

(A) a : 1
    a : 2
    b : 1
    b : 2

Dans ce cas, ce qui correspond aux objets de la figure 1, ce sont *des classes et pas des éléments*. On peut écrire :

(B) (a : 1), (a : 2)
    (a : 2), (b : 2)

(b : 2), (b : 1)
(b : 1), (a : 1)

en faisant ainsi correspondre aux objets des *couples de classes*. Qui plus est *l'ordre ici importe peu*[4]. Puisque

(C) (b : 2), (b : 1)
(b : 1), (a : 1)
(a : 1), (a : 2)
(a : 2), (b : 2)

sera tout aussi isomorphe à la figure 1 que (B) ou (A). Ainsi, on ne dira pas, comme Wittgenstein en 4.04 que

> Dans la proposition, il faut distinguer juste autant d'éléments que dans l'état de choses qu'elle représente[5].

L'isomorphie est *une relation de projection*. Au lieu de définir celle-ci en fonction d'une forme commune comprise comme une distribution identique d'éléments dans deux structures «en miroir», on peut la considérer comme première et dire : *la relation de projection est la condition de l'isomorphie*. Ainsi, pour qu'il y ait isomorphie, il faut et il suffit que l'on puisse projeter une structure sur l'autre indépendamment de l'identité de leurs éléments. Certes, on peut remarquer que, dans tous les cas, *le nombre d'éléments reste identique*. Mais leur «nature», voire leur statut ontologique, diffère tout à fait : à des points peuvent correspondre des couples, des classes, des couples de classes, etc. Si correspondance bi-univoque il y a, elle ne suppose pas d'identité extensionnelle entre les éléments corrélés. *La distributivité de l'isomorphie sur les éléments n'est pas requise.*

Empruntons encore à l'exemple que donne Goodman.

> Supposons, dit-il, qu'il y ait quatre gorilles dans un zoo, All, Bill, Cap et Dan ; que All haïsse Bill, Bill haïsse Cap, Cap haïsse Dan et Dan haïsse All; que All soit le père de Cap et Bill le père de Dan et qu'il n'y ait aucune autre relation de haine ou de paternité[6].

La relation

(D) (a : 1) : (b : 2)
(a : 2) : (b : 1)

est isomorphe à notre description pré-systématique des relations de parenté entre les gorilles du zoo si K = All, L = Bill, N = Cap et M = Dan. Et

(E) (a : 1), (a : 2)
(a : 2), (b : 2)
(a : 2), (b : 1)
(b : 1), (a : 1)

sera isomorphe à la description des relations d'inimitié entre ces mêmes gorilles. Bien évidemment, cela ne signifie pas que les gorilles soient des points ou des paires de lignes... Cela ne signifie rien d'autre qu'une possibilité de projection d'une structure vers l'autre.

On peut alors proposer la caractérisation suivante, empruntée à I. Scheffler, de l'isomorphie extensionnelle :

> Une définition systématique de points comme certaines classes de lignes n'affirme pas que des points sont identiques à de telles classes, mais seulement que, relativement à notre intention de préserver certains intérêts pré-philosophiques, *ils n'ont pas à être construits comme non-identiques*[7].

Même si cette caractérisation concerne un exemple déterminé, elle est généralisable. C'est à un critère négatif qu'il faut avoir recours pour définir l'isomorphie : sont isomorphes deux structures que rien n'empêche de substituer l'une à l'autre, c'est-à-dire qu'on peut projeter l'une sur l'autre. Aucune ressemblance, aucune correspondance particulière des éléments ne sont requises.

Une objection russellienne

Si on se réfère au texte *princeps* sur l'isomorphie que constitue le chapitre VI de l'*Introduction à la philosophie mathématique* de Russell (qui lui-même reprend un passage correspondant des *Principia mathematica*), on peut penser trouver une objection importante à ce que propose Goodman. Russell stipule en effet que, pour qu'il y ait isomorphie, on doit pouvoir produire *une seule classe* à partir du domaine et du co-domaine[8]. Sinon, on ne respecterait plus une différence de *types*. Il vise alors une classe qui serait formée de classes et de relations. Par exemple, dans la relation qu'entretient le domaine d'une relation avec cette relation, la classe unique du domaine et du co-domaine contiendrait des classes et des relations. Russell affirme alors :

> Disons, sans justifier autrement cette affirmation, qu'une relation possède un «champ» [une classe formée à partir du domaine et du co-domaine] seulement si elle est «homogène», *i.e.* quand son domaine et son co-domaine sont du même type logique[9].

Il n'y aurait pas là d'objection véritable. Goodman ne dit rien qui aille contre *la théorie des types logiques*. La relation d'isomorphie s'établit bien entre des éléments, mais ceux-ci ne se décomposent pas de la même façon dans un domaine et dans l'autre. Ainsi, à K dans la figure 1 correspond un élément dans (A), un élément dans (B) et un élément dans (C). Dans (A), c'est «a : 1»; dans (B), «(a : 1), (a : 2)»; dans (C), «(b : 1), (a : 1)». Ce qui importe, dans chaque cas, c'est que la correspondance se fasse entre des éléments et pas ce que *sont* les éléments (des points, des couples, des classes, etc.).

Je détache en partie l'analyse qui précède de l'intention qui prévaut dans The Structure of Appearance. Il s'agit ici simplement de montrer que la conception de l'isomorphie comme supposant l'identité extensionnelle n'est pas correcte. Une simple projection d'une structure vers une autre suffit. Ainsi, et pour présenter immédiatement une conséquence qu'on développera dans le chapitre IV, un système de représentation qui contient des termes fictionnels n'en est pas pour autant libre de toute fonction référentielle, car il possible que même si les termes fictionnels ne renvoient pas à des objets de la structure représentée, ils entrent dans une structure-image qui constitue bien cependant une *représentation* de la réalité.

Ici, c'est une autre conséquence qui est retenue. *N'importe quelle projection d'une structure sur une autre peut donner lieu à une représentation*. N'importe quel système peut dès lors être utilisé comme système de représentation. Dans la mesure où la notion de *projection* est *relationnelle*, elle présuppose toujours deux structures préalablement indépendantes. Cependant, ce ne sont pas les caractéristiques de la structure-cible, vers laquelle s'effectue la projection, qui détermine l'organisation symbolique de la structure projetée, mais l'inverse. Ce sont les caractéristiques de la structure projetée qui détermine celle de la structure-cible — et nous font supposer qu'il y a par exemple tel ou tel type d'objets dans la réalité.

Rejet de l'idéalisme

Je tiens cependant immédiatement à ne pas laisser le lecteur penser qu'il s'agit là d'une thèse idéaliste, que ce soit sous une forme «modérée» selon laquelle la réalité ne serait que le reflet de notre esprit, ou sous une forme «forte» selon laquelle le monde n'existerait pas et il y aurait simplement de multiples représentations (de quoi?) interchangeables, voire incommensurables. Car *si n'importe quelle projection d'une structure sur une autre peut donner l'occasion d'une représentation, n'importe quoi n'est pas projectible*. Goodman a montré qu'un prédicat comme «vleu», qui signifie «examiné avant t et vert, ou non examiné avant t et bleu», n'est pas projectible s'il s'agit d'examiner la couleur des émeraudes[10]. De la même façon, Quine montre que les prédicats «non corbeau» et «non noir» ne sont pas projectibles s'il s'agit de confirmer l'énoncé «Tous les corbeaux sont noirs», même si cet énoncé est logiquement équivalent à l'énoncé « Toutes les choses non noires sont des non corbeaux »[11].

Il ne s'agit pas ici de poser d'une façon générale la question des espèces naturelles, et singulièrement celle de savoir s'il y a des espèces naturelles. Cependant, il apparaît clairement qu'il y a des contraintes dans la projectibilité, même si, et sans doute parce que, la projectibilité n'est nullement guidée, et moins encore fondée, par des caractéristiques propres à la réalité et indépendantes de la représentation. Si nous disons que les émeraudes sont vertes et pas vleues, et alors même que nous pouvons construire un prédicat de couleur tel que *vleu*, et indiquer les conditions de son application correcte aux choses de ce monde, c'est que *vleu* n'est pas implanté. L'implantation d'un prédicat dépend de la fréquence de sa projection[12]. Pourquoi certains prédicats sont-ils projectibles et d'autres pas ? C'est un vaste problème[13] (et, ce qui est mieux encore, un vaste chantier[14]). Répondre à cette question ne me préoccupe pas ici. Simplement, cela montre que les règles russelliennes[15] de l'induction ne permettent certainement pas de déterminer si un prédicat est projectible ou pas ; la correction de l'argument suppose d'autres considérations concernant l'implantation et donc la projectibilité du prédicat en question. Comme le dit Ian Hacking,

> l'énigme de Goodman [c'est-à-dire la question de savoir pourquoi les émeraudes sont vertes et pas vleues, alors même que toutes les émeraudes examinées jusqu'alors sont vertes *et donc vleues*] montre que tout prédicat exprimable ne définit pas une espèce saine[16].

Pour ce qui me préoccupe, cela montre aussi que tout prédicat exprimable n'est pas pour autant *acceptable* dans une représentation et ne peut avoir de fonction isomorphique. Certes, ce n'est rien dire encore concernant ce qui rend possible cette fonction. Mais même si les contraintes de la projection isomorphique ne permettent sans doute pas de dire que la réalité possède telle ou telle caractéristique non révisable, elles imposent à la projection des déterminations objectives. On peut même penser que ces déterminations sont naturelles, c'est-à-dire correspondent à ce que, dans une perspective humienne, on pourrait caractériser comme un fait de nature. (Qu'elles soient objectives parce que naturelles est un autre problème[17].)

Cette analyse de la notion de projection entend éviter la séparation entre des considérations concernant la représentation que nous nous faisons de la réalité et celles qui ont trait à la façon dont se fixe de la croyance[18]. Eviter de séparer les deux est caractéristique du pragmatisme[19]. La notion de représentation n'est plus alors à identifier à celle d'une simple image correcte de la réalité (selon un modèle cartésien de rupture avec nos opinions et nos préjugés). On doit aussi prendre en compte, pour la constitution de cette représentation, des règles amendables[20] de projection des prédicats, c'est-à-dire, en termes humiens, de nos habitudes (et de la constitution de nos habitudes). Avec Davidson, on peut considérer comme intenable la conception du langage

> ...comme véhicule inerte (bien que nécesairement déformant) indépendant des agirs humains qui l'utilisent[21].

Dans la mesure où l'on ne cherche plus en philosophie à rendre compte de la façon dont nous pouvons obtenir une représentation correcte du monde en éliminant tout ce qui peut faire obstacle à sa constitution, soit en s'assurant par un doute préalable de la vérité des idées que nous avons concernant la réalité, soit, comme chez Wittgenstein dans le *Tractatus*, en séparant radicalement ce qui peut se dire (et constitue une représentation pouvant être vraie ou fausse) et ce qui ne le peut pas, l'opposition massive entre représentation scientifique et représentation esthétique perd sa pertinence.

Contraintes de projection et implantation

Il n'y a en effet aucune raison de penser que des déterminations objectives et naturelles, celles-là mêmes qui font que certains prédicats *ne sont pas* projectibles, ne jouent aucune rôle quand il s'agit de représentation esthétique. En d'autres termes, l'isomorphie extensionnelle sous contraintes de projectibilité organise tout aussi bien le domaine de l'art que celui de la science (et du sens commun). Dans le domaine scientifique, la projectibilité n'est pas seulement déterminée par la fréquence de la projection et finalement par l'usage. Elle prend la forme du test d'une hypothèse. Peut-on trouver un équivalent dans le domaine esthétique ? Certes, une œuvre d'art n'est pas testable. Que pourrait bien signifier : tester *Madame Bovary* ou *L'Art de la fugue*? On ne voit pas bien alors comment des contraintes pourraient ici jouer un quelconque rôle.

Cependant, aussi bien dans le domaine de l'art que dans celui de la science, nous devons tenir compte d'une *relation de représentation* et donc de la distinction fondamentale entre ce qui représente et ce qui est représenté. Toute œuvre appartient à un système symbolique dont les règles constitutives déterminent le mode de mise en œuvre de cette relation de représentation. C'est aussi le cas pour une œuvre non figurative. Celle-ci exprime, par des modes référentiels sur lesquels je reviendrai, certaines caractéristiques qu'elle possède littéralement ou métaphoriquement. Par exemple, *Broadway Boogie-Woogie* de Mondrian exprime le mouvement de la danse et le rythme du boogie-woogie. Il le représente en lui faisant référence. *N'importe quelle image* ne pourra faire ainsi référence à la musique et au rythme, et elle ne pourra le faire n'importe comment. La relation de référence est celle de « tenir lieu de » et ne suppose certes aucunement que le symbole qui représente imite ou possède une relation intrinsèque avec ce qui est représenté. Mais le fonctionnement général du système de représentation dans lequel s'opère la relation de référence détermine les conditions de cette relation. C'est à cet égard que tout n'est pas possible et que ce qui l'est ne l'est pas seulement eu égard à une convention d'usage. Le tableau de Mondrian ne fait pas référence à la danse et au rythme parce que Mondrian le veut ou que *je* le veux, ou que dans une communauté donnée il y a des usages tels que cette relation de référence est mise en œuvre. Il faut que, dans le système, les symboles utilisés puissent *effectivement* être utilisés de telle façon que le tableau fasse référence à la danse et au mouvement. La projectibilité suppose l'implantation et l'implantation ne se décrète évidemment pas.

Imaginons un artiste proposant un tableau représentant un arrosoir posé sur un gazon et l'intitulant *Boogie-woogie*. La première réaction sera de se demander *quel est le rapport* entre cette image et le boogie-woogie. Il se pourrait que nous parvenions à déterminer en effet qu'il y a un rapport très indirect, à travers toute une chaîne référentielle complexe. Remarquons alors que nous serons ainsi conduits à déterminer de quelle façon nous pouvons considérer l'image comme référant au boogie-woogie et offrant ainsi une représentation de la danse et du rythme. On pourra même être tenté de voir dans le choix d'un tel titre une certaine ironie. Ce qui joue ici le rôle du test empirique, c'est ce que j'appellerai l'instruction du procès référentiel. Certes, sauf cas de béotisme, nous sommes aujourd'hui très méfiants quand nous procédons à une telle instruction. Nous soupçonnons alors qu'elle doit aboutir. Quand cet aboutissement semble hors de notre portée, nous incriminons plutôt notre incapacité à recueillir des indices probants plutôt que l'inanité de ce qui nous est proposé. C'est l'effet de la conceptualisation de l'art moderne et surtout de l'art contemporain. Nous faisons charitablement le présupposé que l'instruction du procès référentiel *peut* aboutir. Mais cela ne change rien au fait que l'instruction pourrait aboutir aussi à un *non lieu sémantique* ; la référence n'est pas systématiquement possible, mais doit être systématiquement élaborée. Un non lieu sémantique n'est pas nécessairement la mise en évidence d'une absurdité. Nous n'utilisons pas *vleu* et un tel prédicat relève du non lieu sémantique. De la même façon que nous n'utilisons pas un prédicat comme *vleu*, les images proposées par les artistes ne trouvent pas nécessairement un usage.

De nouveaux prédicats peuvent être introduits dans le domaine scientifique — comme «quark», par exemple, l'a été dans le domaine de l'astrophysique. Au départ, «quark» n'ayant jamais été projeté, il ne peut pas être implanté. Mais il profite de l'implantation de «particule subatomique», d'une certaine façon il lui empreinte par provision son implantation[22]. «Quark» est alors projeté ; il s'implante, trouve un usage et devient indispensable. De la même façon, des images nouvelles apparaissent, de nouvelles manières d'écrire de la musique, etc. Et parfois, *cela prend*. C'est-à-dire cela s'implante en profitant le plus souvent d'implantations préalables qui permettent de guider nos premiers usages maladroits. On dira certes que nous ne projetons pas *vleu* alors même que nous disposons justement d'une règle claire concernant ce prédicat. Mais c'est justement toute la différence entre connaître la règle et suivre une règle. Ce qui m'intéresse ici est de montrer que *tout n'est pas possible*, c'est-à-dire que je ne peux pas projeter n'importe quoi, et la difficulté de répondre à la question de savoir pourquoi ce qui s'implante s'implante, ne change rien à cela.

La théorie défendue affirme 1) que la condition nécessaire et suffisante de la représentation est l'isomorphie extensionnelle, et 2) que cette condition est remplie par des théories scientifiques ou des œuvres d'art d'une façon qui, pour ne pas être identique, n'en répond pas moins à la même exigence fondamentale de projectibilité. L'idée selon laquelle il y aurait des représentations scientifiques et d'autres esthétiques, et une différence essentielle entre les deux, doit alors être rejetée. Son corollaire fréquent selon lequel la représentation scientifique du monde serait empiriquement testable alors que la représentation esthétique viserait simplement la constitution d'une sorte de *Weltanschauung*, débarrassée de toute exigence de projectibilité, c'est-à-dire d'effectivité épistémique de la représentation, me paraît inacceptable. Le but de la critique de cette thèse est de combattre l'idée selon laquelle l'art n'aurait rien à voir avec la constitution d'une image crédible de la réalité, et ne relèverait donc pas de l'esthétique comme théorie générale de la référence (en constituant essentiellement le sens que nous donnons aux choses).

3. LE HOLISME SYMBOLIQUE

Dans une esthétique comprise comme une théorie générale de la référence appliquée aux œuvres d'art, la question des systèmes symboliques est tout à fait principale. La thèse est celle du *holisme symbolique*. Elle consiste à dire qu'il n'y a pas une espèce particulière de symboles esthétiques, qu'il conviendrait par exemple de distinguer des symboles scientifiques. Il y a en revanche, non pas des systèmes symboliques esthétiques, mais certaines particularités du fonctionnement esthétique des symboles (sans pour autant qu'on puisse parler de *critères* nécessaires et suffisants du fonctionnement esthétiques des systèmes en question, tout au plus parlera-t-on de symptômes). Les représentations esthétiques n'auraient donc pas de *nature propre*, mais sous certaines conditions des symboles fonctionneraient esthétiquement. On verra que les différences entre le fonctionnement scientifique et le fonctionnement esthétique des systèmes symboliques (entre représentation scientifique et représentation esthétique) sont principalement sémantiques.

Syntaxe

Tout symbole appartenant à un système est une *marque* dans ce système, que ce symbole soit une inscription verbale, une émission sonore, un geste, etc. Une marque est signifiante si et seulement si elle appartient aux caractères de ce système. Les caractères sont les classes de marques. Les relations entre les caractères déterminent la syntaxe d'un système. La syntaxe d'un système est l'ensemble des règles de formation qui, un vocabulaire ayant été donné, c'est-à-dire des caractères déterminés, permettent de dire quelles sont les formules (séries de marques) appartenant à ce système. Il s'agit ici d'une application de la notion de système formel à la construction des systèmes de représentation[23]. Un tel système apparaît ainsi d'abord comme une syntaxe formelle. Il s'agira, une fois cette syntaxe formelle constituée, de fournir un domaine de représentation, c'est-à-dire une sémantique, pour ce système. En ce sens, on peut construire des systèmes formels avant même de savoir *à quoi* ils conviendront sémantiquement (si jamais ils le font). C'est le cas en logique ou en mathématique. Il paraît peu probable que ce soit le cas dans le domaine de l'art et qu'on puisse même y parler de système formel au sens strict d'un ensemble de marques et des règles de formation de séries autorisées dans le système. Toutefois, nous pouvons examiner certaines caractéristiques syntaxiques des systèmes formels, celles qui jouent un rôle déterminant dans l'appréhension esthétique des ensembles symboliques.

Remarquons d'abord qu'une collection de marques qui n'appartiennent à aucun caractère ne peuvent pas être considérées comme formant un système possédant une syntaxe et susceptible donc d'une projectibilité sémantique. C'est le cas de taches d'encre, de babillements d'enfants, de gribouillis, etc. Les marques n'ont absolument pas besoin d'être identiques. Il faut et il suffit que l'on puisse décider de l'appartenance d'une marque quelconque à un caractère. Toute marque appartenant au même caractère d'un système est donc caractéristiquement substituable, même si les caractéristiques contingentes de ces marques peuvent différer, comme le montre l'exemple suivant :

a **a** a a a a **a** a a

On notera que « caractéristiques contigentes » ne s'oppose pas ici à « caractéristiques nécessaires », dans la mesure où l'appartenance caractéristique est traitée de façon strictement extensionnelle. Est un « a », n'importe quelle marque placée dans l'extension du prédicat « être un a » (qui détermine l'appartenance caractéristique). Il est possible qu'un lettre ressemblant plus à un *d* qu'à un *a* soit une marque appartenant au caractère *a* par simple stipulation, de la même façon que dans la typographie usuelle pour des textes français des XVIIe et du XVIIIe siècles, les *s* ressemble plus à des *f* qu'à des *s* de la typographie actuelle. (Il n'est donc pas utile de considérer qu'il y a une essence du « a ».) Notons encore que ce qui définit syntaxiquement un symbole, c'est l'appartenance à un caractère et donc l'appartenance à un système symbolique. Est un symbole, n'importe quelle trace, son, mouvement, geste, qui est une marque dans le système. Le symbole est une réalité concrète singulière.

A ce stade certes très primitif, en un sens logique de détermination des éléments de base, l'esthétique est une métalogique des systèmes formels permettant de caractériser les œuvres d'art comme appartenant à des systèmes symboliques. Par exemple, un texte littéraire est un agencement de symboles dans un système qui possède certaines caractéristiques formelles que nous pouvons considérer, alors qu'un tableau sera un agencement symbolique dans un autre système possédant d'autres caractéristiques strictement formelles. En tant qu'elle est une métalogique des systèmes formels, l'esthétique est ici une branche de la métalogique et ne se caractérise par rien d'autre que l'intérêt pour des symboles appartenant à des systèmes formels que généralement les logiciens délaissent, tout spécialement les images, les gestes, les sons.

Les deux concepts essentiels de cette métalogique sont fournis par Goodman, dans le chapitre IV de *Langages de l'art*. Ce sont ceux de disjonction syntaxique et d'articulation (ou différenciation syntaxique finie). Un système est syntaxiquement disjoint si aucune des marques de ce système n'appartient à plus d'un caractère. Cette caractéristique, comme on l'a déjà précisé, n'est en rien propre aux marques elles-mêmes (n'est pas une caractéristique essentielle de ces marques), mais est corrélative d'un mode de lecture. Un dessin réalisé par une imprimante à aiguilles et constitué de lettres peut être lu comme un dessin, si on ne tient justement pas compte de l'appartenance des marques à des caractères. C'est la même chose pour un calligramme d'Apollinaire[24]. La décision concernant le mode de lecture permet de passer d'un mode à l'autre (et d'envisager le rapport référentiel que les deux modes de lecture entretiennent du fait que ce qui est dit dans un système syntaxiquement disjoint est dessiné dans un système syntaxiquement dense, *i.e.* non disjoint). Par «mode de lecture», il faut donc entendre simplement le recours aux règles de formation des ensembles symboliques dans tel ou tel système formel. On affirme ainsi que l'esthétique comme métalogique permet de mettre en évidence certaines caractéristiques propres à l'expérience esthétique — et que celle-ci est bien cognitive dans la mesure où elle suppose la maîtrise de règles constitutives de systèmes symboliques distincts.

Un système formel est articulé (différencié de façon finie) si et seulement si

> pour tout couple de caractère K et K' et pour toute marque qui n'appartient pas effectivement au deux, il est théoriquement possible de déterminer soit que m n'appartient pas à K, soit que m n'appartient pas à K'[25].

Cette caractéristique métalogique est elle aussi liée à une compétence de lecture et ne constitue pas une caractéristique essentielle des marques en jeu. La compétence en question consiste dans la constitution de classes de marques permettant, par exemple, de lire un texte.

Disjonction syntaxique et articulation n'ont pas la même fonction et correspondent ainsi a des exigences métalogiques distinctes. La première assure la substituabilité des marques relevant du même caractère, alors que la seconde assure qu'il est possible de décider si deux marques appartiennent au même caractère. Ces deux exigences sont satisfaites par les langages discursifs (le français, par exemple), la notation numérique arabe, la notation musicale standard, les langages informatiques, etc. Ce n'est pas parce qu'un ensemble de symboles ne satisfait pas ces deux exigences qu'il ne doit pas être compris comme un système symbolique. Autrement dit, un système formel satisfait *ou pas* ces deux exigences, mais s'il ne les satisfait pas, il n'en est pas moins un système formel. Un système formel peut *n'être pas* syntaxiquement disjoint et articulé. De ce fait, l'esthétique comme métalogique concerne aussi bien les ensembles de symboles syntaxiquement non disjoints et non articulés : peintures, dessins, sculptures, etc.

Dans une peinture, par exemple, on peut toujours insérer entre deux caractères un troisième. Le système est donc syntaxiquement dense. La substituabilité des marques appartenant au même caractère est impossssible parce que l'assignation exclusive d'une marque à un caractère n'est pas possible. La différence entre une image et un texte, entre le pictural et le verbal, relève d'une différence de fonctionnement syntaxique de deux systèmes formels. L'image n'est pas plus directement que le texte la représentation de ce dont elle tient lieu. Il est inutile de supposer qu'elle possède une structure quasi-perceptive. Il n'y a pas d'essence iconique de l'image, mais une lecture dans un système formel non disjoint (dense) et non articulé d'un ensemble de symboles. Comme l'avait déjà fait Philippe de Champaigne, les peintres modernes ont beaucoup joué avec cette possibilité d'inscriptions de textes dans l'image et le jeu d'une double lecture dans des systèmes distincts au sein d'une œuvre qui devient ainsi multiplement fonctionnelle. On pense aux collages de Picasso, et de bien d'autres, qui utilisent des morceaux d'affiches.

Réalisme

Il est clair que si cette thèse est correcte, le réalisme esthétique, c'est-à-dire la thèse selon laquelle l'image imite plus ou moins bien la réalité (et celle selon laquelle elle serait le double de la perception visuelle) repose sur l'illusion selon laquelle il y aurait des *signes naturels*. Le plan d'une machine ou celui d'un circuit électrique n'est pas moins réaliste. Mais, pour autant, nous ne les considérons pas comme un double iconique de l'objet et reconnaissons aisément qu'il faut apprendre à *lire* de tels plans, c'est-à-dire que leur lecture supposent la maîtrise des règles de formation des systèmes auxquels ils appartiennent et la connaissance du mode d'interprétation sémantique correcte des symboles. Nous limitons la thèse des signes naturels aux images dont nous avons l'habitude et éliminons alors aisément le caractère quasi-conventionnel de la structure de l'image. Par «caractère quasi-conventionnel», j'entends le fait que l'image est formellement structurée. Quand nous considérons qu'une image représente la réalité, c'est toujours relativement à notre capacité à reconnaître une structure symbolique et son fonctionnement syntaxique.

Le réalisme est toujours *interne*, selon l'expression de Hilary Putnam, c'est-à-dire que des considérations portant sur l'ajustement entre une représentation et la réalité présupposent un schème conceptuel. Il ne s'agit certainement pas ici de la métaphore relativiste sommaire du moule à gâteau, métaphore selon laquelle la réalité pourrait être moulée selon des formes différentes en fonction des discours que nous portons sur elle.

Comme le dit Putnam, cette métaphore *nie* le phénomène de la relativité conceptuelle et ne l'explique asbolument pas, dans la mesure où elle suppose justement une réalité indépendante qui attend d'être moulée. D'un autre côté, il n'est nullement question (et nullement besoin pour la théorie du réalisme interne) de nier qu'il y a des faits sur lesquels nous ne légiférons pas. (Autrement dit, le réalisme interne est bien un *réalisme empirique*.) Simplement, la différence entre des énoncés vrais et d'autres faux présuppose (logiquement, mais évidemment pas chronologiquement) un schème conceptuel qui fixe les conditions dans lesquelles les tests empiriques s'exercent et ce sur quoi ils portent. La formule de Goodman selon laquelle nous faisons le monde est malheureuse parce qu'elle suggère beaucoup plus que ce qu'elle dit. Le lecteur trop pressé pensera que le monde pourrait bien être le produit de nos tendances à parler de telle ou telle manière — et qu'ainsi toute objectivité serait illusoire. En relisant, on s'aperçoit que Goodman ne dit pas vraiment cela, mais que le titre du livre et quelques formules qu'il contient sont malheureux. Nous faisons *conceptuellement* le monde ; autrement dit, *empiriquement* nous ne le faisons pas du tout. Une fois acceptée l'idée de schème conceptuel, sur laquelle je reviendrai plus loin, tout à fait sans danger pour un réalisme empirique, mais évidemment pas pour un réalisme absolu ou métaphysique[26], les conditions de vérité, de fausseté, ou plus largement d'ajustement de nos représentations à la réalité entre dans un cadre réaliste des plus classiques.

On peut ainsi rejeter la distinction prétendue entre l'image qui *partagerait* naturellement quelque chose avec ce dont elle est l'image et le texte qui serait lui conventionnel. Bien souvent, cette thèse a un corollaire : l'image serait moins cognitive que le texte — et dès lors plus propre à provoquer des émotions par une mise en présence directe. Ernst Gombrich refuse de renoncer à cette distinction dans un texte intitulé « *Image and Code : Scope and Limits of Conventionalism in Pictorial Representation* »[27].

> Je souhaite toujours rappeler aux relativistes extrêmes ou aux conventionnalistes tout cet ensemble d'observations qui montrent que les images de la nature, quoi qu'il en soit, ne sont pas des signes conventionnels, comme les mots de notre langage humain, mais montrent une ressemblance visuelle réelle, pas seulement à nos yeux et pour notre culture, mais aussi pour les oiseaux et les bêtes[28].

Cette remarque semble frappée au coin du bon sens. La thèse classique et naturaliste aurait simplement besoin d'un correctif relativiste faible qui mettrait l'accent sur le rôle que jouent certaines anticipations cognitives dans l'appréhension des images, mais ces anticipations concerneraient uniquement la *signification* de l'image et pas sa constitution en tant qu'image. Il y aurait des conventions utilisées dans les images, comme le montre abondamment le célèbre livre de Gombrich, *L'art et l'illusion*, et la formule selon laquelle «il n'y a pas d'œil innocent», mais l'image ne serait pas conventionnelle.

Gombrich, dans l'article que j'ai cité, intègre le passage d'une lettre que Goodman lui a envoyée à la lecture d'une première version de son étude sur l'image et le code. Il explique, comme à son habitude, qu'il ne soutient pas les thèses qu'on lui attribue généralement et précise :

> Je ne dis pas que la représentation est entièrement une affaire de convention, mais plutôt qu'aucune ligne nette ne peut être tirée entre ce qui est conventionnel et ce qui ne l'est pas[29].

C'est pourquoi, j'ai parlé du caractère «quasi-conventionnel» de l'image. Comme le dit aussi Goodman dans cette même lettre, le réalisme de la représentation a bien à voir avec la ressemblance. Ajoutons que c'est *parce que* la ressemblance a beaucoup à voir avec la convention. Ce qui est rejeté, c'est l'idée qu'on pourrait distinguer dans l'image ce qui est codage et ce qui ne l'est pas. Dans la mesure où une telle distinction, mettant l'accent sur une participation de l'image à ce qu'elle représente, paraît tout à fait illusoire, la structure syntaxique de l'image n'est pas un encodage de quelque chose d'immédiat et purement naturel. L'image est constituée syntaxiquement au même titre qu'un texte ou un diagramme. Autrement dit encore, il n'y a de réalisme qu'interne et donc il n'y a d'image ressemblante qu'interne. Mais, une fois qu'on a renoncé à l'idée qu'il y a des images dont la participation à ce qu'elles représentent est absolue, la notion de ressemblance retrouve un (semblant de[30]) sens. Il faut donc prendre la notion de schème conceptuel *cum grano salis*. Il n'est pas question de dire : voici le schème conceptuel et il s'applique ainsi. Il y a une intégration telle du naturel et du conventionnel que le projet de cerner ce qui est l'un et ce qui est l'autre est parfaitement désespéré s'il prétend aboutir à une détermination nette des deux parties.

L'objection naturaliste selon laquelle l'image serait moins conventionnelle que le texte et donc ne relèverait pas des mêmes règles syntaxiques constitutives, qu'il y aurait une essence iconique de l'image, revient à supposer une ligne de partage entre ce qui est convention et ce qui ne l'est pas, sans être jamais capable d'indiquer où elle passe. Revenons rapidement à l'énigme goodmanienne des émeraudes vleues. Elle suggère à la fois qu'il n'y a pas d'espèces naturelles et que nous ne pouvons pas projeter n'importe quel prédicat (et en l'occurence que nous ne projetterons certainement pas vleu). De la même façon, n'importe quoi ne sera pas une image et encore moins une image ressemblante. On peut même être conduit à dire que les tableaux de Ingres sont plus resssemblants aux personnages qu'ils représentent que ne le sont ceux de la *Tapisserie de Bayeux* ou celui du *Portrait de Kahnweiler* par Picasso. Je ne tiens nullement et par principe à heurter le sens commun. Mais cela ne signifie pas pour autant qu'il y a des images plus naturelles que d'autres, c'est-à-dire dans lesquelles la part de convention serait très faible, comme le croit semble-t-il Gombrich[31], et comme l'idée en est fort répandue.

L'image sans essence

On pourrait objecter que la définition syntaxique de l'image qui a été proposée est négative; l'image est syntaxiquement *non* différenciée et *non* articulée. Mais il suffirait de définir les systèmes syntaxiquement différenciés et articulés comme *non* denses pour éviter cette objection. Ne pas remplir les exigences de différenciation et d'articulation entraîne simplement un autre mode de fonctionnement formel et non pas l'absence de fonctionnement formel.

On remarquera aussi qu'il ne s'agit pas de dire quelle est l'essence de l'image et de passer d'une essence iconique à une essence formelle. On cherche simplement à répondre à la question : quand y a-t-il image ? Il y a image dans le cas indiqué, c'est-à-dire quand il n'est pas possible d'assigner des classes d'appartenance aux marques, ou encore quand la distinction entre des traits constitutifs et des traits contingents n'a pas d'intérêt pour la lecture de l'ensemble symbolique. Quelle différence y a-t-il alors entre une courbe de température accrochée au lit du malade et un dessin représentant la cime des montagnes ? Ce n'est pas d'abord ce qu'ils représentent. C'est-à-dire que la différence n'est pas d'abord sémantique. On peut même imaginer le cas d'un recouvrement parfait par superposition des deux figures. Simplement, ils se lisent dans des systèmes formels différents. Dans le cas de la courbe de température, certaines caractéristiques sont manifestement constitutives, par exemple le rapport entre les points et les coordonnées en abscisse et ordonnée), et d'autres contingents, par exemple la couleur, l'épaisseur du tracé, les légères variations de ce tracé, etc. Dans le cas du dessin, ce qui est constitutif et ce qui est contingent dépend surtout de notre capacité à interpréter le dessin et à trouver une signification à toutes les variations, quelles qu'elles soient. On parlera alors de *saturation symbolique*[32]. Elle caractérise les systèmes symboliques dans lesquels la distinction entre traits constitutifs et traits contingents n'a pas d'usage ; ce qui fait la différence entre une image et un diagramme. Un symbole sera d'autant plus saturé que le nombre de ses traits à fonctionner symboliquement est grand. Potentiellement, ce nombre n'est pas limité. La saturation est un symptôme de l'esthétique, c'est-à-dire non pas un critère (nécessaire et suffisant), mais un indice fréquemment constaté. Une courbe de température est esthétiquement considérée quand on n'est pas seulement attentif aux repères en abscisse et ordonnée, mais aussi à l'épaisseur du tracé, à sa couleur, à ses infimes tremblotements, etc., c'est-à-dire quand fonctionnent des caractéristiques symboliques qui ne sont pas seulement informatives.

La distinction entre symbolisme pictural et symbolisme verbal n'a donc pas trait à une différence de symboles, mais à une différence syntaxique dans le fonctionnement symbolique. Il n'y a pas de signes naturels, et une image n'est pas constituée de symboles participant de ce qu'ils représentent, mais doit simplement être lue différemment d'un texte. On parle alors de *holisme symbolique* parce qu'on refuse l'idée selon laquelle il y aurait une spécificité selon les domaines considérés. Il n'y a pas de symboles purement verbaux et des symboles purement picturaux. Il n'y pas pas plus de symboles purement esthétiques et d'autres strictement scientifiques. En revanche, la lecture d'une courbe de température ou d'un diagramme dans un traité de chimie suppose la distinction de traits constitutifs et de traits contingents, alors que l'appréciation esthétique d'une gravure de Dürer, si elle requiert toujours cette distinction, n'autorise pas la restriction des traits constitutifs à de simples repères en nombre déterminé et restreint (deux dans le cas de la courbe, moins d'une dizaine dans le cas du diagramme). Du reste, on voit aussi que l'idée toute faite selon laquelle l'œuvre picturale découragerait le discours esthétique parce que ce qu'elle représente serait inexprimable ne relève pas d'une irréductibilité de l'iconique au verbal, mais d'une caractéritique du mode de fonctionnement des images, le nombre de caractéristiques fonctionnant symboliquement. En droit, cela devrait conduire à reconnaître que l'image donne beaucoup à dire plutôt qu'elle rend impossible de dire quoi que ce soit. En passant de l'image au texte, si on perd quelque chose, ce n'est rien de mystérieux ; on passe d'un mode de lecture à un autre en limitant inévitablement le nombre de caractéristiques fonctionnant symboliquement.

Sémantique

Si j'ai commencé par la question de la construction syntaxique des systèmes esthétiques, c'est qu'elle prime, même si, bien entendu, il s'agit bien de *langages*, c'est-à-dire de systèmes interprétés, représentationnels, de systèmes qui possèdent une sémantique. D'un point de vue sémantique, un texte et une image sont denses tous les deux. La densité sémantique est le contraire de la différenciation sémantique dont le critère s'énonce ainsi :

> Pour tout couple de caractères K et K' tels que leurs classes-de-correspondance ne sont pas identiques, et pour tout objet h qui ne correspond pas avec les deux, il doit être théoriquement possible de déterminer ou bien que h ne correspond pas avec K, ou bien que h ne correspond pas avec K'[33].

Il est bien évident qu'aucune langue naturelle ne satisfait cette exigence, ni aucune peinture. Si je demande, par exemple, quelle est la couleur d'une cerise[34]? Autrement dit : quel est le prédicat dans l'extension duquel se trouve l'objet *cerise*? «Rouge»? «Rouge vif»? «A mi-chemin entre le rouge vif et le rouge carmin»? «A mi-chemin entre le rouge vif et ce qui est à mi-chemin entre le rouge vif et le rouge carmin»? En raffinant encore, on en viendrait à avoir des prédicats tels qu'on serait incapable de leur assigner une classe de correspondance.

On le sait, les langages discursifs contiennent des expressions *ambiguës*, c'est-à-dire des répliques (on entend par là l'*occurrence* d'un *type*, *i.e.* d'un caractère) qui pourtant diffèrent en extension[35]. Ils contiennent aussi des expressions *redondantes*, c'est-à-dire des inscriptions distinctes ayant la même extension. A chaque terme ne correspond pas une classe de correspondance et à chaque classe de correspondance ne correspond pas un unique terme. Les classes de correspondance peuvent se chevaucher. Ainsi, Roger Pouivet appartient aux extensions des prédicats suivants : «professeur de philosophie», «père», «porteur de lunettes», «habitant une rue en pente», «mesurant plus d'un mètre quatre vingt», etc. Une image est sémantiquement dense parce que nous ne pouvons déterminer les limites entre les classes de correspondance et éviter l'ambiguïté, la redondance, le chevauchement catégoriel — pas plus que nous ne pouvons l'éviter pour un texte dans une langue naturelle. D'un point de vue sémantique, il n'y a donc pas de différence entre le pictural et le verbal et la seule différence est syntaxique.

Le problème de la disjonction sémantique est *affaire d'intérêt*. C'était aussi le cas pour la disjonction syntaxique, mais d'une autre façon. Il s'agissait alors de définir le type de représentation auquel on recourait (picturale ou verbale, par exemple), c'est-à-dire d'élaborer une construction systématique. Cette fois, il s'agit de déterminer, la construction du système étant assurée, comment on va assurer le «*rendu*»[36], c'est-à-dire comment les symboles vont fonctionner comme prédicats de certains traits qu'ils dénotent ou exemplifient. (Je rappelle que les prédicats ne sont pas nécessairement verbaux, s'il s'agit de musique, de danse ou de peinture.) Il ne s'agit plus alors d'un problème relevant de la seule théorie de la construction des systèmes symboliques mais aussi de la théorie de la référence.

Supposons que je veuille me rendre en voiture à Bydgoszcz (Pologne), j'utiliserai une carte routière. Cette représentation possède une certaine élaboration syntaxique. Sémantiquement, le rendu est effectué par des symboles qui entretiennent certaines relations avec ce dont ils tiennent lieu. Je pourrais par exemple utiliser une *« carte » routière écrite* et non sous forme de plan. Elle indiquerait, en la décrivant, la route à prendre. Cela risquerait simplement d'être assez peu pratique, car toute déviation non prévue ou tout incident de parcours de quelque nature que ce soit provoquerait une grave perturbation à laquelle on ne pourrait s'adapter. Sémantiquement et pragmatiquement, elle serait déficiente. Syntaxiquement, elle serait du même type que la carte routière classique (disjointe et articulée syntaxiquement). En revanche, la méthode pourrait être tout à fait indiquée pour fournir un itinéraire précis dans une ville et beaucoup plus pratique qu'une carte routière classique. Le point de vue sémantique détermine le *style* de la représentation, alors que le point de vue syntaxique assure la cohérence constructionnelle du système.

Le rejet de l'opposition entre représentation artistique et représentation scientifique s'ensuit à nouveau. On n'utilisera pas les arguments auxquels recourent les historiens de l'art pour contester cette opposition somme toute assez récente[37]. Il suffit en effet d'appliquer à cette question la thèse précédente. Art et science peuvent bien être distingués *sémantiquement*. Par exemple, les représentations scientifiques évitent le plus souvent un recours massif à la métaphore. Elle a en effet le défaut, en ce domaine, de déporter l'attention de ce qui est représenté vers la représentation elle-même. De plus, même si elle n'est pas condamnée par le discours scientifique, plus celui-ci se formalise, moins elle est possible, dans la mesure où elle requiert un langage tolérant l'application indue d'une catégorie sans pour autant que cela se réduise à une simple erreur, ce qui est possible dans le langage ordinaire. Dans un langage formel ou semi-formel, c'est quasiment impossible. Le chimiste ne peut pas faire de métaphore — l'application indue d'un des symboles de la table périodique des éléments est une bêtise, pas une nouvelle manière de voir les choses.

La distinction entre représentation scientifique et représentation artistique est donc uniquement sémantique et non syntaxique. Ce n'est pas dire qu'elle n'a pas d'importance, mais qu'elle touche plutôt aux modalités du « rendu » et pas à des déterminations formelles. Dans les sciences, on préférera le plus souvent les systèmes sémantiquement disjoints, parce qu'ils ont l'avantage en ce domaine de permettre d'éviter l'ambiguïté et le vague. On notera toutefois qu'en certains cas, par exemple celui d'une montre à aiguilles pourvue d'une trotteuse et comparée à une montre à affichage numérique sans indication des secondes, un système non disjoint sémantiquement peut être plus précis qu'un système sémantiquement disjoint. Il n'y a certainement rien en soi dans un système non disjoint ni articulé syntaxiquement qui répugne à la pensée scientifique.

Le dicible (contre Wittgenstein)

Il apparaît alors que si Wittgenstein a été conduit à exclure l'esthétique du domaine du dicible, c'est essentiellement à cause du privilège qu'il accorde aux questions sémantiques sur les questions syntaxiques. En définissant l'isomorphie structurale comme une identité extensionnelle entre l'image et ce dont elle est l'image, il a supposé, sans véritable nécessité, une relation sémantique qui va peut-être *au-delà* d'un isomorphisme structural, une forme de parenté sémantique. Cette remarque permet d'interpréter le début du *Tractatus*, c'est-à-dire 1 à 2.063. Pourquoi Wittgenstein commence-t-il par une sorte d'ontologie préjudicielle et férocement dogmatique ? C'est qu'il commence par des *considérations sémantiques sous la forme d'une ontologie*[38]. Une fois qu'on a donné l'articulation du réel en objets, états de choses, faits atomiques, et faits, toute considération sur le langage qui dit le réel devra en dépendre. Or, cette sémantique préalable est aussi celle de la distinction entre nom, proposition atomique, proposition moléculaire. Ainsi, chez Wittgenstein, la sémantique est dominante et va déterminer toutes les considérations syntaxiques. Au contraire, ce que propose Goodman a le grand intérêt de distinguer *vraiment* le point de vue syntaxique et le point de vue sémantique, en permettant ainsi de désolidariser vraiment les questions qui relèvent de chacun d'eux. Dès lors, ce qui ne répond pas aux exigences de l'identité extensionnelle n'en est plus pour autant exclu du domaine du dicible. Ce n'est pas parce qu'une représentation n'accepte pas le modèle identitaire qui fait correspondre des objets aux éléments de l'image qu'elle ne fonctionne pas comme représentation dans la mesure où, pour qu'il y ait représentation, il faut et il suffit qu'il y ait projectibilité d'une structure sur une autre et pas de telle structure (ayant telle particularité sémantique) sur telle autre qui possède une forme commune avec la première.

Certes, il n'est pas question de prétendre que Wittgenstein aurait tort d'affirmer l'impossibilité de dire cette forme commune[39], c'est-à-dire que la représentation ne peut, sans risque de régression à l'infini, représenter cette forme commune. Mais le problème devient beaucoup moins important et lui aussi secondaire. Si la forme commune n'est pas l'essentiel, si c'est la projectibilité qui est essentielle, cet élément indicible passe au second plan. L'important n'est pas de décrire la relation (qu'on ne peut justement pas décrire...) entre la représentation et ce qu'elle représente, mais de décrire la représentation elle-même, c'est-à-dire simplement d'en expliciter le mode de fonctionnement syntaxique et sémantique, d'en manifester les règles de construction. Pourquoi la tache d'encre, le gribouillis ou les babillements de l'enfant n'ont aucune fonction représentative ? Parce qu'ils n'ont aucune systématicité. La thèse est que tout système est susceptible de nous permettre de nous représenter la réalité, à la condition d'être projectible. Il n'est pas nécessairement adapté à nos besoins ou même pertinent. (Par exemple, se rendre de Rennes à Vertou, villes distantes de 120 kilomètres, avec une photographie de la France faite par un satellite météorologique ou, à l'inverse, avec une série de cartes d'état-major, serait assez peu pratique.)

Représentation et ressemblance

On a déjà remarqué que l'isomorphie extensionnelle, comme principe même de la représentation, montre la faiblesse de la thèse naturaliste selon laquelle une représentation de la réalité doit ressembler à ce qu'elle représente. La ressemblance n'est d'aucune façon une condition nécessaire ou suffisante de la représentation. Une logique de la représentation peut ainsi proposer les cinq formules suivantes (dans lesquelles « Res » est mis pour « ressemble à » et « Rep » pour « représente ») :

(1) $(\exists x)(\exists y) \neg ((Res (x, y) \supset Rep (x, y))$

(2) $(\exists x)(\exists y) (\neg Res (x, y) \wedge Rep (x, y))$

(3) $(x) (Res (x, x) \wedge \neg (Rep (x, x))$

(4) $(x) (y) \{ (Res (x, y) \supset Res (y, x)) \wedge \neg (Rep (x, y) \supset Rep (y, x)) \}$

(5) $(x) (y) (z) \{ ((Res (x, y) \wedge Res (y, z)) \supset Res (x, z)) \wedge \neg ((Rep (x, y) \wedge Rep (y, z)) \supset Rep (x, z)) \}$

(1) s'applique aux cas des jumeaux qui se ressemblent sans se représenter. La ressemblance n'est donc pas une condition suffisante de la représentation. (2) s'applique à l'ambassadeur ou au nom qui représente sans ressembler. La ressemblance n'est donc pas une condition nécessaire de la représentation. Si représentation et ressemblance étaient coextensives, elles possèderaient les mêmes propriétés logiques. (3) montre que ce n'est pas le cas pour la réflexivité, (4) pour la symétrie et (5) pour la transitivité. Le naturalisme esthétique est donc logiquement inacceptable.

Qu'est-ce donc alors qui conduit la plupart des gens à supposer qu'une représentation est d'autant meilleure qu'elle ressemble à ce qu'elle représente? Sans doute *l'habitude*. Ou, plus exactement, le *degré* d'implantation d'un système de représentation. Le phénomène est ici *inductif*. Plus souvent un système de représentation s'est montré adéquat à mes besoins, mieux il est implanté. La probabilité pour qu'il me satisfasse à nouveau croît également. Ou encore : la capacité à projeter le système de représentation augmente chaque fois qu'une projection réussit. Ainsi, le naturalisme est une « seconde nature ». Tout système bien implanté apparaît comme naturel eu égard à sa réussite.

Cela explique que des systèmes qui ont pu apparaître parfaitement artificiels à leur début sont par la suite considérés comme tout à fait naturels. C'est le cas, par exemple, du pointillisme de Seurat. Le naturalisme est affaire de familiarité. Mais cette remarque n'est pas uniquement une considération sémantique mais également syntaxique. Nous sommes plus ou moins accoutumés à faire fonctionner tel ou tel système, c'est-à-dire à considérer tels ou tels éléments concrets (tels ou tels sons, tels ou tels gestes, etc.) comme des marques. Dans les faits, la projectibilité dépend de la capacité à utiliser certaines règles de construction des systèmes de représentation et de l'implantation. Les systèmes que nous ne trouvons pas naturels sont ceux dont les règles nous sont complètement inconnues ou bien dont nous ignorons totalement les règles de projectibilité.

4. L'ART ET LE MONDE

Sémantique et ontologie

Si plusieurs systèmes isomorphes à la réalité ne sont pas nécessairement substituables *salva veritate*, nous avons plusieurs représentations différentes de la réalité. On est alors tenté de dire qu'il y a plusieurs versions possibles de la réalité, des versions scientifiques (plutôt même qu'*une* version scientifique) et des versions esthétiques. Il y aurait alors une multiplicité de versions du monde. Mais, comme l'idée d'un monde indépendant de toute version n'a pas de sens, dans la mesure où prétendre se représenter le monde indépendamment de toute version (représentation) est absurde, on est alors conduit à une thèse relativiste forte. Elle est tempérée seulement par les contraintes de cohérence (de non contradiction) et de pertinence pragmatique que Goodman fait peser sur l'élaboration des versions. Cependant, si on comprend bien en quoi de telles contraintes peuvent jouer un rôle pour les sciences, on comprend mal en quoi elles sont mises en jeu lorsqu'il s'agit de l'œuvre de Rembrandt ou de Beethoven. De plus, parler du « monde de Bach » semble n'avoir qu'un rapport très incertain avec l'expression « le monde de la physique quantique », par exemple. Dans un cas, on désigne des caractéristiques stylistiques, des préoccupations particulières pour tel ou tel domaine (religieux, en l'occurence), des influences, etc. Dans l'autre, il s'agit d'affirmations concernant la nature du réel, nos possibilités de le connaître et, surtout, d'un ensemble de lois, de théorèmes, etc., qui n'est évidemment pas propre à ceux qui l'ont élaboré, mais mathématiquement spécifié, objectivement déterminé, voire empiriquement testable.

L'absurdité d'une thèse qui affirmerait ontologiquement la pluralité de mondes actuels est évidente. Le monde actuel n'est qu'un parmi plusieurs possibles (à supposer que la notion de « monde possible » soit elle-même acceptable), mais il n'y a pas plusieurs mondes actuels possibles. S'il s'agit simplement de dire que nous passons d'une version à une autre, et que pour chaque objet O il y a une sorte d'encyclopédie dans laquelle O possède un statut cognitif, on ne voit pas bien ce que l'on gagne par rapport à une thèse relativiste classique. Certes, on peut ajouter que l'encyclopédie en question n'est pas une simple *Weltanschauung*, mais un ensemble de relations logiques spécifiables grâce auxquelles on peut construire et faire fonctionner des représentations, c'est-à-dire des systèmes symboliques. Le problème reste entier. On obtient une thèse relativiste, pluraliste et idéaliste. On peut certes dire qu'en passant d'un traité de physique à un tableau de Picasso, je passe d'une version-monde à une autre, ou même d'un monde à un autre, ou qu'en passant d'un roman de Balzac à un autre de Stendhal, je passe d'un monde à un autre, la notion de monde a alors simplement perdu toute précision.

Comme le dit David Lewis,

> Les mondes ne sont pas faits par nous. Il peut arriver qu'une partie du monde en fasse d'autres parties, ce qui est le cas en ce moment et ce que des dieux et des démiurges font à plus grande échelle. Mais si les mondes sont causalement hermétiques les uns aux autres, rien qui soit extérieur à un monde ne peut faire un monde et rien dans un monde ne peut faire la totalité de ce monde, car il est impossible que quelque chose soit d'une telle façon cause de soi. Nous fabriquons des langages, des concepts, des descriptions et des représentations imaginaires qui s'appliquent aux mondes. Nous avons des exigences telles que nous sélectionnons certains mondes plutôt que d'autres et que notre attention porte sur eux. Mais en aucun cas les choses que nous faisons ne sont en elles-mêmes des mondes[40].

Dans une interprétation idéaliste de la thèse goodmanienne selon laquelle nous faisons des mondes en construisant des systèmes symboliques projectibles, on aboutirait à une multiplication des créateurs. Or, il y a un Créateur ou il n'y en a aucun, mais il n'y en a évidemment pas plusieurs. On est alors conduit à diagnostiquer chez Goodman un idéalisme, si ce n'est linguistique[41], du moins symbolique.

Pour échapper à une telle critique, on peut tenter de se réfugier dans la sémantique et dire que l'affirmation selon laquelle il y a actuellement une pluralité de mondes (actuels) est seulement « une façon de parler » des multiples versions du monde. Mais, on est alors conduit à dire, comme le fait Goodman, qu'il y a « un monde de mondes »[42]. On saisit mal alors comment le premier « monde », dans cette formule, pourrait avoir la même signification que le second[43]. Un monde de mondes suppose un monde qui n'est pas une version parmi les autres possibles, un monde actuel dans lequel on produit des versions-mondes — un monde pluraliste, ouvert à de multiples modes de représentation, mais un *unique* monde actuel tout de même[44].

Goodman est attaché à l'idée qu'il n'y a pas un seul monde actuel, mais une multiplicité.

> Les multiples mondes que j'autorise correspondent exactement aux mondes réels faits par, et répondant à, des versions vraies ou correctes. Les mondes possibles, ou impossibles censés répondre à des versions fausses, n'ont pas de place dans ma philosophie[45].

Il tient à ce que l'on ne considère pas cette idée sous une forme purement rhétorique[46]. La raison essentielle se trouve à mon sens dans une autre thèse, celle que « l'ontologie est évanescente »[47]. Ce que semble signifier cette nouvelle formule énigmatique, c'est le refus d'une ontologie absolue, qui prétendrait dire comment sont les choses en elles-mêmes, indépendamment de toute version. Ainsi, dire que le monde est dispersé en versions ne reviendrait pas à affirmer quoi que ce soit concernant le monde, au sens où il ne s'agit pas d'une affirmation concernant la nature de ce qui est. Il y a bien un retrait sémantique, l'ontologie ne semble plus concernée. C'est en ce sens que Goodman prétend échapper aussi bien au réalisme qu'à l'idéalisme[48].

On peut cependant s'interroger sur la possibilité de neutraliser ainsi l'ontologie. Goodman, dans *The Structure of Appearance*, manifestait un certain intérêt pour le critère d'engagement ontologique. Or, une théorie, même philosophique, qui ne reconnaît autre chose que des versions-mondes court indéniablement le risque d'un idéalisme relativiste. Un tel relativisme est pourtant contradictoire, car il suppose qu'il y ait quelque chose de commun aux multiples versions — un monde de mondes, justement. Goodman serait cependant très peu sensible à un tel argument, car ce qui l'intéresse est la description des multiples activités intellectuelles, scientifiques, artistiques, et sans doute d'autres, grâce auxquelles nous produisons des représentations multiples et variées de choses aussi multiples et variées que les représentations que nous en donnons. Goodman retrouve ainsi la veine pragmatiste, c'est-à-dire l'insistance sur le rôle que joue l'activité, le processus même de se rapporter aux choses, dans la considération de la réalité[49]. On peut alors à juste titre parler d'« anti-représentionnalisme »[50], à propos de l'irréalisme de Goodman. Quand on fait des mondes, ce ne sont pas *les mondes* qui importent, mais ce que l'on *fait*.

Il n'y a bien qu'un seul monde

Je ne crois pas qu'on puisse congédier l'ontologie en esthétique, comme je le montrerai dans le chapitre V, et pas non plus qu'on soit obligé d'adhérer à la thèse pragmatiste développée par Goodman dans *Manières de faire des mondes* — et d'avoir une telle indifférence pour les conséquences ontologiques d'une sémantique pluraliste — pour soutenir la thèse selon laquelle les systèmes symboliques scientifiques et les systèmes symboliques esthétiques ont une prétention égale, *mutatis mutandis*, à nous faire connaître le réel. Goodman disait, il est vrai en 1960, que

> les philosophes prennent parfois les caractéristiques du discours pour celles de ce sur quoi porte le discours. Nous concluons rarement que le monde consiste en mots simplement parce qu'une description vraie du monde consiste en mots, mais nous supposons parfois que la structure du monde est la même que celle de la description[51].

Goodman a été ensuite conduit à une thèse dans laquelle ce qui distingue la structure de la représentation et celle du monde est une question pratique, mais pas théorique[52]. Or le caractère cognitif de l'expérience esthétique ne suppose pas qu'on accepte cette thèse d'inspiration jamesienne ; elle est surtout indépendante de la conclusion que Goodman en tire concernant notre possibilité de faire des mondes.

La thèse selon laquelle il y a un investissement cognitif dans la production d'œuvres d'art et dans l'appréciation d'œuvres d'art signifie seulement qu'il y a une rationalité de l'expérience esthétique. Cela ne revient pas à dire, dans un esprit kantien, que les facultés de connaissance (sensibilité et entendement) sont mises en jeu, mais d'une toute autre façon que dans le jugement de connaissance. Nous mettons en œuvre dans l'expérience esthétique des systèmes qui supposent la maîtrise de toute une sémantique logique (les relations de dénotation, d'exemplification littérale et métaphorique, d'expression, d'allusion, de commentaire, examinées dans le chapitre III). Pour autant, cela ne signifie pas que les artistes font des mondes ou que nous en faisons en considérant leurs œuvres. Que les œuvres supposent un investissement cognitif qui n'est en rien réfractaire à la pensée scientifique puisqu'il est pleinement rationnel, qu'elles nous soient souvent nécessaires pour la compréhension de certaines caractéristiques de la réalité, n'oblige en rien à considérer que l'idée même de monde indépendant de nous est absurde. On ne voit même pas bien comment on pourrait définir l'esthétique comme l'application de la théorie générale de la référence et de la signification au domaine de l'art et prôner une complète indifférence ontologique. Si référence il y a, c'est bien référence à *quelque chose* quand bien même on accepte l'idée selon laquelle, comme le dit Sellars,

> toute conscience d'*espèces*, de *ressemblances*, de *faits*, etc., en bref toute conscience d'entités abstraites — et, en fait, même toute conscience de particuliers — est une affaire linguistique[53].

Dire que c'est une affaire linguistique, ou avec Goodman que c'est une affaire symbolique, ne change rien au fait que ce soit une affaire ontologique, c'est-à-dire que nous nous engagions, par ce que nous disons, à assumer l'existence de certaines entités sur lesquelles nous quantifions.

Ainsi, le holisme symbolique, s'il affirme que les systèmes symboliques ne sont pas spécifiques à des domaines hermétiques comme la science, l'art, la religion, la métaphysique, etc., ne conduit pas à la thèse que tout n'est que symboles et donc à celle d'une multiplicité de mondes actuels. Il y a des versions différentes du monde, dont certaines sont scientifiques, d'autres esthétiques, religieuses, métaphysiques, etc. Mais, on ne peut pas dire que les systèmes symboliques créent des mondes. Il ne s'agit pas plus de dire qu'ils rendent compte de mondes tout faits. Mais rejeter cette dernière affirmation n'entraîne nullement qu'on adopte la précédente.

La fonction cognitive de l'art

Concernant les versions esthétiques du monde, deux remarques sont importantes. 1) Elles n'ont pas une spécificité telle qu'on pourrait répondre à la question «qu'est-ce que l'art?» en mettant en évidence des critères nécessaires et suffisants. 2) Elles n'ont aucun déficit représentationnel eu égard à des versions considérées comme scientifiques.

Le premier point découle clairement du holisme symbolique. Ce qui fait d'un ensemble symbolique une œuvre d'art n'est pas une propriété ou un ensemble de propriétés nécessaires et suffisantes puisque c'est seulement le mode de lecture des symboles qui fait fonctionner l'œuvre esthétiquement. La philosophie de l'art présente des doctrines qui ont prétendu fournir des critères nécessaires et suffisants pour la détermination du caractère esthétique de certains objets. Dans certains cas, on a même prétendu qu'il y a une *essence* de l'œuvre d'art, au sens d'une caractéristique qu'une œuvre d'art ne pourrait pas ne pas posséder si elle est bien une œuvre d'art. Il apparaît qu'aucun accord ne s'est jamais fait sur ce qu'est cette essence. Cela ne signifie certes pas qu'il n'y en ait pas. La solution du holisme symbolique a, en cette matière, l'avantage de reconnaître l'existence de *symptômes* de l'esthétique, et donc de ne pas conduire à une thèse relativiste affirmant que *n'importe quoi* est une œuvre d'art. (Je reviendrai sur cette question dans le chapitre V, particulièrement section 7.) Pour autant, elle ne suppose pas que les symboles esthétiques sont différents et irréductibles aux autres. Or, cette dernière thèse est tout à fait problématique, car elle ne permet nullement de rendre compte des possibilités suivantes :

– (I) des objets qui n'étaient pas des œuvres d'art et le deviennent ;
– (II) des objets qui étaient des œuvres d'art et ne le sont plus ;
– (III) des objets qui sont et ne sont pas à la fois des œuvres d'art.

(I) recouvre une grande partie des œuvres d'art sacré. Il serait cependant tout à fait ridicule de prétendre qu'un rétable d'autel, des ornements sacerdotaux ou un ciboire du XIVe siècle ne faisaient pas l'objet d'appréciation esthétique à l'époque de leur production. Il serait également tout à fait douteux de faire reposer (I) sur le seul cas des *ready-made*, *i.e.* d'un type d'objets manifestement polémique et semblant avoir pour fonction essentielle de mettre justement en question les critères obvies de reconnaissance de certains objets *et pas d'autres* comme esthétiques, en manifestant le rôle que joue le contexte même dans lequel nous voyons des œuvres d'art. Pour autant, certains objets ont acquis un statut esthétique par la considération que nous leur portons et parce que nous nous y intéressons d'une façon particulière. C'est le cas de certains objets exotiques, des statuettes pré-colombiennes, des statues ou des masques africains ou océaniens. Mais là encore, nier tout intérêt esthétique dans des civilisations non-occidentales apparaît aussi peu sûr que l'attribution d'une mentalité pré-logique à ces mêmes civilisations.

Comme le montre Quine, attribuer une mentalité pré-logique revient à faire un choix de traduction de certaines propositions, par exemple à traduire «*q* ka bu *q*» par «*p* et non *p*», en supposant que ceux qui pratiquent la langue qu'on traduit ne respectent pas le principe de contradiction et en leur attribuant ainsi une mentalité pré-logique[54]. Mais, du fait de l'indétermination empirique de la traduction, un tel choix de traduction ne se justifie jamais que par le préjugé de la mentalité pré-logique elle-même, laquelle n'est donc pas constatée mais bien présupposée. De la même façon, supposer que les baoulé ou les tschokwe n'ont pas d'appréciation esthétique des objets qu'il produisent ne correspond à aucun *fait* ethnologique, mais constitue au mieux une hypothèse de recherche particulièrement malheureuse puisqu'elle interdit *a priori* toute possibilité de trouver des critères non occidentaux d'appréciation des objets et élimine ainsi un des intérêts de l'ethnologie de l'art.

L'excès qu'il convient de ne pas commettre quand on considère (I) est de croire qu'il s'agit d'un problème sociologique, c'est-à-dire de supposer seulement qu'un objet avait dans une société ou à une époque donnée la fonction sociale f et qu'il a maintenant ou ici acquis une fonction esthétique. C'était un rétable à fonction religieuse, c'est devenu une œuvre d'art; c'était une *ibeji* baoulé (un substitut du jumeau décédé), c'est devenu une statuette de l'art baoulé. On sera alors conduit à parler d'autonomisation de l'art (en suivant Kant et le fameux § 43 de la *Critique de la faculté de juger*), de nécessité d'une défonctionnalisation de l'objet quand il (voire pour qu'il) acquiert une fonction purement artistique et culturelle. Tout cela n'est sans doute pas totalement faux, mais ne touche pas au problème tel que j'entends le poser.

Devenir une œuvre d'art, c'est, pour un objet produit, fonctionner dans un système symbolique de telle façon que ce qui est considéré sont certaines caractéristiques logiques qu'il possède. Celles-ci ont été indiquées par Goodman dans *Manières de faire des mondes*[55]. Elle sont au nombre de cinq :

(1) la densité syntaxique :
Les différences les plus fines à certains égards constituent une différence entre des symboles — par exemple, un thermomètre au mercure non gradué par opposition avec un instrument électronique à lecture numérique.

(2) La densité sémantique :
Les choses qui sont distinguées selon de très fines différences à certains égards sont munies de symboles — par exemple, non seulement encore le thermomètre non gradué, mais aussi l'anglais ordinaire, bien qu'il ne soit pas syntaxiquement dense.

(3) La saturation relative :
De nombreux aspects d'un symbole sont plus ou moins significatifs — par exemple, dans un dessin de Hokusai qui représente une montagne par un simple trait, chaque caractéristique de forme, ligne, épaisseur, etc., compte par opposition avec, peut-être, la *même* ligne représentant les moyennes du marché financier au jour le jour, où tout ce qui compte est la hauteur de la ligne par rapport à la base.

(4) L'exemplification :
Un symbole, qu'il dénote ou non, symbolise en servant d'échantillon pour les propriétés qu'il possède littéralement ou métaphoriquement.

(5) La référence multiple et complexe :
Un symbole remplit plusieurs fonctions référentielles intégrées et interagissantes, les unes directement et certaines par l'intermédiaire d'autres symboles[56].

Ces caractéristiques sont disjonctivement nécessaires et conjonctivement suffisantes pour qu'on puisse considérer qu'il y a fonctionnement esthétique[57]. Comme le remarque Goodman,

ces propriétés tendent à focaliser l'attention sur le symbole plutôt que sur ce à quoi il réfère, ou en tout cas au moins autant[58].

La symptomatologie esthétique proposée par Goodman permet d'éviter toute définition essentialiste. Une telle définition est la plupart du temps excessivement vague (par exemple : être l'expression sensible de l'Idée) ou manifestement démentie par les faits (par exemple : l'imitation). Dans les deux cas, elle se mue en exigence et devient plus une norme qu'une définition. On remarque que cette symptomatologie n'est nullement tributaire d'une interprétation historique lourde concernant l'autonomisation de l'art ou la défonctionnalisation indispensable pour qu'apparaisse l'esthétique dans toute sa pureté. Elle concerne simplement des conditions de lecture symbolique et signale la coincidence entre l'attention portée à certaines caractéristiques logiques et la caractérisation d'un objet comme esthétique, voire comme œuvre d'art. Quand un objet qui avait manifestement principalement une fonction cultuelle, un rétable d'autel par exemple, est traitée comme œuvre d'art, il est fréquent qu'il réfère de façon multiple et complexe, plus en tous les cas qu'il le faisait auparavant.

Considérons la *Table des Dix Commandements* de l'Eglise Sainte-Marie de Gdańsk; elle répondait à coup sûr aux exigences de l'imagerie religieuse telles qu'on les trouve chez l'Abbé Suger : enseigner et remémorer en émouvant, et telle que les prescrivait le Synode d'Arras en 1025[59]. Pour nous, aujourd'hui, la *Table* offre des possibilités référentielles plus complexes. Elle ne réfère pas seulement aux Commandements en exemplifiant vertus et vices selon les règles de la morale religieuse des villes bourgeoises du nord de l'Europe au XVe siècle, mais de façon complexe et détournée elle exemplifie les règles religieuses et morales qui servent de cadre iconologique à la représentation des dix Commandements. Le bourgeois de Gdańsk ne considère évidemment pas l'œuvre comme significative, de façon détournée, de ses propres présupposés ; mais pour nous ce tableau est significatif à cet égard. On comprend bien alors qu'il ne s'agit pas simplement d'une simple affaire historique et sociologique, d'une simple lecture iconologique des œuvres, mais d'une modification importante du fonctionnement symbolique de l'œuvre. Elle avait certainement déjà des mérites esthétiques pour ses contemporains. Mais elle acquiert un fonctionnement *en tant qu'œuvre d'art* par cette modification du fonctionnement de ses caractéristiques symboliques. Les analyses esthético-sociologiques sont rendues possibles par cette modification du mode de lecture et évidemment pas le contraire.

Dans le cas (II), celui d'une œuvre d'art qui n'est plus considéré comme telle, la lecture logico-esthétique du système symbolique fait défaut, que ce soit par inattention (ne pas remarquer le mode de référence indirect et complexe d'une affiche publicitaire et ne voir que l'information concernant un produit), par manque d'intérêt (voir dans les tableaux du XVIIe siècle des témoignages sur la vie à cette époque), et surtout par ignorance (trouver que les masques *guéré* sont sommairement faits et un peu frustes parce qu'on ignore tout du fonctionnement symbolique de tels objets). Le cas (III) est celui de nombreux objets qui peuvent fonctionner dans plusieurs systèmes symboliques.

La question des versions esthétiques du monde est ainsi liée au mode de lecture utilisé; on peut faire l'économie d'une *essence esthétique* de certaines représentations. Il est bien clair que les représentations scientifiques supposent des modes de lecture dans lesquels on favorise :

– non pas la densité syntaxique et sémantique, mais l'articulation et la différenciation syntaxique et sémantique, non pas la saturation relative, mais la limitation des aspects symboliques en jeu (comme dans le cas de la lecture d'une feuille de température) ;

– non pas l'expression, qui suppose la métaphore, mais la littéralité qui n'implique pas un transfert de prédicats d'un domaine à un autre ;

– non pas la complexité référentielle, mais des procédures référentielles les plus directes possibles.

Là encore, on notera qu'il ne s'agit que de tendances. La métaphore n'est certainement pas absente de la science, la complexité référentielle n'est pas toujours à y proscrire. Mais, sans nul doute, *il y a une distinction sans différence entre représentation scientifique et représentation esthétique*. Il y a distinction puisqu'il y a des symptômes du fonctionnement esthétique des représentations artistiques. Ces symptômes, les représentations scientifiques les connaissent, mais elles ne les possèdent pas de façon conjonctivement nécessaire, et si elles en ont c'est de façon exclusivement disjonctive. En raison du holisme symbolique, il n'y a pas de différence spécifique.

Les versions esthétiques n'ont pas de déficit représentationnel par rapport aux versions scientifiques. Elles ont indéniablement des usages différents. Elles ont des visées cognitives qui peuvent, dans bien des cas, être articulées à des techniques grâce auxquelles on intervient dans l'ordre de la nature et l'on produit des objets. Leur objectivité, c'est-à-dire leur testabilité, leur assure une pertinence épistémique tout à fait remarquable. L'usage de symbolismes non denses favorise leur transmission. Ce qui en revanche me paraît totalement inexact, c'est de dire que ces représentations auraient seules une valeur cognitive. Les versions esthétiques permettent de saisir des aspects de la réalité qui, justement, sont délaissées par les représentations scientifiques.

Cette citation tirée de *L'Art du Roman* de Milan Kundera me paraît à cet égard très significative de la thèse que j'entends défendre :

> Bien sûr, même avant Flaubert on ne doutait pas de l'existence de la bêtise, mais on la comprenait un peu différemment : elle était considérée comme une simple absence de connaissances, un défaut corrigible par l'instruction. Or, dans les romans de Flaubert, la bêtise est une dimension inséparable de l'existence humaine. Elle accompagne la pauvre Emma à travers ses jours jusqu'à son lit d'amour et jusqu'à son lit de mort au-dessus duquel deux redoutables agélastes, Homais et Bournisien, vont encore longuement échanger leurs inepties comme une sorte d'oraison funèbre. Mais le plus choquant, le plus scandaleux dans la vision flaubertienne de la bêtise est ceci : la bêtise ne s'efface pas devant la science, la technique, le progrès, la modernité, au contraire, avec le progrès, elle progresse elle aussi![60]

Kundera ajoute, et il me semble à juste titre, que la découverte de Flaubert est plus importante que les idées les plus bouleversantes de Marx ou de Freud[61]. En revanche, j'ai beaucoup de doute concernant l'idée de «sagesse du roman» (et je constate que Kundera n'est pas lui-même avare en idées reçues concernant la critique des media).

Ce qui importe est moins la position de Kundera que la reconnaissance du rôle cognitif joué par l'œuvre de Flaubert. Découvrir ce qu'est la bêtise et son importance dans notre civilisation est, me semble-t-il, faire œuvre de connaissance. La connaissance est définie de façon standard comme la croyance vraie justifiée. Je sais que p, si je crois que p, si c'est le cas que p, et si j'ai des raisons de penser que p. Or, les œuvres induisent des croyances, qui peuvent s'avérer si ce n'est vraies au sens où une proposition l'est, du moins correctes, et elles fournissent si ce n'est une argumentation, au moins des raisons de penser que la représentation qu'elles proposent ont une certaine pertinence épistémique. On objectera certainement que ce qui peut encore se comprendre pour un roman devient plus douteux dans le cas d'un tableau, et carrément insoutenable dans le cas d'une œuvre musicale. Certes, si on limite la correction d'une croyance à la correspondance entre une proposition vraie et un fait, cela paraît très difficile de parler du caractère cognitif d'un tableau. Mais, comme le suggère Goodman et Elgin, la vérité n'est qu'un ingrédient de la *correction* d'une représentation[62]. Une peinture de Mondrian peut être non pas vraie, mais correcte. C'est le cas, me semble-t-il, de *Broadway boogie-woogie*, qui permet de saisir certaines caractéristiques du rapport entre des couleurs et des mouvements grâce à une peinture. Ainsi, même une œuvre abstraite peut apprendre quelque chose concernant le monde. On dira que la croyance induite d'un rapport entre couleurs et mouvements par l'œuvre de Mondrian n'est pas justifiée par l'œuvre. La justification est pragmatiquement acquise par l'apport produit par l'œuvre dans notre compréhension du réel. On pourra en dire tout autant d'une œuvre musicale. Certes, elle n'apporte pas une croyance énoncée dans une proposition, mais elle peut prétendre exemplifier certains rythmes, certains mouvements permettant de saisir de façon originale certains aspects relativement abstraits de l'espace sonore (et du temps). C'est le cas par exemple des œuvres de Stockhausen. De telles œuvres modifient indéniablement nos croyances concernant la spatialité et la temporalité dans la mesure où elles nous permettent d'en apprécier certaines caractéristiques qui, sans elles, passeraient inaperçues.

Dans notre vie quotidienne, le rôle cognitif des œuvres d'art est fondamental. Nos contemporains sont largement classés en termes de certaines catégories que nous avons empruntées aux œuvres romanesques que nous avons lues, aux films que nous avons vus. Il est clair que l'adultère féminin est saisi d'une autre façon par quelqu'un qui a lu *Madame Bovary*. C'est la même chose pour celui qui connaît bien la peinture de genre hollandaise. Son appréhension des intérieurs en est radicalement transformée. Ainsi, il ne semble pas du tout excessif d'insister sur l'importance cognitive des œuvres d'art. Cela ne signifie évidemment pas que toutes les œuvres d'art apportent des connaissances. De la même façon, tous les articles qui paraissent dans des revues scientifiques n'apportent pas quelque chose à la connaissance scientifique — et même la plupart ne le font pas, tout comme la plupart des œuvres d'art sont d'un très médiocre intérêt esthétique (parce que les chefs d'œuvre sont rares). Il reste que les versions esthétiques de la réalité n'ont pas moins d'importance et moins de valeur dans la constitution de notre connaissance. Elles ne jouent pas un rôle moins important, même si elles en jouent un autre.

Esthétique et existence

Il ne s'agit nullement de militer pour un mode de connaissance non rationnel et supérieur qui serait octroyé dans des expériences esthétiques. La connaissance esthétique est émotionnelle, comme cela a été montré dans le chapitre I, mais pour autant elle est rationnelle. Elle n'est en rien liée à une expérience subjective intransmissible et elle suppose, comme la connaissance scientifique, un apprentissage et un effort intellectuels. Elle relève de notre capacité à la manipulation de symboles et peut ainsi être considérée, en son genre, comme une connaissance symbolique.

C'est aussi pourquoi l'art, pas plus que la science, ne permet de répondre aux questions concernant ce que Carnap appelait les «énigmes de la vie»[63], c'est-à-dire ce qu'on peut considérer comme des problèmes existentiels. Ces énigmes ne sont pas des questions, ces problèmes n'ont en fait pas de formulation ; il s'agit de situations pratiques dans lesquelles nous devons affronter l'existence. Contrairement à une opinion répandue, une opinion qui est même devenue une sorte d'évidence pour nos contemporains, l'art, de même que la science, ne dit rien concernant l'existence, justement parce qu'il développe une connaissance symbolique et propose des représentations multiples grâce auxquelles nous comprenons mieux certaines choses. Il n'apporte pas plus de solutions pour les situations pratiques dans lesquelles nous vivons que ne le font la biochimie ou l'analyse statistique. L'idée contraire, pourtant courante et très prisée, me semble relever en grande partie de ce qu'on peut appeler la psychologie du courrier du cœur. Dans le roman de Nathanaël West, *Miss Lonelyhearts*, le principal protagoniste écrit, sous le pseudonyme qui donne son titre au roman, les réponses aux lettres envoyées par les lecteurs. Lorsqu'il est en panne d'inspiration, le responsable de la publication lui propose :

> L'art est un moyen de s'en sortir.
> Ne vous laissez pas accabler par la vie. Lorsque les sentiers battus seront rendus impraticables par les décombres de vos échecs, chercher d'autres sentiers moins battus et plus neufs. L'Art est un de ces sentiers. L'Art est de la souffrance distillée. (...)[64]

Je crains que ce genre de propos, même (ou surtout) sous une forme philosophique sophistiquée, ne soit pas autre chose que lénifiant.

Wittgenstein disait, à la fin du *Tractatus*, que même si toutes les questions scientifiques possibles étaient résolues, les problèmes de la vie demeureraient encore intacts[65]. Le sens de la vie serait indicible, non pas quelque chose qui se cache, mais quelque chose qui se montre (le Mystique)[66]. Je ne crois pas du tout que l'art, relevant de part en part du symbolique et donc du dicible dans un sens large et non limité aux symboles verbaux, soit de cet ordre. Il dit toujours quelque chose, il suppose des symboles, une capacité à saisir le fonctionnement de systèmes symboliques complexes et parfois, comme par exemple dans le cas de la musique la plus savante, tout autant que bien des systèmes scientifiques de représentation.

Dans la mesure où je place l'art et l'esthétique du même côté que la science, du côté du dicible, je rejette, pour les mêmes raisons que Wittgenstein, mais *contre lui*, le préjugé romantique qui voudrait que l'art ait une fonction existentielle. S'il faut chercher quelque part la solution au problème de la vie, ce qui n'a rien d'évident, c'est ailleurs que dans la connaissance symbolique, ailleurs que dans l'art. Il offre une grande variété de représentations manifestant de multiples aspects de la réalité nous permettant ainsi de la mieux connaître — mais son rôle de thérapie existentielle semble être largement surestimé.

NOTES

[1] Gochet & Gribomont, 1990, p. 311.
[2] 2.131 et 2.15.
[3] SA, chap. I.
[4] Nef, 1991a, affirme que «l'isomorphisme structural, outre le parallélisme de la décomposition, implique également que l'ordre des éléments soit le même entre les parties isomorphes» (p. 77). Cette exigence ne me semble pas nécessaire pour une version faible de l'isomorphisme.
[5] «Am Satz muss gerade soviel zu unterscheiden sein, als an der Sachlage dir er darstellt.»
[6] SA, p. 20-21.
[7] 1986, p. 83 (mes italiques).
[8] Russell, 1991, p. 120.
[9] *Ibid.*
[10] FFF, III.
[11] Quine, 1977, p. 132-133.
[12] FFF, p. 106.
[13] Hacking, 1993, chap. 6.
[14] Je fais allusion à la littérature concernant certes la problématique des espèces naturelles, mais aussi celle des conditionnels contrefactuels. Ces deux problématiques sont parmi les plus intéressantes réalisations de la philosophie contemporaine, en conduisant au développement de logiques non classiques et autres merveilles d'ingéniosité et de fraîcheur métaphysiques.
[15] Russell, 1989, chap. 6.
[16] Hacking, 1993, p. 25.
[17] Pouivet, 1995b.
[18] Cette expression est bien sûr une allusion à Peirce.
[19] Comme le montre Cometti, 1994 (tout particulièrement le chapitre II).

[20] FFF, p. 80.
[21] Davidson, 1993a, p. 269.
[22] RP, p. 15.
[23] Cette application n'est que partielle. Un système formel ne comprend pas seulement des règles de formation (qui en font un langage formel), mais aussi un apparat déductif. Dans le cadre d'une théorie de la représentation, la notion de règles d'inférence ne joue pas un rôle prioritaire. Voir Hunter, 1971, § 1 à 5.
[24] Pouivet, 1991a.
[25] LA, p. 173.
[26] Le réaliste métaphysique affirme 1) que le monde est constitué par une totalité fixe d'objets indépendants de l'esprit, 2) qu'il n'y a qu'une manière de décrire correctement et complètement comment est le monde, 3) la vérité présuppose une certaine sorte de correspondance avec la réalité. (Putnam, 1994, p. 146). Autrement, le réaliste métaphysique suppose la possibilité pour l'homme d'accéder au type de savoir que possèderait un *intuitus originarius*.
[27] Gombrich, 1982.
[28] *Ibid.*, p. 286.
[29] *Ibid.*, p. 284 (note).
[30] Goodman, PP, IX, 2.
[31] 1982, p. 297. Voir aussi Gombrich, 1983, p. 221-290.
[32] Goodman, LA, p. 295; MM, p. 136-137; RP, p. 131.
[33] LA, p. 188.
[34] Elgin, RR, p. 102.
[35] Scheffler, 1979, I.
[36] Cette notion apparaît dans Goodman, «Comment prendre une cité».
[37] Panofsky, 1987. Panofsky montre dans cet article la cohérence entre les thèses épistémologiques et les préférences esthétiques de Galilée; Hallyn, 1987.
[38] Pears a certainement raison de dire que, dans le *Tractatus*, Wittgenstein «croit que le langage est façonné par la nature intrinsèque des objets simples sous-jacents» (1993, p. 24).
[39] 4.12.
[40] 1986, p. 3.
[41] Panaccio, 1991, p. 250-253.
[42] RP, p. 172.
[43] La critique qu'Israël Scheffler (1986, II, 14) fait de *Manières de faire des mondes* porte, comme les remarques qu'on peut lire, sur l'ambiguïté de la notion de monde chez Goodman. Goodman y a répondu (Pouivet, 1992a).
[44] Nef, 1991b.
[45] WW, p. 125.
[46] WW, p. 144.
[47] MM, p. 29.
[48] WW, p. 153.
[49] C'est le sens du rapprochement entre James et Goodman que propose Jean-Pierre Cometti, 1994, p. 410, et aussi p. 450-452.
[50] J'emprunte le terme à Jean-Pierre Cometti, *Ibid.*, p. 452.
[51] PP, p. 24.
[52] WW, p. 153.
[53] Wilfrid Sellars, 1992, § 29, p. 67. Sellars appelle cette thèse le «nominalisme épistémologique».
[54] Quine, 1976, chap. 12; Laugier, 1992; Pouivet, 1994b.
[55] WW, chap. IV.

[56] Pour ces cinq caractéristiques, *cf.* WW, p. 91.
[57] WW, p. 92.
[58] *Ibid.*
[59] Eco, 1993, p. 27-28.
[60] Kundera, 1986, p. 199. Je cite ce passage, mais je ne crois pas que la thèse que je soutiens après lui, celle d'une valeur cognitive de l'œuvre d'art, ait besoin de la caution des théories philosophiques du Husserl de la *Crise des sciences européennes* et de Heidegger.
[61] *Ibid.*, p. 200.
[62] RP, p. 167.
[63] Carnap, 1967, § 183, p. 297.
[64] N. West, *Miss Lonelyhearts*, tr. franç. M. Sibon, Le Seuil, Paris, 1962, p. 11.
[65] *Tractatus*, 6.52.
[66] Nef, 1990.

Chapitre III
Expression

1. ART ET EXPRESSION

Le phénomène esthétique majeur est celui de l'expression. Les œuvres d'art ne sont pas simplement supposées représenter quelque chose, si elles le font, mais surtout *exprimer quelque chose*. La mise en question du naturalisme dans les œuvres picturales de la fin du XIXe siècle et durant tout le XXe siècle va certainement dans ce sens. On dit souvent que la musique et la danse expriment des sentiments et des pensées. L'essentiel de l'art ne se trouve-t-il pas là, dans l'expression, seul phénomène qui semble bien concerner *tous les arts*?

Ce phénomène paraît cependant irréductible à l'orientation qui est ici défendue. Comment pourrait-on expliquer l'expressivité d'une œuvre en se limitant à décrire des relations logiques entre des objets? C'est bien pourtant ce qui est proposé : construire, dans la lignée de Goodman, une théorie nominaliste de l'expression. Avant de présenter une telle théorie, je m'intéresserai à la métaphore. Nous verrons que l'expression est une relation logique qui suppose un mode de référence métaphorique de ce qui exprime à ce qui est exprimé. Je défendrai cette théorie contre l'accusation (couramment faite) d'intellectualiser à ce point l'expérience esthétique qu'elle en est privée de sa composante supposée essentielle de plaisir.

1. LOGIQUE DE LA MÉTAPHORE

Les sept erreurs des théories de la métaphore

La question de la métaphore est devenue pour nous ce que fut celle de l'enseignement de la vertu pour les grecs anciens ou celle de la Trinité pour les médiévaux : un lieu commun de la réflexion philosophique. Les théories en sont nombreuses. Il serait alors tout à fait fastidieux de les évoquer toutes[1] avant d'en présenter une autre. Cette théorie ne vise d'ailleurs pas à être une analyse complète du phénomène de la métaphore, mais à montrer que la métaphore est une mode de connaissance. Toutefois, même sans velléité critique particulière, il faut tout de même indiquer quelles sont les erreurs des autres théories. Les interprétations qu'elles proposent en effet de la métaphore empêchent sa compréhension en termes de connaissance[2].

La première erreur tient à une thèse critiquée dans le chapitre précédent. C'est l'idée qu'il y aurait une réalité tout faite et un compte-rendu véridique de cette réalité *simpliciter*. Une métaphore ne pourrait avoir aucune prétention à nous faire connaître quoi que ce soit parce qu'elle apparaît comme un énoncé manifestement *faux*. Si je dis :

(1) Pierre est un âne

en parlant d'un de mes collègues professeurs, c'est évidemment faux. Il n'a pas quatre pattes, ne braie pas, ne mange pas de picotin, etc. Je suis donc peu observateur ou menteur (pourrait dire Pierre). Bien évidemment, cette façon de dénier toute valeur cognitive à la métaphore est assez malheureuse. Car si (1) est *littéralement* faux, cela ne signifie pas que (1) soit *métaphoriquement* faux. La vérité et la fausseté d'un énoncé est bien fonction de ce qui est le cas, mais elle n'est pas indépendante de la façon dont on parle de ce qui est le cas, ainsi que le montre le chapitre précédent. Ainsi, la condition de vérité d'une métaphore ne sera pas celle d'une phrase littérale. Mais cela ne signifie pas qu'une telle condition n'existe pas. Dès lors, remarquons le bien, une métaphore peut aussi être *fausse*. On peut même très souvent repérer plus aisément la fausseté d'une métaphore (si je dis, sans ironie, d'un homme très maigre que c'est un éléphant) que de certains énoncés littéraux (par exemple, ceux qui concernent des évènements aux confins de la galaxie).

La seconde erreur consiste à dire qu'une métaphore peut toujours être paraphrasée par un énoncé non métaphorique. Cet énoncé non métaphorique paraphrasant l'énoncé métaphorique peut avoir un contenu cognitif, dire quelque chose qui est vrai ou faux, mais l'énoncé métaphorique *en tant que métaphore* n'en a pas. Ainsi à (1) correspondra la proposition : (2) «Pierre est un être particulièrement obtus, têtu, et intellectuellement limité».

Remarquons d'abord que si (2) a un contenu cognitif, on ne voit pas pourquoi (1) n'en aurait pas, puisque (1) est supposé être l'équivalent de (2). Ou alors, le seul fait de paraphraser avec un ornement rhétorique, un trope, un énoncé littéral comme (2), de passer donc de (2) à (1), éliminerait son contenu cognitif. Mais on ne voit pas pourquoi. De plus, et c'est là l'essentiel, que (2) soit l'équivalent de (1) est tout à fait douteux. Et si (2) n'est pas l'équivalent de (1), il n'y a plus de raison de considérer que la métaphore est un simple ornement rhétorique, qu'elle n'a pas de valeur cognitive *parce qu'*elle est un simple ornement rhétorique. Donc, que (2) et (1) soient équivalents ou qu'ils ne le soient pas, cela ne donne aucune raison pour dire que (1) n'a pas de contenu cognitif. (Il faut aussi constater que les théories scientifiques sont parfois formulées, ne serait-ce qu'informellement, de façon métaphorique : on parle de «champ de gravitation», de «trou noir», d'«équilibre des échanges», etc. Les énoncés dans lesquels ce vocabulaire métaphorique apparaît peuvent certes, pris littéralement, faire obstacle à la connaissance. Mais, justement, ils ne sont pas à considérer comme littéralement vrais ou faux, mais comme métaphoriquement vrais ou faux.)

La troisième erreur est de considérer la métaphore comme essentiellement émotionnelle et de ce fait non cognitive. L'opposition entre émotion et connaissance a déjà été critiquée dans le chapitre I. Je serai très bref et proposerai cette simple anecdote. On peut supposer que Frege eut une intense émotion lorsqu'il reçut la lettre du 16 juin 1902 que lui envoyait Russell[3]. Elle disait en effet :

> Soit le prédicat w : être un prédicat qui ne peut être prédiqué de lui-même; w peut-il être prédiqué de lui-même? De chaque réponse suit la réponse opposée.

Le coup fut terrible pour Frege. Une grande partie de ses efforts en vue de donner une formulation logique de l'arithmétique était ruinée. Le texte ne paraît pourtant avoir qu'un contenu *strictement cognitif*. On voit ainsi qu'il serait tout à fait dénué de fondement de penser que seules les lettres d'amour font battre les cœurs ou verser des pleurs. Il peut y avoir *à la fois* contenu cognitif et émotion. Tout aussi bien, certaines métaphores n'entraînent aucune émotion. Celles qui sont rebattues ; (1) en est un exemple certain. Mais c'est aussi le cas d'une métaphore à ce point inattendue qu'elle en est totalement incompréhensible, comme celle qui fut la devise d'un roi *fon* du XVIIe siècle :

Je suis l'ananas contre lequel la foudre ne peut rien[4].

Ainsi, une métaphore sans contenu cognitif n'entraîne justement aucune émotion... Concluons que ce qui est émotif peut aussi être cognitif et inversement. Que la métaphore provoque ou pas une émotion, cela ne milite dans aucun des deux cas pour ou contre sa valeur cognitive.

La quatrième erreur consiste à parler de *sens métaphorique*, i.e. de *ce que le locuteur veut dire et qui n'est pas ce qu'il dit littéralement* en utilisant la métaphore. Cette théorie explique la métaphore en l'éliminant. En effet, si en utilisant une métaphore je voulais sciemment dire autre chose que ce que je dis, il y aurait mensonge, mais pas métaphore. Ou alors, je ne peux pas le dire *autrement*. Mais pourquoi faudrait-il alors considérer que *ce que je veux dire* (le sens métaphorique) diffère de ce que je dis ? C'est donc qu'en employant une métaphore, je veux bien dire ce que je dis (métaphoriquement) et pas autre chose. De plus, je peux être surpris, agacé ou enchanté, par une de *mes* propres métaphores. La métaphore que j'emploie jette une lumière nouvelle sur mes propres connaissances, me montre que je suis capable de les exprimer sous une forme inédite et tout à fait adéquate pour me faire comprendre. En même temps, ce dont je parle apparaît aussi sous un jour nouveau et ma connaissance de ce dont je parle s'est accrue en en parlant. Je ne dirais pas alors que j'ai dit autre chose que ce que j'avais l'intention de dire, mais que la métaphore dit très bien ce que je veux dire. Tout professeur connaît ce phénomène qui lui permet en trouvant le bon moyen de se faire comprendre d'accroître ses propres connaissances de ce dont il parle. C'est même, me semble-t-il, un des *plaisirs de l'enseignement*. Pour qu'une de mes propres métaphores m'apprenne quelque chose, il faut qu'elle soit autre chose qu'une façon de dire ce qu'on veut dire en disant autre chose que ce qu'on veut dire.

Il est certes probable que l'incapacité à s'exprimer autrement que métaphoriquement soit le signe patent de l'absence de toute idée claire (tout particulièrement en philosophie). La raison en est que la valeur cognitive de la métaphore est liée à l'écart qu'elle produit à l'égard du discours littéral. Pour jouer son rôle cognitif, comme je le montrerai par la suite, il faut *absolument* que la métaphore apparaisse comme transgressive. Ainsi, le tout métaphorique ne retient de la métaphore que son aspect énigmatique et n'offre aucune perspective cognitive. Avant de développer cette remarque dans la critique de la sixième erreur, elle conduit à une cinquième erreur : celle de la spécificité prétendue de la vérité métaphorique. La thèse ici défendue ne doit *absolument pas* être confondue avec celle selon laquelle la métaphore nous ferait accéder à une vérité tout autre (et bien sûr bien plus élevée) que la vérité scientifique. Ce serait le propre des artistes que d'être ainsi chargés d'une Révélation qui transparaît sous le voile léger de la métaphore. Je ne suis pas adepte du frisson métaphysique et cette thèse n'est pas vraiment crédible. Prenons deux exemples[5] :

(3) L'allumette s'enflamme

(4) Ses yeux s'enflamment

Sauf accident regrettable, la seconde proposition est une métaphore. Or, qu'est-ce-qui rend *vrai* (3)? Que ce soit bien le cas, c'est-à-dire que l'allumette s'enflamme. On peut donc dire que (3) est vrai si et seulement si l'allumette s'enflamme. Qu'est-ce-qui rend vrai (4)? Quelque contact avec des puissances supérieures? Une fusion avec l'ineffable? Non. (4) est vrai si et seulement si ses yeux s'enflamment.

Evidemment, l'extension de «s'enflammer» n'est pas la même dans (3) et dans (4). Mais cela n'a rien à voir avec une différence de *vérité* entre (3) et (4). Que le verbe «s'enflammer» dans (4) provienne d'un autre domaine, celui des matériaux combustibles, et s'applique ici à un objet auquel d'habitude, et dans des circonstances non accidentelles, il ne s'applique pas, n'est pas une raison pour qu'il faille parler d'une *autre forme de la vérité*. On sait qu'une métaphore suppose toujours un *transfert*, comme le terme «métaphore» lui-même l'indique et comme n'a pas manqué de le dire Aristote. Une étiquette qui change de domaine n'est pas une telle affaire que cela doive conduire à supposer une toute autre vérité. Et comment considérer qu'une métaphore comme (1), par exemple, supposerait une toute autre forme de vérité que celle dont nous nous contentons d'habitude?

La sixième erreur consiste à dire que tout langage, à l'origine, est métaphorique. Dès lors, toute vérité est originellement métaphorique et seul un triste esprit de sérieux pourrait laisser croire qu'il puisse y avoir une vérité littérale. C'est une version de la thèse selon laquelle le monde n'est qu'une fable. Toutefois, là encore, un tel traitement a le défaut de supprimer la notion même qu'elle explique, car si tout langage est métaphorique, aucun ne l'est. De même que si toute notre vie est un rêve, la notion de rêve n'a plus de sens — car si rêve il y a, on doit pouvoir se réveiller pour s'apercevoir qu'on a rêvé. Si tout langage est métaphorique, alors, d'une certaine façon, tout langage est aussi littéral. On ne peut donc prétendre que la métaphore n'a pas de valeur cognitive parce qu'elle n'apprend rien qu'on ne sache déjà, le langage étant toujours métaphorique. La métaphore constitue bien un écart par rapport à une norme.

La septième erreur consiste à transformer la métaphore en codage. La règle d'un tel codage serait la communauté d'attribution. Ainsi (1) s'expliquerait *facilement*. Si je dis que Pierre est un âne, c'est qu'il partage quelque chose avec l'âne. De ce fait on doit pouvoir appliquer «âne» aussi bien à Pierre qu'aux ânes eux-mêmes. Ils ont quelque chose en commun ou, au moins, quelque chose de comparable. Si une telle thèse s'avérait exacte, la valeur cognitive de la métaphore serait nettement amoindrie. En effet, comme dans une erreur précédente, une métaphore n'apprendrait rien que nous ne sachions déjà. Si Pierre et l'âne ont quelque chose de commun ou de comparable, dire que Pierre est un âne n'apporte pas vraiment une information essentielle et encore moins une perspective novatrice et éclairante sur Pierre. Mais cette thèse me semble inexacte. 1) Si je dis :

Madeleine est un dragon

je peux difficilement prétendre qu'entre Madeleine et un dragon il y a quelque chose de comparable ou de commun dans la mesure où il est difficile de comparer Madeleine à quelque chose qui n'existe pas. Ce que je compare, si je compare, c'est une représentation-Madeleine et une représentation-dragon, ce qui montre déjà que la comparaison est beaucoup plus complexe qu'il ne paraît et présuppose qu'on compare non pas des objets mais des prédicats qu'ils exemplifient. 2) Dans (1), Pierre n'a en fait *rien de commun* avec quelque âne que ce soit. Car, il a fallu préalablement considérer qu'un âne exemplifie métaphoriquement des prédicats comme «têtu» ou «borné», lesquels ne s'appliquent littéralement qu'à un être humain, pour que la métaphore soit possible. Donc, la comparaison ne peut expliquer la métaphore puisque c'est grâce à une métaphore qu'on peut expliquer la comparaison. Dans

L'homme est un loup pour l'homme

le prédicat «loup» exemplifie «cruauté», prédicat qui ne s'applique pas au loup, dont on peut difficilement affirmer qu'il est cruel dans la mesure où cela supposerait une conscience du mal qu'il fait. «Loup» exemplifie métaphoriquement le prédicat «cruel» et il n'y a aucune raison de penser que l'homme et le loup comme espèce animale ont quoi que ce soit en commun ou même quoi que ce soit de comparable. Dire qu'il y a quelque chose de semblable à Pierre et à un âne quand je dis (1) n'explique probablement pas en quoi il y a métaphore puisque de nombreuses métaphores ne s'expliquent pas ainsi.

Il nous faut une théorie de la métaphore qui ne fasse aucune de ses sept erreurs (et si possible pas d'autres). Ce à quoi je m'emploierai maintenant.

L'initiative métaphorique

Max Black explique que :

> Les règles de notre langage déterminent que certaines expressions doivent être considérées comme des métaphores ; un locuteur ne peut pas plus changer cela qu'il ne peut décider que «vache» devra signifier la même chose que «mouton». Mais nous devons aussi remarquer que les règles établies du langage laissent une grande latitude pour la variation, l'initiative et la création individuelles[6].

Ce sera la thèse défendue : un accord général sur des règles de comportement linguistique (et symbolique en général), une forme de contrat sur l'étiquetage des choses, et des écarts individuels permis pour autant qu'ils apportent indéniablement quelque chose à tous, c'est-à-dire qu'ils profitent finalement au *bien commun sémantique*.

Comme le montre Goodman dans *Langages de l'art* (II), l'application métaphorique d'un terme n'est jamais recommandée[7]. Par «recommandée», j'entends : déterminée par une règle préalable. De telles règles existent pourtant, elles déterminent l'usage littéral des mots. Elles peuvent être de deux sortes. Soit une habitude : quelque chose relevant de l'apprentissage que nous avons fait de (la sémantique de) notre propre langue. Les enfants très jeunes, c'est bien connu, commence par appliquer de façon indue le terme «papa» à tout homme. Puis, petit à petit, sur les injonctions de la mère et (surtout) du père, ils finissent par restreindre l'usage au père putatif. C'est donc l'usage établi qui fait ici la règle de l'usage dans chaque nouveau cas. Et si cette règle survit, c'est qu'elle est acceptée tacitement (selon un modèle de contrat implicite entre les locuteurs d'une même langue[8]). Ce caractère tacite explique aussi la possibilité des changements dans le lexique d'une langue. On est d'abord moins rigoureux dans l'application de la règle, l'extension du terme s'étend alors à un nouveau champ. Il peut y avoir alors quelques protestations, puis, petit à petit, seuls les puristes se refusent à cette nouvelle application, la grande masse l'a déjà faite sienne. Enfin, plus tard, seuls les philologues savent que le terme n'a pas toujours eu cette application. De plus, il peut perdre son extension initiale et changer ainsi, par glissement, de domaine d'application. Ce phénomène est assez proche de ce que les linguistes appellent la *«catachrèse»*. On peut aussi considérer un autre cas, surtout dans les domaines des sciences, des techniques, et en fait partout où l'appellation est décisionnaire, celui où la règle est le fait d'une convention explicite et non tacite[9].

Dans un cas comme dans l'autre, la règle définit l'usage littéral et autorisé du terme. S'il n'y avait pas un tel usage, il n'y aurait pas de métaphore. Ceci pour deux raisons. D'abord, comme déjà indiqué, parce que la métaphore suppose un écart par rapport à une norme connue par celui qui métaphorise. Il n'est pas nécessaire pour cela qu'il soit à même de donner une définition littérale du terme qu'il applique métaphoriquement. Il ne s'agit pas d'un *savoir que* mais d'un *savoir comment*; il sait quelle est la règle de l'usage de ce terme, il a l'habitude de l'utiliser en fonction de l'implantation du mot dans la langue qu'il pratique. La métaphore suppose donc qu'on sache pertinemment bien qu'on enfreint une règle, qu'on ne fait pas quelque chose d'admis et reconnu par une longue tradition. Cela explique d'ailleurs pourquoi nous ne métaphorisons pas aisément dans une langue étrangère ; l'indice que nous pratiquons de mieux en mieux une langue qui n'est pas notre langue maternelle est notre capacité à y faire des métaphores.

La deuxième raison pour laquelle l'usage métaphorique suppose l'usage littéral préalable, c'est que, selon la formule de Goodman,

une métaphore est une idylle entre un prédicat qui a un passé et un objet qui cède tout en protestant[10].

Il y a dans la métaphore une forme de bigamie (qui fait sans doute tout son sel). Dans la métaphore, le passé littéral d'un terme lui colle à la peau. Ainsi dans

(5) Lise est une rose

le *schème* auquel le terme « rose » littéralement utilisé appartient est transféré dans l'usage métaphorique[11]. Par schème, il faut entendre un ensemble d'étiquettes. Ainsi, l'application du prédicat « rose » est relatif à la différence entre les roses et les autres fleurs, tulipes, œillets, azalées, mais aussi aux caractéristiques particulières des roses. Les prédicats concernés sont alors « épines », « boutons », etc., c'est-à-dire les prédicats descriptifs des roses. On peut leur ajouter tous les prédicats attachés aux roses dans l'usage littéral, mais également les prédicats métaphoriques qu'on leur attache couramment. Le *règne* est le domaine que le schème explore et organise. On peut dire aussi que le règne est le domaine en tant qu'il est organisé par un schème. Il se compose des objets dénotés par l'une ou l'autre des étiquettes du schème. Ainsi, le domaine d'extension de l'étiquette « rose » comprend toutes les roses tandis que le schème comprend toutes les fleurs et le système des différences grâce auxquelles on a spécifié l'usage du terme « rose », c'est-à-dire son extension particulière, son domaine d'application. Quand je dis (5), c'est alors le schème que je transfère, donc un système de différences entre des catégories et pas une simple étiquette. Dans cette mesure, il n'y a pas que le domaine qui change, mais le règne lui-même. Plus exactement le règne se trouve réorganisé par la projection d'un schème nouveau. En disant métaphoriquement de Lise qu'elle est une rose, elle se trouve placée dans un règne restructuré par le système de catégories qui initialement organisait les différences entre fleurs.

Un *schème* est un ensemble d'étiquettes liées entre elles dans un système de différences grâce auquel on spécifie l'usage de chacune. Le *règne* est le domaine organisé par le schème. Le *domaine* est l'extension d'une étiquette ou d'un ensemble d'étiquettes. Un domaine est toujours connu relativement à un schème. Une métaphore est alors un transfert non pas seulement d'un prédicat, mais de tout ou partie du schème auquel il appartient. La métaphore opère par réorganisation du règne sous projection d'un nouveau schème. Dans le règne étranger, c'est l'emploi habituel du schème transféré qui guide l'usage métaphorique. Ce que Goodman commente en disant :

> Cette analyse révèle une fois de plus et avec force la justesse d'une orientation nominaliste, mais pas nécessairement verbaliste, qui met l'accent sur les étiquettes. Quelque respect qu'on puisse éprouver pour les classes ou les attributs, ce ne sont certainement pas les classes qu'on déplace de règne en règne, ni les attributs qu'on extrait pour ainsi dire de certains objets et qu'on injecte dans d'autres. On dira plutôt qu'il y a transport d'un ensemble de termes, d'étiquettes alternatives ; et l'organisation qu'ils produisent dans le règne étranger est guidée par leur emploi habituel dans le règne d'origine[12].

On pourrait certes considérer qu'il y a *autre chose à dire* au sujet de la métaphore et pourquoi pas qu'il faut aussi en donner une explication en termes d'intention. Mais il me semble qu'on tient, avec une telle analyse, une forme de *langage de base* sur la question.

La métaphore est un transfert parfois complexe d'un réseau d'étiquettes d'un territoire dans l'autre. Le second territoire n'est pas seulement envahi mais réorganisé par ce transfert, il reçoit une structure qui auparavant organisait un territoire auquel cette structure s'appliquait littéralement. Il faut insister sur ce point, car, si on conçoit la métaphore comme le déplacement d'un simple terme, on ne peut comprendre sa valeur cognitive et son caractère souvent éclairant. Quand je dis (5), je suppose que Lise a des épines, que rose elle ne durera que ce que dure les roses, qu'elle a la délicatesse mais aussi la flamme d'une rose et pas la grâce et la froideur d'une tulipe, etc. Remarquons bien que nous n'avons absolument pas besoin de postuler qu'en disant (5), j'ai eu *l'intention* de dire tout cela et que c'est ainsi que s'explique la métaphore. L'*effet de sens* produit par la métaphore n'est nullement tributaire de l'intention et se rapporte simplement au transfert d'un schème.

(1) pose un problème différent. On a déjà indiqué qu'il s'agissait ici non pas de l'étiquette littérale « âne » qui est appliquée à Pierre mais d'une étiquette plus complexe qui est « représentation-âne » et constitue

déjà une métaphore, puisque la description-âne a été faite par l'importation dans le règne animal de termes provenant de la psychologie populaire humaine (quand je dis qu'un âne exemplifie l'étiquette «têtu» ou «borné»). (1) suppose donc le transfert d'un schème contenant déjà une réorganisation métaphorique provenant du règne H (règne humain) vers ce même règne H. On applique donc à un homme une étiquette qui constitue une description métaphorique d'un animal dont l'étiquette avec le réseau auquel elle appartient (contenant les prédicats métaphoriques qu'elle exemplifie) vient s'appliquer à Pierre. Pierre est ainsi caractérisé par des étiquettes s'appliquant littéralement à un homme mais le dénotant à travers leur application métaphorique à l'âne.

Le but n'est pas ici d'épuiser tous les cas particuliers de transferts métaphoriques. Ils sont finalement aussi nombreux qu'on peut en inventer, c'est-à-dire qu'il peut y avoir d'*initiatives métaphoriques*. Par exemple, si je dis

(6) Roland, c'est Don Juan

l'application d'un terme fictionnel comme «Don Juan» à Roland suppose que je lui applique métaphoriquement un prédicat «description-Don Juan», dans la mesure où «Don Juan» est une étiquette dont l'extension est nulle. Cette «description-Don Juan» exemplifie elle-même des étiquettes comme «séducteur», «bourreau des cœurs», etc., lesquels, de ce fait, s'appliquent métaphoriquement à Roland — métaphoriquement, car elles s'appliquent non pas directement mais par déplacement, et cela même si les prédicats exemplifiés par la description-Don Juan pouvaient s'appliquer littéralement, au moins pour le premier (le second étant déjà évidemment une métaphore) à Roland. En effet, (6) est très différent de

(7) Roland est le père d'Emmanuel

car (7) ne suppose évidemment aucun déplacement[13].

La connaissance métaphorique

C'est moins la description détaillée des mécanismes de la métaphore qui importe ici que son usage cognitif. Si la métaphore peut bien nous apprendre quelque chose, c'est qu'elle n'est ni l'usage vague d'une terme ni son usage ambigu. (Les analyses qui précèdent impliquent que les termes ne sont pas vagues ou ambigus en eux-mêmes. C'est seulement la façon dont on les emploie qui peut les rendre tels. Je ne me prononce pas sur la question de savoir si à un usage vague correspond une réalité elle-même vague.)

L'usage d'un terme est vague si l'on est incapable de déterminer quelles sont les limites de son extension. C'est, on le sait depuis les Grecs anciens, le cas du mot «tas». L'usage d'un terme est ambigu s'il a deux extensions disjointes. C'est le cas du mot «vers» (lorsqu'il s'applique selon une disjonction exclusive, aux éléments d'un poème ou à des animaux rampants). L'usage métaphorique d'un terme n'est ni vague ni ambigu. Une métaphore est un transfert dans l'application d'un terme et pas une application indéterminée ou une double extension.

L'usage vague ou l'usage ambigu d'un terme sont des obstacles à la connaissance (à moins évidemment qu'on reconnaisse, dans le cas du vague, une réalité vague à laquelle un usage se conformerait). Car, même si on peut se proposer de produire une logique du vague[14], voire une logique de l'ambiguïté[15], il reste que la connaissance consiste alors à soupçonner le caractère vague de l'usage d'un terme ou son caractère ambigu et pas à l'utiliser *ès-qualité*, c'est-à-dire comme vague ou ambigu. Montrer, comme le fit Wittgenstein, que certains de nos concepts ont des frontières floues a constitué un apport tout à fait essentiel à la théorie de la connaissance (même si telle n'était sans doute pas son intention), mais *l'usage* d'un concept flou (même s'il est inévitable hors des domaines formalisés) constitue plutôt un obstacle à la connaissance.

La métaphore ne jouant ni sur le vague ni sur l'ambiguïté, on ne peut l'accuser de ces maux pour lui dénier une valeur cognitive. En effet, si le terme «âne» avait deux extensions distinctes, celle qu'il a dans (1) et celle qu'il aurait dans la proposition

Cet animal est un âne

dite d'un animal qui est effectivement un âne, on pourrait parler d'ambiguïté. Mais les deux extensions ne sont pas disjointes. On a vu que l'application métaphorique est *guidée* par l'application littérale et en dépend. Il ne s'agit donc pas d'ambiguïté. Et l'extension métaphorique ne constitue pas plus un usage relâché et donc vague de l'extension littérale puisque les limites de l'usage du terme «âne» sont modifiées mais pas effacées par la métaphore.

Certes une métaphore peut perdre par un usage répété de sa force novatrice, de sa capacité à réorganiser de façon éclairante un territoire. Les métaphores, dit-on alors, se refroidissent. Supposerait-on même qu'à force d'usage une métaphore n'en soit plus une, c'est-à-dire qu'un usage qui fut métaphorique devienne littéral, on aurait certes étendu l'usage de ce terme, mais on ne l'aurait pas rendu pour cela vague (des frontières qui se déplacent restent des frontières). Le rendre ambigu ne nous semble pas non plus possible. Les journalistes ont tant utilisé l'expression «une guerre sans merci contre les trafiquants de drogue » qu'ils en ont presque éliminé le caractère métaphorique. Du coup, le mot « guerre » a un usage plus étendu, mais il n'en pas pour autant deux extensions disjointes[16].

Ce qui importe donc dans la métaphore, c'est qu'elle apporte une connaissance : le schème auquel appartient l'étiquette transportée produisant par sa nouvelle application en territoire étranger une restructuration éclairante. A une amie qui ne connaît pas Roland, je transmettrai le concernant une connaissance beaucoup plus grande en disant a mon amie que c'est Don Juan, alors même que c'est littéralement faux mais métaphoriquement vrai, qu'en lui disant qu'il mesure 1 mètre 82, même si c'est littéralement vrai. Une rapide comparaison entre l'induction et la métaphore peut être ici utile. L'induction assure la connaissance par la projection d'un prédicat qui a déjà été projeté dans le passé. C'est la thèse bien connue de Goodman :

> Comme Hume, nous invoquons ici les répétitions passées, en attachant toutefois autant d'importance aux répétitions des termes explicitement employés pour décrire les phénomènes observés qu'aux répétitions dans les phénomènes eux-mêmes. Un peu comme Kant, nous disons que la validité d'une induction dépend non seulement de ce qui est mais aussi de son organisation. Or celle-ci est subordonnée au langage (...). En termes vagues, je pourrais donc définir ainsi les caractéristiques répétitives de l'expérience qui sous-tendent les projections valides : ce sont celles pour lesquelles nous avons adopté des prédicats que nous avons pris l'habitude de projeter[17].

Ce qui importe alors, c'est bien l'histoire du prédicat dans son usage littéral. En revanche, la métaphore assure la connaissance en violant une règle, c'est-à-dire une projection convenue et habituelle. L'induction est conservatrice, la métaphore innovante — mais ces caractéristiques sont purement descriptives et ne doivent certainement pas être considérées comme des jugements de valeur (ni dans un sens ni dans l'autre).

Nous devons alors expliquer comment nous employons le prédicat « vrai » dans la formule « métaphoriquement vrai ». Nous suivrons ici, au moins partiellement, une analyse proposée par C. Elgin dans *With Reference to Reference*[18]. Dans un article fameux, Tarski a montré que

> la possibilité même d'employer avec cohérence et en accord tant avec les principes de la logique qu'avec l'esprit du langage quotidien l'expression « proposition vraie », et partant la possibilité de construire une définition correcte de cette expression, semble fortement mise en question[19].

Pourquoi cela ? C'est que dans le langage quotidien pris comme un tout, on trouve aussi bien n'importe quelle proposition, des propositions contenant ces propositions et des propositions contenant les expressions « proposition vraie » et « dénote », par exemple. De ce fait, l'antinomie du menteur et l'antinomie des mots hétérologiques apparaissent inévitablement dans le langage pris comme un tout[20]. Soit

p = je mens
Si p est vrai, alors p est faux
Si p est faux, alors p est vrai.

Soit encore

q = non vrai de lui-même
q est vrai de lui-même, si et seulement si q n'est pas vrai de lui-même

Pour éviter de tels paradoxes, Tarski est conduit à considérer que ce qui définit l'usage du prédicat sémantique «vrai», c'est la formule

«p» est vrai si et seulement si p

dans laquelle «p» appartient au langage et p au méta-langage. La vérité est donc une convention qui consiste à définir les conditions de satisfaction d'un énoncé du langage dans le méta-langage. Le terme «vrai» est défini *en extension* et pas *en intension*[21], comme la somme des conditions récursives[22] de satisfaction des expressions du langage et cette définition relève du métalangage et pas du langage. Mais on ne définira jamais les conditions de vérité de *tout le langage*, car cela reconduirait automatiquement aux paradoxes logiques et à une définition inadéquate matériellement et incorrecte formellement. Le langage naturel contient son propre métalangage ; c'est en ce sens qu'il est universel et engendre des contradictions (il est donc inconsistant)[23].

Plutôt que de dénier toute valeur de vérité et dès lors toute valeur cognitive à la métaphore, nous proposons de nous servir d'une théorie de la vérité qui rende compte de tout ce que les métaphores *nous apprennent*. Sans partager les analyses de Lakoff et Johnson dans *Les métaphores dans la vie quotidienne*, il faut reconnaître que leur inventaire de toutes les connaissances qui sont exclusivement de nature métaphorique oblige presque à donner une solution telle qu'elle est ici proposée[24], sauf à recourir à une politique d'exclusion du domaine de la vérité de presque tout ce que nous disons quotidiennement, en faisant de la vérité un concept adapté seulement aux langages formalisés et à certains langages, particulièrement formalisés, des sciences physiques.

Sans se préoccuper de ce que Tarski aurait sans doute pensé de l'usage fait de sa théorie, on remarquera le profit qu'on en peut tirer. Il ne semble pas possible de dire qu'une définition de la vérité pour un langage suppose des règles sémantiques pour ce langage (ce que dit Tarski) et dénier toute valeur de vérité et toute valeur cognitive aux métaphores, dans la mesure où les règles sémantiques en question peuvent aussi bien être satisfaites par une proposition qui est une métaphore. Il suffit que la définition de la vérité suppose elle-même qu'il s'agit bien d'une métaphore. Pour le dire autrement, il suffit que la Convention (T) qui définit la vérité pour un langage intègre les conditions de vérité d'un langage métaphorique[25]. L'introduction de prédicats comme « littéral » ou « métaphorique » dans le méta-langage ne provoque aucun paradoxe logique. On ne voit pas en quoi ils rendraient la définition de la vérité matériellement inadéquate. Dès lors, pourquoi ne dirait-on pas que « p » est métaphoriquement vrai si et seulement si métaphoriquement p ?

Selon Pascal Engel,

> si (...) seuls les énoncés littéraux peuvent dire quelque chose qui soit strictement et littéralement vrai, il s'ensuit qu'il ne peut y avoir de vérités métaphoriques et que les métaphores n'ont pas de réelle valeur de connaissance. Mais ici aussi, tout dépend du sens que l'on donne à la notion de « valeur de connaissance », de la manière dont on analyse ce que comprennent les locuteurs d'un langage quand ils comprennent les énoncés de ce langage[26].

Cela paraît contestable, au moins si on accepte la théorie de la métaphore proposée ici à la suite de Goodman (et, dans une certaine mesure au moins, d'Aristote). S'il y a des vérités littérales, il y a alors certainement aussi des vérités métaphoriques. Comme le dit Scheffler,

> chaque phrase est vraie absolument sous la même condition : « ... » est vraie si et seulement.... Donc, « l'allumette s'enflamme » est vraie si et seulement si l'allumette s'est enflammée et « ses yeux s'enflamment » est vraie si et seulement si ses yeux se sont en fait enflammés. Que le premier « enflammé » n'ait pas la même extension que le second est un fait qui concerne ces deux répliques en particulier et pas un fait qui concerne ce que cela signifie pour les phrases respectives d'être vraies[27].

Cela ne signifie évidemment pas que les métaphores sont toutes vraies, pas plus que les phrases littérales ne le sont toutes. On pourrait presque dire exactement l'inverse de ce que dit Pascal Engel : les métaphores ont toujours une valeur *de* connaissance puisqu'elles sont vraies ou fausses, mais elles n'ont pas toujours une valeur *pour* la connaissance, parce que certaines sont fausses et d'autres aussi trivialement vraies que la plupart des énoncés littéraux. Engel dit que les métaphores suggèrent quelque chose et ne disent rien. Nous n'aurions aucun critère de compréhension d'un énoncé métaphorique. Cependant, identifier (quasiment) la compréhension d'un énoncé et la capacité de dire s'il est vrai me semble discutable. Ce que veut dire Engel, c'est que la métaphore est un phénomène strictement pragmatique et qu'il ne saurait y en avoir une théorie sémantique. A supposer que ce soit le cas, la présence flagrante de métaphores dans les sciences serait inquiétante. Par exemple, l'application du langage informatique à la psychologie cognitive est *nettement* métaphorique. Des étiquettes employées dans un domaine sont projetées dans l'autre domaine et ce transfert de schèmes produit une réorganisation du domaine-cible. Cette réorganisation a bien évidemment une valeur de connaissance et pour la connaissance. Dans les sciences, une métaphore utile est celle qui fonctionne comme hypothèse éclairante et, dans le meilleur des cas, testable. Elle est examinée par les membres de la communauté scientifique exactement comme peut l'être un ensemble d'énoncés littéraux. On ne peut donc pas dire que la métaphore n'a aucune valeur cognitive. Il y a même une *compétence métaphorique* au même titre qu'une compétence dans l'usage des propositions littérales. Comprendre *le registre de la vérité métaphorique* et savoir en user est une compétence proprement cognitive.

Une métaphore produit, dans le meilleur des cas, une réorganisation du règne où une étiquette transporte, par son transfert, tout un schème. C'est cela qui justifie qu'on parle de son rôle cognitif. A mon ami André qui me demande ce que je pense de Lise, je transmets une indéniable information en disant (5). Maintenant, André peut tout de même me dire que c'est faux, que Lise n'est pas une rose mais une tulipe. Il considèrera, pour telle ou telle raison que (5) est métaphoriquement faux. Une métaphore est donc ouverte à la discussion. C'est une raison de plus pour considérer qu'elle est objective ; elle ne relève pas d'un *sens métaphorique* qui serait caché dans la pensée de celui qui métaphorise. Ce qui nous intéresse dans une métaphore, c'est ce qu'elle nous fait savoir et qu'on ne sait que par elle. Par exemple, le texte qui suit montre comment une métaphore peut avoir un intérêt dans la mise en œuvre d'un programme de recherche scientifique. L'auteur commence en parlant de «comparaison», mais on s'aperçoit vite qu'il s'agit d'une métaphore, au sens indiqué.

> La comparaison avec l'ordinateur-machine cybernétique a été utile pour introduire la notion de «codage interne» du comportement. Elle présente toutefois l'inconvénient de laisser implicitement supposer que le cerveau fonctionne *comme* un ordinateur. L'analogie est trompeuse.
>
> Dans tout ordinateur construit par l'homme à ce jour, on distingue la bande magnétique-programme de la machine construite en *«dur»*. Le cerveau humain, lui, ne peut se concevoir seulement comme exécutant un quelconque programme introduit par les organes des sens. (...) La distinction classique *«hardware-software»* ne tient pas. D'autre part, il est évident que le cerveau de l'homme est capable de développer des stratégies de manière autonome[28].

Ce texte montre que l'enjeu d'un programme de recherche peut être la pertinence d'une métaphore ; en l'occurrence, il s'agit de répondre à la question : en quoi le terme «ordinateur» peut-il être appliqué au cerveau ? La métaphore a été utile, dit le texte. La discussion de cette métaphore constitue en elle-même un effort de connaissance[29]. Dans les sciences sociales, la structuration d'un champ de connaissance par une métaphore est fréquente. Les sciences sociales s'empruntent mutuellement des schèmes. Les géographes ont ainsi introduit récemment dans leur discipline le terme de système (et le schème auquel il appartient), transféré de la linguistique structurale. Les historiens ont pu aussi emprunter autrefois un schème de développement organique aux naturalistes. Il semble historiquement inexact de dire que les sciences progressent quand elles rejettent toute métaphore[30].

Toutes les métaphores sont-elles verbales ?

Si la thèse de la valeur cognitive de la métaphore est exacte, ne se limite-t-elle pas à la littérature, un art au sujet duquel, sans doute, les réticences à la thèse de la valeur cognitive de l'art sont les moins grandes ? Je pense que non et propose d'étendre cette thèse à *toutes les productions esthétiques*. Il suffit pour cela de montrer que la notion d'*étiquette* ne recouvre par seulement les mots mais n'importe quel *symbole*, pictural, musical, gestuel, etc. Une étiquette peut être une image ou un son[31].

Dans les écoles maternelles, les enfants ne sachant pas lire, les étiquettes placées au dessus ou au dessous de leurs porte-manteaux ne sont pas des noms mais des images. Supposons que la maîtresse d'école veuille étiqueter métaphoriquement les enfants. Elle remarque que le petit Clément a tel et tel comportement et qu'un tigre l'étiquetterait *métaphoriquement* bien. Elle collera donc une étiquette-tigre qui métaphoriquement dénote Clément. On ne voit pas bien en quoi il n'y aurait pas là une métaphore picturale. Au moins dans le cadre de la théorie de la métaphore que nous proposons, cela ne pose pas de problème particulier. Dans *Pierre et le loup* de Prokofiev, le son de la clarinette est une étiquette sonore qui dénote métaphoriquement le chat, et chaque protagoniste de l'histoire (ou chaque groupe de protagonistes) est ainsi dénoté métaphoriquement par une étiquette musicale spécifique. Remarquons que si le chat avait été dénoté métaphoriquement par un trombone ou une contrebasse, cela ne nous aurait pas paru correct (« *right* », comme dirait Goodman), à défaut d'employer ici le prédicat « vrai »[32].

Un geste peut étiqueter un individu ou une « raison sociale ». Les militaires se saluent d'une façon assez particulière et transférable. Un employé qui croise son directeur et le salue militairement pratique une métaphore gestuelle. En saluant ainsi, il transporte dans un domaine un symbole qui n'y a pas cours et fait ainsi apparaître ce qu'il considère être la nature exacte du rapport qu'il entretient avec son supérieur ou que son supérieur voudrait qu'il entretienne avec lui. La *dérision* consiste souvent ainsi à réétiqueter de façon métaphorique et l'exemple montre qu'elle peut être gestuelle. L'étudiant qui se prosterne devant le professeur (après l'examen) met de la même façon en évidence une réalité qui sera connue ainsi de tous ceux qui le voient faire.

On pourrait objecter qu'il y a une différence évidente entre étiquette verbale et ce que nous appelons «étiquette musicale», «étiquette picturale» ou «étiquette gestuelle» : les différentes occurences, c'est-à-dire les différentes répliques du même mot (type), sont identifiables et ce n'est plus le cas pour les sons, les images ou les gestes. Quand on dit (5), «rose» est repéré comme réplique du mot rose, alors que repérer des répliques de sons, d'images ou de gestes n'est pas possible. A cela, on peut répondre :

1) L'objection semble mal venue pour les métaphores musicales. Le son de clarinette est identifiable. Si un mot peut être «reconnu» par des procédures d'épellation, donc par un procédé purement mécanique, c'est aussi le cas d'un son, comme le montrent les instruments qui fonctionnent par reconnaissance vocale. Un étiquetage musical est donc tout à fait possible. On peut aussi penser à la reconnaissance d'un rythme. La procédure de reconnaissance consisterait à définir la récurrence d'un son dans le temps. Ainsi, qu'un son ou une série de sons puisse constituer une étiquette ne semble pas poser de problèmes véritables.

2) L'objection est plus ennuyeuse quand il s'agit de l'image. La raison en est qu'une image est syntaxiquement dense, c'est-à-dire non articulée. C'est dire qu'elle n'est pas constituée de *marques* discrètes appartenant à des *caractères* de telle façon qu'on puisse toujours déterminer l'appartenance d'une marque à un *seul* caractère, ainsi qu'on l'a montré dans le chapitre précédent. Les problèmes d'identification, dans un système pictural, doivent donc être posés de façon toute différente ; le critère de l'identification y sera inévitablement différent. L'étiquette constituée par une image, à la différence de celle que constitue un son (le son de la clarinette dans *Pierre et le loup*), sont des dépictions-quelque-chose. Ainsi, le tigre qui étiquette métaphoriquement le petit Clément n'est pas seulement cette image particulière, elle est une réplique de *l'image-tigre*. N'importe quelle image-tigre étiquettera métaphoriquement le petit Clément. Il ne s'agit plus de reconnaître une réplique par le procédé de l'épellation identifiante (la même série de marques dans le même ordre), mais par celui de la classification. Toute image exemplifiant l'étiquette «dépiction-de-tigre» est une étiquette-tigre. En d'autres termes, le problème n'est *nullement* celui de la ressemblance des étiquettes, mais celui

de l'exemplification par les étiquettes d'un même prédicat («dépiction-x»), exemplification qui conduit à en faire les occurences du même type. Le raisonnement sera le même pour un geste. Le salut militaire exemplifie le «geste-salut militaire»[33] et peut ainsi être identifié. C'est pourquoi il peut aussi constituer une étiquette.

Ainsi, nous ne sommes nullement tenus de limiter la théorie de la métaphore au langage verbal. Les systèmes symboliques ayant comme étiquettes des sons, des images ou des gestes permettent eux aussi le fonctionnement symbolique de ces étiquettes.

Cela explique aussi, au moins partiellement, les correspondances que nous pouvons faire entre les différents arts. Non pas que ces correspondances reposent sur une «identité d'intention cosmique», comme le dit joliment, mais un peu obscurément tout de même, Etienne Souriau[34]. On peut cependant mettre en évidence un entrecroisement entre des déplacements symboliques. Ainsi on peut, en suivant cette fois Souriau[35], faire se correspondre une fugue de Bach et les combinaisons linéaires des lambrequins décoratifs sur la panse d'une faïence d'Urbin. La fugue en effet est étiquetée métaphoriquement par l'expression «lambrequins décoratifs sur la panse d'une faïence d'Urbin» et les lambrequins sur la faïence sont étiquetés «fugue bachienne». La correspondance dans ce cas consiste non seulement en une métaphore, mais en un échange respectif des prédicats qui ne changent pas simplement de domaine mais même de systèmes symboliques. Une étiquette-son est transférée dans le règne de l'arabesque (système pictural) et une étiquette-arabesque transférée dans le règne du son (système musical).

E. Souriau dit (métaphoriquement) que la métaphore est la «peste de l'esthétique comparée»[36]. Mais, à le lire, il me semble qu'il ne rejette que les métaphores *fausses*. Par exemple, parler du *Blue boy* de Gainsborough en disant que «c'est une symphonie en bleu majeur». Souriau explique ainsi :

> Quiconque a des notions suffisantes de musique, de peinture, entrevoit la possibilité d'un ensemble de couleurs qui puisse évoquer l'accord majeur, en prenant le bleu pour tonique. Que dans le manteau bleu, la tunique rouge, la chevelure blonde d'un tableau de l'école de Raphaël, on puisse trouver l'équivalent d'une tonique, d'une dominante, d'une médiante, rien d'impossible. Mais un tableau que signale, au contraire, une prédominance exclusive des tons bleus, en diverses nuances délicatement et habilement mariées de façon à rester homogènes, harmonieuses, à constituer un accord entièrement pris dans une étroite région du spectre ; de façon à faire chanter merveilleusement des teintes extrêmement voisines (assez voisines pour être désignées universellement par cet unique terme, assurément un peu grossièrement syncrétique : du bleu) ; un tel fait esthétique sera précisément l'opposé de ce qu'évoquait notre idée d'accord majeur, fondé sur cette tonique du bleu[37].

Ce texte montre que *n'importe quelle métaphore n'est pas possible* et qu'une métaphore n'est pas simplement une proposition littéralement fausse mais suggestive. Car «c'est une symphonie en bleu majeur», à suivre Souriau, n'est pas seulement littéralement faux, mais *métaphoriquement faux*. Et faux parce qu'il manque à celui qui affirme cela, «des notions suffisantes de musique et de peinture», c'est-à-dire des *anticipations adéquates*[38]. De plus, une telle métaphore *ne fait pas fonctionner* l'œuvre de Gainsborough ; la métaphore étant incorrecte, elle ne donne pas le moyen d'apprécier le tableau. Elle est erronée, elle nous trompe sur ce qu'est le tableau.

La correspondance des arts apparaît ainsi comme l'emprunt d'un prédicat qui s'applique littéralement dans un art pour son application *métaphorique* dans un autre art.

2. L'EXPRESSION

La théorie de la métaphore qui vient d'être développée est une explication extensionnaliste de la référence *oblique*. Elle va permettre de développer, à la lumière des analyses goodmaniennes, une théorie nominaliste, ou plus exactement inscriptionnaliste, de l'expression. Une telle théorie explique le phénomène de l'expression par rien d'autre que les particularités du fonctionnement sémantique des prédicats en jeu, et ces prédicats sont traités commes des inscriptions.

L'expression n'est pas mentale

Cette théorie, pour être extensionnaliste et inscriptionnaliste, pourrait néanmoins être mentaliste. On pourrait en effet considérer que les prédicats qui dénotent métaphoriquement ou ceux qui sont exemplifiés sont des entités mentales. Le nominalisme est, comme le montre le cas d'Ockham, parfaitement compatible avec le mentalisme, c'est-à-dire l'affirmation qu'il y a des événements, voire des entités, mentaux[39]. Il suffit en effet de considérer ces événements ou ces entités comme singulières pour rester dans le cadre du nominalisme. La théorie de l'expression qui est développée ici ne fait donc nullement appel à l'idée d'un événement mental ou d'une entité mentale comme étiquette exprimée par une œuvre.

Je distingue strictement quatre prédicats (que l'on confond souvent) : «exprimer x», «s'exprimer», «exprimer x dans y» (ou «à travers y», «par l'intermédiaire de y») et «exprimer son x dans y». On dira :

(a) Ce tableau de Van Gogh exprime la tristesse
(b) Van Gogh s'exprime
(c) Van Gogh dans ce tableau exprime la tristesse
(d) Van Gogh dans ce tableau exprime *sa* tristesse

1) (b) est une relation tout à fait particulière dans laquelle ce qui exprime et ce qui exprimé ne font qu'un. On est ici dans un cas typique d'*indexicalité*. Le problème posé par un tel prédicat ne nous concerne pas ici car il pose moins de problème à une théorie de l'expression qu'à une théorie de la référence indexicale qui aurait aussi à traiter de propositions comme «Van Gogh se lève», «Van Gogh se mouche», «Van Gogh se lave», etc.[40]

2) (c) est une relation à trois termes du type «x exprime y dans z». Mais elle peut aisément être ramenée à une relation dyadique. Il suffira d'une part de considérer que «tableau de Van Gogh» et «Van Gogh dans ce tableau» sont équivalents et, d'autre part, de considérer «tableau-de-Van Gogh» comme un prédicat insécable.

3) (d) est une relation à quatre termes, mais qui ne semble pas pouvoir être ramenée à deux termes. On semble en effet obligé de s'arrêter à une réduction à trois. «Ce tableau-de-Van-Gogh exprime *sa* tristesse» est de la forme «x exprime y de u». Toutefois, deux raisons militent en faveur d'une réduction à deux termes.

– Une simple possibilité logique : on peut traiter «exprimer y de u» comme un prédicat à *un seul terme* en disant «exprimer y^u». «y^u» étant ainsi mis ici pour «tristesse-Van Gogh» ou «être-triste-Van Gogh»[41]. S'agissant de la tristesse de Rimbaud, on aurait un autre prédicat noté «y^r».

– Un doute : comment savoir jamais que Van Gogh a bien exprimé *sa* tristesse? On est d'une part reconduit au problème de la référence à soi. D'autre part, une théorie de l'expression n'est pas une psychologie des artistes. Comme le dit Goodman :

> Que l'acteur ait été déprimé, l'artiste sublime, le spectateur sombre, nostalgique ou euphorique, le sujet inanimé, cela ne détermine pas que le visage ou l'image soit triste ou non. Le visage avenant de l'hypocrite exprime la sollicitude; et des rochers peints par un artiste flegmatique peuvent exprimer l'agitation[42].

Que Van Gogh ait ressenti de la tristesse avant ou pendant qu'il peignait le tableau, qu'il ait même ressenti jamais tel ou tel sentiment ou telle ou telle pensée dont on suppose que tel tableau l'exprime, n'est une condition ni nécessaire ni suffisante pour que le tableau l'exprime. La sollicitude peut se lire sur le visage de l'hypocrite et alors, indéniablement, *il l'exprime*.

Rejetons totalement l'idée selon laquelle l'expression serait déterminée par *le principe d'exprimabilité* dont on trouve la formulation la plus précise chez Searle :

> Pour toute signification X, et pour tout locuteur L, chaque fois que L veut signifier (a l'intention de transmettre, désire communiquer, etc.) X, alors il est possible qu'il existe une expression E, telle que E soit l'expression exacte ou la formulation exacte de X[43].

Le phénomène de l'expression serait alors expliqué de la façon suivante (qu'on ne trouve pas sous cette forme chez Searle) :

> Pour toute expression (*i.e.*, objet qui exprime) E, il existe une signification X, telle qu'elle est exprimée par L dans E et transmise ainsi à D.

E est donc un *medium*, un intermédiaire grâce auquel se réalise la transmission à un individu D de ce que ressent ou pense un individu L.

Mais cette thèse paraît peu crédible. Supposons en effet que L ait pensé (ou ressenti) et eu l'intention de communiquer la signification X à D en faisant le tableau E (qui est l'expression intentionnelle de ce qu'il veut transmettre à D). Or, D face à E pense ou ressent non pas X mais Y. Dira-t-on que E n'exprime pas Y mais X et que D se trompe ? Comment pourrait-on être sûr qu'il se trompe ? Supposons même qu'on puisse demander à L et qu'il confirme qu'il a bien voulu exprimer X et pas Y. Cela est-il une raison suffisante pour penser que c'est bien X et pas Y que E exprime ? Pourquoi ne serait-ce pas L qui se tromperait sur ce que signifie ce qu'il a dit (ou fait) ? On se trouve ici devant tous les problèmes posés par la relation de l'auteur à son œuvre. Il semble que, dans cette perspective, on ne trouvera aucune solution tenable au problème de l'expression parce qu'on cherche à s'assurer d'une relation entre L et ce qu'il exprime qui, de toute façon, ne détermine en rien ce que E exprime. Il faut à nouveau répéter que les sentiments ou les pensées de «l'auteur» ne sont des conditions ni nécessaires ni suffisantes — et en tous les cas nullement explicatives — de ce que l'œuvre exprime.

Inscription *versus* intension

La thèse selon laquelle ce qui est exprimé par une œuvre est une réalité intensionnelle ne semble pas plus nécessaire à l'élucidation de l'expression que la thèse mentaliste. Par «réalité intensionnelle», j'entends une propriété traitée comme une chose ou, autrement dit, *réifiée*. Ainsi, quand on dit «la tristesse», «la joie», «l'angoisse», au lieu de dire «être triste», «être joyeux», «être angoissé». Evidemment, dans la façon courante de parler, cela n'a pas d'importance et ne devient gênant qu'en prenant la forme théorique (et, plus précisément, ontologique) suivante. Un tableau peut dépeindre un paysage, un personnage, un objet, etc. Mais il ne dépeint pas la tristesse. On va alors préférer dire qu'il l'exprime. Qu'est-ce qu'on peut reprocher à cette thèse?

Dans un contexte *extensionnel*, on peut aisément pratiquer la substitution des identiques. Par exemple, si je dis

Le père de Line est le deuxième homme en partant de la droite

et

Le père de Maud est le deuxième homme en partant de la droite

on en conclura que cet homme a au moins deux filles qui sont Line et Maud. On peut remplacer les expressions «père de Line» et «père de Maud» l'une par l'autre parce qu'on a le moyen de déterminer, dans un tel contexte, que deux expressions sont *équivalentes*. Chacun sait maintenant que lorsqu'un énoncé contient un verbe d'attitude propositionnelle (comme «penser que», «vouloir que», «espérer que», etc.) ce n'est plus possible. Dans l'énoncé

Pierre sait que le père de Line est le deuxième homme en partant de la droite

on ne peut substituer «père de Maud» à «père de Line», parce que Pierre pourrait ne pas le savoir. L'énoncé deviendrait faux s'il ne le savait pas, alors même qu'on a simplement substitué dans cet énoncé une expression à une autre équivalente. Supposons maintenant que je dise

Ce tableau de Van Gogh exprime la tristesse

et

Ce tableau de Cézanne exprime la tristesse

Comment répondre à la question: «Est-ce la même tristesse?». Nous sommes ici dans un contexte *intensionnel* du seul fait que nous supposons que ce qui est exprimé est une réalité intensionnelle et que les critères d'identité ne sont plus ceux de la substitution de deux expressions coextensives. Comment saurons-nous ici si les deux tableaux expriment la *même chose*? Qu'est-ce qui pourra jamais nous l'assurer?

Dira-t-on que cette question ne se pose pas car ce qui est exprimé c'est la tristesse de Van Gogh dans un cas et la tristesse de Cézanne dans l'autre cas? On est reconduit au problème de l'identification de *cette* tristesse comme étant celle de Van Gogh ou de Cézanne, c'est-à-dire au problème des indexicaux. Dira-t-on que c'est nécessairement la même parce que «la tristesse» est une essence commune à toutes les choses tristes ? On aboutit là à une théorie essentialiste. On doit alors expliquer comment il est possible qu'une réalité sensible *exprime* une réalité intelligible. Ce n'est plus une théorie de l'expression dont on a besoin mais d'une *théorie de la participation*. Je ne peux évidemment pas prétendre qu'il est impossible d'avoir une telle théorie. Mais il me semble que Platon lui-même pensait qu'elle n'était pas sans poser de graves difficultés, ainsi qu'il le montre dans le *Parménide*. Quoi qu'il en soit, cela dépasse nettement l'investissement métaphysique qu'on entend ici se permettre. Je ne crois pas qu'une théorie de l'expression doive nécessairement en passer par là et faire le détour par une théorie des essences. La plupart des phénomènes expressifs dans le domaine de l'esthétique, voire de façon plus générale dans celui de la psychologie (de la *folk psychology*), peuvent être expliqués sans une telle théorie, tout comme ils peuvent être expliqués sans supposer un esprit qui a l'intention d'exprimer quelque chose dans des œuvres.

On peut en effet éviter de faire entrer la question de l'expression dans un contexte intensionnel en considérant que ce qu'une œuvre (un visage, une idée, etc.) exprime n'est pas une réalité intensionnelle mais un *prédicat*. Ainsi la proposition

Ce tableau exprime la tristesse

peut être ainsi paraphrasée

Ce tableau exprime «être triste»[44]

On dira que le problème de l'identité reste entier. Comment savoir si c'est *le même* prédicat qui est exemplifié ? Par prédicat je n'entends pas seulement une expression signifiante, mais une *inscription*. Ce qui est ici exprimé, ce n'est donc rien d'autre qu'une inscription et pas du tout un concept, entité intensionnelle indépendante, qui serait signifié par le prédicat. Il n'y a pas d'une part l'inscription «être triste» et d'autre part ce qu'elle signifie ; c'est l'inscription *elle-même* qui constitue ce qui est exprimé en tant qu'elle fait l'objet d'un usage dans une communauté linguistique. Autrement dit encore, ce qui est exemplifié est une inscription dont les répliques sont d'usage dans une communauté linguistique. La signification est fonction de l'usage de cette inscription (de ses répliques). Elle réside dans cet usage même. L'inscriptionnalisme est une forme sans concession (me semble-t-il) de nominalisme — sans concession à tout ce dont un nominaliste veut se passer : essences, classes, significations, Formes, et attributs. Si le terme inscriptionnalisme est ici préféré, c'est qu'il montre peut être encore mieux que celui de nominalisme ce qui est en question.

L'exemplification

Avant de donner pour elle-même une théorie de l'expression, il convient de mieux expliciter celle de l'exemplification. J'ai déjà recouru à la notion d'exemplification, mais sa théorie (inscriptionnaliste) est restée implicite. D'une façon générale,

x *exemplifie* y si et seulement si
(i) x réfère à y
(ii) x est une instance (un cas) de y (c'est-à-dire un objet tel qu'il soit étiqueté par le prédicat y).

Ainsi un échantillon de tailleur exemplifie, par exemple, «être bleu», «être en coton», «être épais», «être fabriqué à Lille». Dans l'exemplification, ce n'est pas le prédicat qui réfère à l'objet (ce qui est la dénotation) mais l'objet qui réfère au prédicat. «Etre en coton» est un prédicat qui dénote tous les objets en coton. Autrement dit encore, c'est une inscription telle que chacune de ses répliques dénote les objets en coton. Il y a *exemplification* si et seulement si l'objet dénote le prédicat, c'est-à-dire réfère à l'inscription, et que l'inscription est une réplique de l'inscription qui dénote l'objet. La relation d'exemplification est donc une sous-relation de la converse de la dénotation[45]. C'est la converse puisque pour que x exemplifie y, il faut que y dénote x. C'est seulement une sous-relation dans la mesure où il ne suffit pas que y dénote x pour que x exemplifie y, mais, *en plus*, x doit être une instance de y.

Ce qui est exemplifié, comme le montre C. Elgin[46], ce n'est pas l'extension du prédicat, les objets qu'il dénote, mais le prédicat, c'est-à-dire l'inscription elle-même. Si c'était l'extension, on ne pourrait rendre compte de la possibilité pour une image d'exemplifier des prédicats qui ne dénotent rien (*i.e.*, dont l'extension est nulle). Par exemple, le prédicat «être une licorne» a une extension nulle (dans la mesure où aucun objet n'est dénoté par un tel prédicat). Mais l'inscription *elle-même* peut fort bien faire *l'objet* (et ce n'est pas du tout ici une façon de parler, il s'agit bien d'un objet au sens le plus obvie du terme, et pas d'un objet non existant, d'un objet imaginaire, ou quoi que ce soit de cet ordre) d'une référence par une image. On dira donc d'une part, qu'une image-de-licorne (ou, même, si l'on veut, une image-licorne) exemplifie le prédicat «image-de-licorne», ce que disent Goodman et Elgin. Mais j'ajoute que l'image exemplifie aussi l'inscription «licorne» qui, d'une certaine façon, ne dénote *rien*, mais parce qu'elle sert à classer les images-licornes dénote non pas des licornes mais des objets qui réfèrent (en l'exemplifiant) à cette inscription grâce à laquelle il sont classés (comme images-de-licornes).

De plus, si un objet exemplifiait l'extension du prédicat qu'il exemplifie, et non le prédicat lui-même, les prédicats coextensifs entraîneraient une importante difficulté : un objet exemplifiant le prédicat z exemplifierait nécessairement le prédicat y coextensif de z. « Bipède sans plumes » et « animal rationnel » sont coextensifs. Mais un marathonien exemplifie le premier prédicat et pas le second. La substituabilité des prédicats coextensifs, caractéristiques des contextes extensionnels, est ici embarrassante. Mais seulement si que ce qui est exemplifié est l'extension du prédicat. Et tel n'est pas le cas puisque c'est l'inscription elle-même qui est exemplifiée. Ainsi, ce qui peut être substitué à « bipède sans plumes », exemplifié par un marathonien, n'est pas l'extension d'un prédicat coextensif comme « être rationnel », mais n'importe quelle autre *réplique* de l'inscription.

Un prédicat en tant qu'inscription est donc une réalité qui appartient elle-même à l'extension du prédicat « être une réplique de l'inscription ». Par exemple, « x exemplifie y » peut être paraphrasé de façon strictement extensionnelle par

$(\exists x) (\exists y) (EX (x, y) \wedge R^y(y))$

formule dans laquelle EX est le prédicat « exprimer » et R^y est le prédicat « être une réplique de l'inscription y ».

Quand y a-t-il expression ?

On dira que « *x* exprime *y* » si et seulement si
(i) *x* réfère à *y*
(ii) *x* est *métaphoriquement* une instance de *y*

Une sculpture comme *Le baiser* de Rodin exemplifie métaphoriquement plusieurs prédicats :
(a) « (être l') amour »,
(b) « (être une) mine d'or » (pour son éventuel possesseur),
(c) « (être un) coup d'éclat » (dans l'histoire de la sculpture).

Bien évidemment seul (a) est exprimé même si les autres prédicats sont eux aussi exemplifiés métaphoriquement par la sculpture. Il faut donc ajouter une troisième exigence[47] :
(iii) *x* fonctionne comme *symbole esthétique*.

Quand l'objet exemplifie les prédicat (b) et (c), ce n'est pas comme symbole esthétique qu'il est considéré, mais comme symbole financier ou comme symbole historique.

Il ne s'agit pas de dire que toute œuvre d'art *doit être expressive*. L'ambition n'est *aucunement* de fixer des limites, d'accorder des brevets d'esthétique, bref de se livrer à un travail normatif en un sens étroit, celui auquel est le plus souvent conduit, à juste titre puisque c'est *son* travail, le critique d'art. Je remarque simplement que nombre d'objets fonctionnant esthétiquement sont expressifs, c'est-à-dire exemplifient métaphoriquement des prédicats. L'expression n'est donc *pas un critère de l'esthétique*, c'est un *symptôme*, c'est-à-dire une caractéristique fréquente, ni nécessaire ni suffisante par elle-même pour une définition. Il semble simplement que la fréquence de cette caractéristique lui accorde un statut tout particulier. Si plus personne ne pense qu'une œuvre d'art doit figurer quelque chose, on imagine mal une œuvre d'art qui n'exprimerait rien pour personne. L'expressivité reste un symptôme, parce que, bien évidemment, je ne suis pas enclin à parler d'essence. Disons que c'est, comme dirait Locke, une *essence nominale*.

L'analyse nominaliste de la notion d'expression conduit donc à affirmer : *un objet est expressif quand il exemplifie métaphoriquement des prédicats (inscriptions) en tant que symbole esthétique*. Ce que nous désignons comme «esthétique» serait une relation logique particulière entre deux objets dans un domaine particulier où il s'agit essentiellement d'art. Les amateurs de définitions qui sont autant de règles pourront penser qu'on ne tient pas là quelque chose de bien utile puisque c'est le *contexte* qui finalement détermine qu'il s'agit d'esthétique. Certes, cela peut paraître décevant. Mais il est clair qu'un symptôme ne fonctionne comme symptôme qu'en contexte. Supposons un médecin qui rencontre une jeune femme a la peau très blanche. Ce même symptôme peut fonctionner médicalement dans son cabinet et dans le cadre d'une consultation (manque de magnésium, état de fatigue, etc.) ou fonctionner amoureusement dans une soirée en tête à tête (le médecin aime les femmes à la peau très blanche), voire fonctionner esthétiquement si le médecin est aussi poète et pense à une métaphore particulièrement adaptée pour donner à connaître et à apprécier cette blancheur. De la même façon, un même symptôme (l'exemplification métaphorique) sera caractérisé comme esthétique dans un contexte et pas dans l'autre[48].

Exprimer, faire allusion, illustrer, et évoquer

Le plus important est de montrer la spécificité de l'expression afin d'éviter la confusion avec l'allusion, l'illustration et l'évocation.

1) Je peux faire allusion à Hegel, par exemple, en décrivant une œuvre qui n'est pas philosophique. Je considèrerai alors un prédicat exemplifié

par l'œuvre de Hegel comme «identification du rationnel et du réel». Hegel en effet n'affirme pas seulement une telle identité, mais, en quelque sorte, la *pratique* dans son œuvre. Il n'y a donc pas métaphore et de ce fait on ne peut pas dire que ce prédicat est exprimé puisqu'il est *littéralement* et non *métaphoriquement* exemplifié. Quand on dit d'une œuvre qu'elle est «hégélienne», ce n'est pas parce qu'elle exprime le hégélianisme (ou la hégélianité). On fait simplement *allusion* à Hegel en décrivant cette œuvre comme dénotée par un prédicat qui est exemplifié par l'œuvre de Hegel. L'œuvre à laquelle on fait référence exemplifie donc le même prédicat (ou la même inscription). L'allusion en ce sens est une opération cognitive tout à fait intéressante. Il faut trouver le prédicat qui *fait mouche*. L'allusion *perfide* consiste justement à rapprocher deux objets en trouvant un prédicat exemplifié par les deux objets alors même qu'on pensait qu'il n'y en avait pas. Une situation est dite «cornélienne» si on considère qu'elle est dénotée par un prédicat qu'exemplifient les situations dans les pièces de Corneille.

2) Il ne faut pas confondre exprimer et illustrer. L'illustration est un cas particulier de l'exemplification littérale. x illustre y quand

(i) x réfère à y
(ii) x exemplifie le prédicat «description de y».

Un échantillon de tissu peut exemplifier «être en coton». Mais s'il exemplifie le prédicat «être un échantillon», alors il illustre l'échantillon. C'est bien comme cela que fonctionnerait l'échantillon dans une conférence faite par un spécialiste des tissus qui dirait : «Je veux parler d'un échantillon, c'est-à-dire de quelque chose comme ceci», et montrerait un échantillon qui illustrerait l'échantillon, c'est-à-dire exemplifierait «être une description-échantillon». De la même façon, une illustration dans un livre portant sur une œuvre d'art sera un objet (une reproduction) qui réfère non pas à cette œuvre mais à sa description dans le livre qu'on lui consacre. En ce sens, un «livre d'art» dans lequel on ne fait que donner des reproductions des œuvres d'un peintre, sans les commenter, ne contient pas d'illustrations. L'illustration suppose que l'image, en l'occurrence, ne soit pas simplement une reproduction de l'œuvre mais soit présentée explicitement comme exemplifiant des prédicats-descriptions de l'œuvre. Une reproduction ne se donne pas comme une illustration mais comme un *substitut*.

3) Quant à l'évocation, sa confusion avec l'expression est particulièrement malheureuse. La relation en jeu ne suppose pas une référence de ce qui est évoqué à ce qui évoque, mais une *association* entre les deux. Une œuvre pourrait exprimer la joie et évoquer la nostalgie parce qu'elle

est associée à ce sentiment. *L'évocation est donc l'association à un objet de l'impression qu'il produit sur nous.* Rien n'est connu de l'objet lui-même dans ce cas. Hélas, bien souvent, on croit que ce qu'exprime un objet est ce qu'il évoque (pour nous). Et la critique d'art se cantonne parfois dans l'évocation, c'est-à-dire dans un discours non pas sur l'objet mais sur les impressions que nous lui associons.

3. CONNAÎTRE ET INTERPRÉTER

L'interprétation

Un objet exprime un prédicat qu'il exemplifie métaphoriquement en tant qu'œuvre d'art. Mais un telle thèse ne dit rien concernant la façon dont au saura quel prédicat un objet exprime. Le problème a déjà été abordé : la même peau blanche d'une jeune femme peut exprimer ou pas quelque chose en fonction du contexte. Mais, il faut remarquer qu'on se plaçait alors dans des systèmes symboliques distincts selon les contextes. Dans le cabinet du médecin, la peau blanche n'exprime pas mais fonctionne comme symptôme de telle ou telle maladie. Dans une œuvre d'art, la peau blanche peut devenir expressive. En passant de son cabinet à l'exposition, le médecin esthète n'a pas changé simplement de contexte, mais de système de représentation. Cela suppose qu'il *interprète* différemment ce qui peut apparaître comme étant la même chose. Faire fonctionner esthétiquement un objet, c'est donc être à même de déterminer comment il fonctionne symboliquement. Il s'agit alors de trouver les *bons* prédicats, ceux qui déterminent les classements les plus intéressants de l'objet (relativement au contexte), c'est-à-dire ceux qui lui permettent de fonctionner de la façon la plus complète. Interpréter, consiste à trouver les prédicats adéquats au fonctionnement symbolique d'un objet dans tel ou tel système symbolique.

Interpréter, ce n'est pas donc révéler la signification de quelque chose en mettant au jour un sens latent, selon la définition qui prévaut largement, c'est trouver les prédicats auxquels une œuvre réfère en les exemplifiant littéralement, métaphoriquement ou en les exprimant, de telle façon que son fonctionnement symbolique soit effectif. On peut ainsi ne jamais rien faire fonctionner esthétiquement. Le médecin qui devant *Le déjeuner sur l'herbe* de Manet se dit simplement que la jeune femme ne doit pas être en bonne santé, ne sait simplement pas *interpréter* l'œuvre. Il fait une *erreur symbolique* (comme Ryle parlait d'erreur catégorielle) en ne faisant pas fonctionner le tableau de façon expressive mais platement (et médicalement) symptomatique.

Le mode d'exposition au musée, comme l'a montré Goodman[49], constitue, de la part de ceux qui le mettent en place, une interprétation de l'œuvre. Car, en plaçant telle œuvre entre telle et telle autre œuvre, ou au contraire en l'isolant, les conservateurs proposent de faire fonctionner l'œuvre d'une certaine façon. Il ne serait pas innocent de faire voir l'un à côté de l'autre *Le baiser* de Rodin et *Le baiser* de Brancusi. Les deux œuvres dénotent la même chose mais diffèrent extrêmement par ce qu'elles exemplifient littéralement et surtout métaphoriquement. Si la sculpture de Rodin exprime la tendresse, ce n'est certainement pas le cas de celle de Brancusi. En revanche, la sculpture de Brancusi exprime un état de fusion extrême alors que celle de Rodin exprimerait la liberté des deux êtres qui s'enlacent. On distinguerait ainsi la dialectique subtile du baiser rodinien et la réduction sévère du baiser brancusien.

Le mode d'exposition encore très commun qui consiste à présenter les œuvres de façon chronologique produit lui aussi, dès qu'on y pense, un mode de fonctionnement très particulier des œuvres. Chaque peinture fonctionne de façon moins expressive qu'allusive d'une période historique. L'étiquette «XVIIe siècle» par exemple dénote toutes les œuvres de la «salle du XVIIe siècle» et cette même étiquette est exemplifiée par des évènements historiques. On est alors invité à apprécier l'allusion (à quoi pourrait ainsi se ramener, pour un nominaliste, l'idée que les œuvres «expriment» leur époque). Chaque œuvre devient aussi exemplaire d'une étape dans un processus dont on peut suggérer qu'il est linéaire et constitue une forme de progrès. Bref, tout cela n'est pas innocent et constitue bien une interprétation des œuvres.

Sans trop s'essayer à la critique d'art, on voit ce en quoi consiste l'interprétation. A faire jouer les relations symboliques, à faire preuve d'intelligence dans l'enchaînement logique des dénotations et exemplifications de toutes natures (on ne suggère évidemment pas ici y être parvenu!). Une activité de connaissance, sans aucun doute, dans laquelle il s'agit d'essayer différentes classifications afin de proposer celle ou celles qui nous paraissent la ou les plus adéquates au fonctionnement symbolique de l'œuvre ou d'un ensemble d'œuvres. Bien sûr, la possibilité de fonctionnement multiple doit elle-même être préservée. Proposer la même œuvre dans une multiplicité de rapprochements historiques, thématiques, stylistiques, faire se correspondre les arts de la façon décrite, c'est cela *faire fonctionner symboliquement l'œuvre*. L'idée qu'il y a là quelque spontanéité, quelque immédiateté qui pourrait se passer de tout travail intellectuel, de tout effort de connaissance, qui serait de l'ordre d'une pure appréhension, paraît tout à fait improbable.

A nouveau, le plaisir

Sur tout cet effort intellectuel d'interprétation des œuvres par leur fonctionnement symbolique survient un plaisir particulier, dont on a parlé à la fin du chapitre I. N'en pas éprouver indique plutôt notre incapacité à faire fonctionner symboliquement une œuvre que le caractère non esthétique de l'objet, même si on ne voit pas en quoi il serait *nécessaire* que l'œuvre d'art produise du plaisir. S'il y a survenance du plaisir sur l'activité cognitive, pour autant la base de survenance ne détermine pas l'apparition du plaisir. La relation de survenance suppose la co-variance, mais n'est pas une relation de détermination de la famille survenante par la base de survenance[50]. Il semble même qu'une des caractéristiques de certaines œuvres modernes, celles de Mondrian ou de Webern par exemple, ne soient pas précisément de procurer un plaisir, sauf à prendre ce terme dans un sens si édulcoré que nous serions vite reconduits à l'idée qu'il s'agit en fait d'un fonctionnement tout à fait cognitif.

La thèse défendue, et je tiens a insister sur ce point, ne revient nullement à une froide sur-intellectualisation de l'expérience esthétique. (Ce n'est pas une théorie de pisse-froid !) Comme le dit Goodman :

> Il s'agit moins de déposséder ici l'expérience esthétique des émotions que d'en doter l'entendement. Le fait que les émotions soient partie prenante de la démarche cognitive n'implique pas davantage qu'elle ne sont pas ressenties que le fait que la vision nous aide à découvrir les propriétés des objets implique qu'il ne se produit pas de sensations-de-couleur. Il ne fait pas de doute que les émotions doivent être ressenties — c'est-à-dire qu'elles doivent se produire, tout comme les sensations — si on doit en faire un usage cognitivement. L'usage cognitif suppose leur différenciation et leur mise en rapport afin de jauger et de saisir l'œuvre, et de l'intégrer au reste de notre expérience et au monde extérieur. S'il est l'opposé d'une absorption passive dans les sensations et les émotions, il ne revient en aucune façon à les annuler. Et il explique les modifications que peuvent subir les émotions dans l'expérience esthétique[51].

Cela suppose qu'on renonce à une théorie kantienne du plaisir esthétique et à l'idée (non kantienne) que l'émotion esthétique serait de l'ordre de la commotion cérébrale[52]. On ne voit d'ailleurs pas bien comment le plaisir esthétique serait possible si nous ne parvenions pas à faire fonctionner symboliquement les œuvres. Et comme la thèse est justement que nous cherchons, en mettant en œuvre des relations logiques, à faire fonctionner esthétiquement des symboles, on peut certainement affirmer la capacité de notre compétence logique sous les formes décrites (métaphorique, expressive, et, on le verra, fictionnelle), à rendre possible le plaisir.

On a trop dit que la logique était non émotive et l'émotion infra-(ou supra-)logique. Cela repose que sur une distinction préalable et finalement mal justifiée entre l'esthétique (le sensible) et le logique (le rationnel). Cet héritage kantien nous encombre.

Le plaisir survient sur l'activité cognitive par laquelle on fait fonctionner esthétiquement certains objets. Rien ne nous y contraint, car, à la différence des panneaux indicateurs, des notices d'utilisation, voire des théories scientifiques ou des outils techniques que nous utilisons quotidiennement, nous pourrions certainement vivre sans le faire. Mais, nous le savons, nous nous priverions justement *de plaisir*. Et il semble bien alors que nous soyons souvent prêts aux plus grands efforts, justement parce qu'ils sont largement récompensés. La métaphore, l'expression et les autres relations logiques grâce auxquelles nous faisons fonctionner les œuvres, et dont j'ai donné des descriptions parfois austères, trouvent donc finalement leur raison d'être dans le *désir de jouissance*, un savoir de ce qui *peut* survenir.

NOTES

[1] Ricœur, 1975; Cooper, 1986.
[2] Je suis ici largement tributaire de Scheffler, 1991, chap. 5.
[3] Russell, 1988, p. 21-3.
[4] Cette devise est inscrite sous forme de rébus sur une canne royale conservée au Musée de l'Homme à Paris.
[5] Scheffler, 1991, p. 59.
[6] 1962, p. 29.
[7] L'application peut cependant être hautement valorisée lorsque les métaphores apparaissent dans des contextes comme la production littéraire ou la conversation entre lettrés.
[8] Sur cette forme de conventionnalité par contrat : D. Lewis, 1969.
[9] Pouivet, 1995c.
[10] LA, p. 101.
[11] J'utilise ici Goodman, LA, II-6.
[12] LA, p. 105.
[13] Elgin, RR, IV-1 et 2 pour d'autres exemples.
[14] Haack, 1974, chap. 6; Engel & Nef, 1988, pour des exemples.
[15] Scheffler, 1979.
[16] Elgin, 1983, p. 61, pense que c'est le cas. Son exemple, le terme «acéré», employé pour un couteau et pour un esprit, ne me semble pas convaincant.
[17] FFF, p. 106.
[18] V, 3.
[19] 1972, p. 171.
[20] Godart-Wendling, 1990, II.1.

[21] Nef, 1988, pp. 22-7.
[22] La définition est donnée pour les phrases ouvertes (du type «x est un chat») les plus simples, puis pour les phrases composées.
[23] On sait que Davidson conteste ce point : «Le second point de Tarski est que nous devrions réformer un langage naturel au point qu'il ne soit plus reconnaissable, avant que nous puissions appliquer les méthodes formelles sémantiques. Si ceci est vrai, c'est fatal pour mon projet, car la tâche d'une théorie de la signification comme je la conçois n'est pas de changer, d'améliorer, ou de réformer un langage, mais de le décrire et de le comprendre» (1993a, p. 58). Une définition adéquate de la vérité sera donnée pour Davidson si pour chaque énoncé *s* du langage, il existe un énoncé correspondant *p* qui rend claires les conditions de vérité de *s*. La convention (T) aurait ainsi le mérite de ne pas contenir la mention «d'états de faits existants» (1993a, p. 87-88).
[24] «Nous avons émis l'hypothèse, en nous appuyant principalement sur des données linguistiques, que la plus grande partie de notre système conceptuel ordinaire est de nature métaphorique» (Lakoff & Johnson, 1985, p. 14).
[25] C'est Davidson lui-même qui a proposé une adaptation de la Convention (T) à la spécificité du langage naturel : il contient des expressions indexicales (démonstratifs, temps verbaux, etc.).
[26] 1988, p. 240.
[27] 1991, p. 50.
[28] Changeux, 1983, p. 161. A lire cet ouvrage, on constatera que la neuro-biologie fait un usage important, et pas uniquement vulgarisateur, des métaphores.
[29] Mac Cormac, 1985, chap. 1 est une discussion de ce que l'auteur appelle «la métaphore computationnelle». Comme il le dit : «Il serait difficile de faire des explications sans métaphore, si ce n'est impossible, parce que afin de décrire l'inconnu, nous devons recourir à des concepts que nous connaissons et comprenons, ce qui est l'essence même de la métaphore — une juxtaposition inhabituelle du familer et du non familier.» (p. 9). On lira aussi sur ce point : Boden, 1979.
[30] Ce point ne sera pas développé ici, mais il paraît clair qu'il est possible de proposer, comme l'a fait Mac Cormac, 1985, une théorie cognitive de la métaphore. Mac Cormac dit ainsi : «La métaphore existe à la fois comme un processus cognitif dynamique proposant de nouvelles hypothèses et comme un processus culturel dynamique qui change le langage que nous parlons et que nous écrivons.» (p. 6)
[31] Mac Cormac parle lui aussi de *métaphores visuelles* à la fin de 1985, p. 228.
[32] Que l'on doit sans doute réserver pour ce qui est verbal puisque, en utilisant la théorie tarskienne, on l'a définie pour un *langage*, et non un système symbolique en général.
[33] Ou plus exactement, le «geste-salut militaire-en France», car il varie en fonction des nations (et même à l'intérieur des armées, en fonction des régiments...).
[34] 1969, p. 137.
[35] *Ibid.*
[36] *Ibid.*, p. 35.
[37] *Ibid.*, p. 36.
[38] Sur cette notion, Stéphan, 1988, I.
[39] Panaccio, 1991. Le mentalisme est compatible avec le nominalisme lorsqu'il tient des événements mentaux pour des entités concrètes singulières. On peut simplement penser que sa tendance naturelle serait alors la naturalisation de l'épistémologie afin de parvenir à un traitement physicaliste (voire inscriptionnaliste, si l'on décrit les entités mentales concrètes singulières comme des inscriptions dans un langage mental) des entités mentales. Hobbes est sans doute l'initiateur d'un tel projet (Pouivet, 1991b).
[40] Je suis évidemment tenté par un traitement adverbial de la référence à soi, mais c'est une autre affaire.

⁴¹ Cela suppose certes qu'on accepte de traiter «tristesse-de-Van Gogh» comme un prédicat insécable et donc, systématiquement, «tristesse de x» comme équivalent à «être-triste-x».
⁴² LA, p. 116.
⁴³ 1972, p. 56.
⁴⁴ Cela suppose évidemment que du nom à l'adjectif il n'y ait pas changement de sens. Quand c'est le cas, il conviendrait alors de disjoindre les deux et de considérer qu'il y a deux prédicats.
⁴⁵ Goodman, LA, p. 92.
⁴⁶ RR, p. 73-74.
⁴⁷ En ajoutant cette troisième exigence, je modifie la définition standard de l'exemplification proposée par Goodman.
⁴⁸ Pour autant je ne souscris pas à une théorie institutionnelle de l'art selon laquelle, comme le disait G. Dickie : «Une œuvre d'art au sens taxinomique est 1) un objet fabriqué, 2 un ensemble des aspects qui lui ont conféré le statut de candidat à l'appréciation d'une ou de plusieurs personnes qui agissent au nom d'une certaine institution sociale (le monde l'art)» (1992, p. 22). Cette théorie (que Dickie ne soutient plus sous cette forme) vise en effet à établir une *taxinomie* (Davies, 1991, chap. 4; Hanfling, 1992, p. 19 *sq.*), c'est-à-dire à classer des objets en œuvres d'art et non-œuvres d'art. En ce sens, elle participe d'un projet classique en philosophie de l'art et paraît beaucoup moins iconoclaste qu'on a pu le penser. Un telle taxinomie n'est nullement mon but. De plus, tout le problème d'une telle théorie est de déterminer ce qu'est «le monde l'art», dire *qui* est légitimé à y faire autorité ou pas. Attribuer des brevets d'esthéticité aux gens plutôt qu'aux choses ne semble pas modifier radicalement la perspective. Pour ma part je demande simplement *quand* un objet est considéré (à tort ou à raison, cela importe peu) comme œuvre d'art, voire simplement comme ayant un certain intérêt esthétique, *comment il fonctionne symboliquement dans le cas où il est expressif.*
⁴⁹ EC, p. 68-81.
⁵⁰ Il s'agit donc de *survenance faible, i.e.* non nécessitante, pour le dire très grossièrement, car les travaux de Kim (Pouivet, 1995a) ont conduit à une très grande sophistication logique de la notion de survenance. La survenance faible ne garantit pas la survenance de A sur B dans tous les mondes possibles (Kim, 1993, pp. 60-61). Cette définition me semble satisfaisante dans le cas du plaisir esthétique dans la mesure où, justement, il ne s'agit pas de *garantir* le plaisir esthétique *par* l'activité cognitive.
⁵¹ LA, p. 291.
⁵² I, 4, dans ce livre.

Chapitre IV
Fiction

1. SÉMANTIQUE DE LA FICTION

Les sciences représentent le monde réel, les arts sont le domaine de l'imaginaire, de la fiction — telle est la thèse couramment adoptée. La contester, c'est montrer que les énoncés fictionnels, ceux qui contiennent des termes supposés dénoter des choses qui n'existent pas (le Père Noël, Madame Bovary), n'ont pas de conditions de vérité fondamentalement différentes des propositions contenant des termes dénotant des choses qui existent bien, et donc pas d'autres conditions de vérité que les énoncés les plus communs («Le chat est sur le tapis») ou ceux, par exemple, qu'on pourrait trouver dans un ouvrage scientifique («L'aiguille du voltmètre est sur le repère 4»).

J'entends par «énoncés fictionnels», des énoncés contenant obligatoirement au moins un terme fictionnel. Un énoncé qui n'en contient pas, mais considère une situation possible (non actuelle) concernant des entités non fictionnelles, n'est pas, selon cette définition, un énoncé fictionnel. Par exemple

Le Père Noël est un vieil homme à barbe blanche

est un énoncé fictionnel. Mais

La Tour Eiffel est à Londres

n'est pas un énoncé fictionnel. C'est un énoncé qui concerne une situation contrefactuelle. On peut évidemment imaginer une œuvre littéraire qui ne concernerait que des cas de ce genre. Mais, à mon sens, elle ne contiendrait aucun énoncé fictionnel, mais seulement des énoncés contrefactuels. Evidemment, on peut imaginer un mélange des deux. Une fiction est un texte dans lequel il y a au moins un énoncé fictionnel.

On dira alors que :

(I) Les énoncés fictionnels ne sont pas non-référentiels.

(II) Les énoncés fictionnels ne supposent pas l'existence de choses qui n'existent pas.

(III) Les énoncés fictionnels ne sont pas vrais au sujet de mondes autres que le nôtre.

(IV) Les termes dénotant des entités fictionnelles sont des inscriptions d'un type déterminé. En bref, et avant toute justification, dans la proposition

(1) Don Juan a séduit 1003 femmes,

le prédicat « Don Juan » ne dénote certes pas un individu repérable spatio-temporellement, mais il est l'occurence du type suivant :

(A) < d-o-n-j-u-a-n >.

(V) Sémantiquement, l'utilisation des occurrences de ce type requiert la maîtrise d'une description-Don Juan. Une description-Don Juan n'est pas une description de Don Juan et ne suppose donc pas qu'il existe quelqu'un, Don Juan, qui serait décrit. Le type (A) est utilisé relativement au prédicat « description-Don Juan », *i.e.* à l'ensemble des propositions qui contiennent des inscriptions de ce type.

(VI) Certaines propositions concernant Don Juan sont vraies, d'autres sont fausses. (1) est vrai parce que la description-Don-Juan est une liste (L) qui contient cette proposition. La liste est constituée à partir d'un texte faisant autorité. L'énoncé

(2) Don Juan est chauffagiste

est faux[1]. Il va de soi qu'il conviendra de tenir compte de cas particuliers. Deux peuvent déjà être retenus. Celui dans lequel il n'y a aucun texte faisant autorité, par exemple s'il s'agit du Père Noël. La liste est alors fonction d'habitudes descriptives dans une communauté donnée. Autre cas, celui d'un débat entre des interprètes pour savoir si, par exemple, la proposition

(3) Madame Bovary est une femme névrosée

est vraie. On verra que ses conditions de vérité ne concernent pas seulement la liste (L), mais une autre liste (L*). (L*) contient les énoncés caractérisant la description de la description-Madame Bovary. Bien évidemment, (L*) détermine très directement (L), dans la mesure où la possibilité pour un énoncé d'appartenir à (L) est directement fonction de (L*), *i.e.* de la description de la description-x.

(VII) Une fiction (*i.e.* un texte contenant au moins un énoncé fictionnel) a une fonction cognitive. Nous connaissons certains traits de la réalité par l'usage que nous faisons de fictions. (Cette thèse sera étendue par la suite aux images fictionnelles.) Ainsi, avoir lu *Madame Bovary* est utile (entre autres choses) à une bonne connaissance de l'adultère féminin[2]. Il y a en effet du vrai et du faux au sujet de la description-Mme Bovary qui est une description-femme adultère.

Je ne dis évidemment pas qu'il est systématiquement possible, dans le langage ordinaire, de substituer un prédicat du langage ordinaire et l'inscription qu'il dénote. Les exemples suivants suffisent à montrer que tel ne peut être le cas :
Le personnage de Don Juan me fascine
L'inscription < D-o-n-J-u-a-n > me fascine
Don Juan séduit Dona Elvire
< D-o-n-J-u-a-n > séduit < D-o-n-a-E-l-v-i-r- e>

La thèse vise simplement à montrer : 1) que le fonctionnement du prédicat «Don Juan» comme prédicat fictionnel *présuppose* un mode de référence particulier du prédicat à une inscription; 2) que la capacité à utiliser le prédicat fictionnel est réductible, au moins dans une grande mesure, à des opérations sémantiques qui peuvent être décrites dans un contexte extensionnel.

Cette thèse se démarque surtout de celles pour lesquelles les fictions supposent un monde du sens indépendant du réel empirique (Kant, Frege) et de celles qui supposent des entités non existantes (Meinong, Parsons), même si on le verra ma sympathie va plutôt aux secondes, parce qu'elles ne conduisent pas à la multiplication des types d'entités[3], mais seulement à celle du nombre d'entités à considérer (ce qui n'est aucunement contraire au nominalisme). Elle tient pour possible une théorie de la fiction ne supposant rien d'autre que des prédicats, considérés comme des entités physiques, et des choses dénotées dans le monde actuel[4]. Il s'agit donc bien d'une théorie strictement extensionnaliste, voire nominaliste, de la fiction.

La solution proposée peut être esquissée à partir d'un exemple. Une même étiquette, comme l'étiquette «ange», peut fonctionner de deux façons fort différentes selon qu'on assume ontologiquement l'existence des anges (T1) ou pas (T2). Dans (T1), ange est dénoté par le prédicat

« être un ange » lequel exemplifie le prédicat « être non corporel ». Dans (T2), l'étiquette « ange » exemplifie le même prédicat « être non corporel ». Mais ce à quoi s'applique l'étiquette « être non corporel » dans (T2), c'est à l'étiquette « ange » elle-même ou à une image, par exemple, et pas du tout à une réalité dénotée par l'étiquette ou l'image. C'est donc en fait l'étiquette « étiquette-être-non-corporel » ou l'étiquette « image-être-non corporel » qui est alors exemplifiée. On peut le dire autrement : dans (T2), ce qui prend la place de l'objet-ange, c'est l'étiquette (picturale ou verbale[5]) « ange ». De la même façon, l'étiquette « Père Noël » exemplifie « personnage ayant une grande barbe blanche » alors même que ce prédicat ne dénote aucun Père Noël[6].

Une logique de la fiction ne prend nullement fait et cause pour (T1) ou (T2). On ne cherche pas à savoir s'il y a des anges et, si c'est le cas, quel est leur statut ontologique. On se propose simplement de fournir un appareillage conceptuel suffisamment neutre (d'un point de vue ontologique) grâce auquel il est possible d'examiner le fonctionnement symbolique des étiquettes non dénotantes. (Dire ensuite qu'elles sont les étiquettes qui dénotent et celles qui ne dénotent pas, c'est en cela qu'il y a un enjeu ontologique général qui ne me concerne pas directement ici). Quand quelque chose est étiqueté par le prédicat « être irréel », c'est qu'il s'agit d'une étiquette et non d'un objet qui lui même est dénoté par des prédicats, x, y ou z s'appliquant à des objets et non à des étiquettes. Si dans la fiction, ce qui est en place d'objet ce sont des étiquettes, se demander si de tels objets existent n'est plus de mise ou, au moins, n'est plus nécessaire à la compréhension du fonctionnement des symboles fictionnels. Dans une ontologie sans anges, les images d'anges ne dénotent pas des anges, mais sont exclusivement des étiquettes exemplifiant le prédicat « être un ange », lequel ne dénote pas des objets mais des étiquettes.

Cette théorie ne suppose nullement qu'on se pose la question de savoir dans quel monde se situent les entités fictives. Elle se limite bien à donner un statut sémiologique à certaines étiquettes dont la particularité n'est pas de dénoter mais d'exemplifier des prédicats. Remarquons enfin que cette théorie de la fiction n'est pas limitée à la fiction littéraire[7]. Quand on fait le portrait de quelqu'un qui n'existe pas, on fait un portrait fictionnel. La notion d'étiquette n'étant pas définie exclusivement comme étiquette verbale mais comme désignant n'importe quelle chose jouant le rôle d'un symbole dans un système symbolique[8], cette théorie n'est pas limitée à la fiction verbale, mais s'étend aussi bien à la fiction picturale ou sculpturale (une statue de Neptune, par exemple).

2. FICTIONS SANS RÉFÉRENCE (KANT ET FREGE)

Le sens de la fiction

Dans « Sens et dénotation », Frege pose le problème de savoir ce qui est dénoté par une proposition comme

Ulysse fut déposé sur le sol d'Ithaque dans un profond sommeil.

Ulysse n'a pas de référent. Le vers d'Homère a bien un sens, mais ne dénote pas. Dans la fiction, pense Frege, seul le sens importe et pas le référent puisqu'il n'y en a pas. Cette thèse repose sur la distinction fameuse entre sens et dénotation. « Etoile du matin » et « étoile du soir » dénotent Vénus et n'ont pourtant pas le même sens. Le sens évoque des représentations et des sentiments. Une fiction est donc essentiellement une suite de signes qui donne beaucoup à penser alors même qu'elle est dépourvue de toute fonction référentielle.

> Si l'on écoute une épopée, dit Frege, outre les belles sonorités de la langue, seuls le sens des propositions et les représentations ou sentiments que ce sens éveille tiennent l'attention captive. A vouloir en chercher la vérité, on délaisserait le plaisir artistique pour l'examen scientifique. De là vient qu'il importe peu de savoir si le nom d'« Ulysse », par exemple, a une dénotation aussi longtemps que nous recevons le poème comme une œuvre d'art[9].

La solution frégéenne consiste donc à débouter la fiction de toute prétention à dire quelque chose de quoi que ce soit. Elle ne fait qu'évoquer mentalement quelque chose[10]. Comme le dit M. Dummett,

> On est naturellement tenté de construire les expressions auxquelles manquent la référence à quelque chose dans le monde extérieur comme tenant lieu d'une certaine sorte d'image mentale[11].

Cette thèse permet en effet d'éviter la thèse de Meinong, celle d'objets qui n'existeraient pas ou d'objets non actuels et simplement possibles auxquels on ferait référence[12]. Le problème est que si en utilisant certaines expressions, on parle de certains contenus mentaux, il n'y a plus aucune raison de penser que ce n'est pas toujours le cas, c'est-à-dire que nous n'en parlons pas quand nous faisons référence à des objets du monde[13]. Il n'y a en effet rien dans l'expression elle-même qui indique si elle tient lieu d'une réalité ou d'un simple contenu mental. L'exclusion du domaine de la référence des expressions fictionnelles n'est donc pas sans poser un sérieux problème. Frege semble penser que le problème est résolu par la distinction entre sens et référence : un terme fictionnel dit quelque chose, c'est-à-dire exprime un concept[14], mais il n'y a rien au sujet de quoi il parle[15]. Comme le dit Bouveresse,

Frege distingue de façon très grossière deux modes de fonctionnement différents du discours, celui qu'il appelle «scientifique» et que l'on pourrait appeler de façon plus générale «véritatif», dans lequel le sens est traité uniquement comme une voie d'accès à la référence, c'est-à-dire, dans le cas des phrases, à la valeur de vérité, et celui de la fiction, dans lequel le sens devient autonome et est dispensé par convention de l'obligation de remplir ce qui constitue sa fonction normale, à savoir la détermination d'une référence[16].

Dans le § 16 de la *Critique de la faculté de juger*, Kant me semble avoir déjà envisagé de cette façon le même problème. Kant distingue la *pulchritudo vaga* (beauté libre) et la *pulchritudo adhaerens* (beauté adhérente). La première ne suppose, pour le jugement de goût, aucun concept de ce que l'objet doit être ; au contraire, la seconde présuppose un tel concept et la perfection de l'objet d'après ce concept. Ainsi, des fleurs, des oiseaux, des crustacés, des dessins à la grecque, des rinceaux, des improvisations musicales (et toute musique sans texte) peuvent être beaux librement. Une femme, un homme, un cheval, un édifice sont beaux en fonction d'un concept, d'une norme de ce qu'ils doivent être. Or, cette norme, c'est la sémantique du concept qui la détermine. Si une représentation est jugée en fonction d'un concept, elle l'est en fonction de ce que la chose doit être. Il faut suspendre cette liaison de la représentation par l'intermédiaire du concept normatif avec l'objet représenté pour que soient réunies les conditions de l'appréciation esthétique. La suspension de la visée objective permet de sortir du domaine de la connaissance et d'entrer dans celui, autonome, du jugement esthétique. Kant, lu en fonction d'une question qui n'est certes pas la sienne, résout le problème en traitant tous les jugements esthétiques comme portant sur des objets fictionnels, c'est-à-dire des objets pour lesquels nous n'aurions aucune norme de ce qu'ils doivent être. On pourrait dire que, d'une certaine façon, pour Kant, il n'est d'œuvre d'art que fictionnelle, il n'est d'œuvre d'art que détachée des exigences qui sont celles de l'objectivité. On peut certes difficilement trouver un rejet plus total du naturalisme esthétique, mais c'est au prix d'une suspension de toute référence effective dans le domaine esthétique.

Frege pose le problème de la dénotation et considère qu'elle est absente dans la fiction. Kant s'intéresse lui à la spécificité du jugement esthétique. En cela, les points de vue diffèrent nettement. Toutefois, de la même façon que le signe fictionnel («Ulysse», par exemple) signifie sans dénoter, les représentations esthétiques signifient (au sens où elles ne sont pas absurdes puisqu'elles ont une finalité, même sans fin déterminée par un concept) sans être subsumables sous un concept de ce qu'elles sont. Elles provoquent de ce fait un libre jeu des facultés en quoi consiste le plaisir esthétique lui-même.

Kant et Frege sauvent ce qui, pour le premier des deux est du domaine du beau et, pour le second, du domaine de l'art, en lui accordant un statut sémantique privilégié. Celui du sens pur. On suspend dans les deux cas la relation référentielle, une fois en distinguant jugement de goût pur et jugement de connaissance, une autre fois en proposant des signes qui ne désignent rien. Dans les deux cas, même si on l'a plus souvent remarqué pour Frege que pour Kant, on suppose un monde du sens distinct et indépendant du réel empirique, c'est-à-dire un monde de pensées[17]. Cependant, chez Kant, cette théorie se développe de façon plus obscure. Dans la mesure où il présuppose que *tout* concept doit pouvoir trouver une intuition qui lui corresponde empiriquement, il ne sait pas quoi faire de significations dégagées de toute portée sémantique. Frege n'a pas ce problème : il peut y avoir sens d'un concept sans référence du concept, *i.e.* sans objet tombant sous le concept[18].

C'est au moins le sens qu'on peut donner à certains passages particulièrement obscurs du § 59 de la *Critique de la faculté de juger*. Pour Kant, aucune intuition n'est adéquate aux Idées de la raison, dans la mesure où n'est possible aucun usage empirique de tels concepts qui ne portent pas sur l'expérience possible. Mais, par analogie simplement, certaines représentations, celles dont Kant dit justement qu'elles sont symboliques, vont pouvoir donner à penser non pas ce qui est de l'ordre du concept, ce qu'un langage pourrait exprimer, mais ce qui ne saurait être dit, ce qui n'est pas discursif. Et Kant de donner l'exemple bien connu d'un (catastrophique) poème de Frédéric Le Grand[19]. On a bien là, me semble-t-il, l'idée d'un monde purement mental. La discursivité conceptuelle ne lui est même plus adéquat ; il trouve dans l'image ou le trope poétique la condition de sa mise en éveil. Comme le dit Kant,

> Le poète ose donner corps à des idées de la raison qui sont des êtres invisibles : le séjour des bienheureux, l'enfer, l'éternité, la création, etc., ou encore à ce dont l'expérience nous donne des exemples : la mort, l'envie et tous les vices, de même l'amour, la gloire, etc., mais en dépassant les limites de l'expérience, grâce à une imagination qui rivalise avec le prélude de la raison dans la recherche d'un idéal suprême, le poète cherche à leur donner forme sensible à un niveau de perfection sans exemple dans la nature[20].

La fiction donnerait à l'idéal un corps mental, si je puis dire, en passant par dessus le concept. On sait que cette théorie de l'imagination aura un grand succès chez les successeurs idéalistes de Kant. Elle est venue jusqu'à Frege y compris[21] (et bien évidemment, elle imprègne largement le discours esthétique contemporain). Je crois qu'elle repose sur des idées passablement confuses. Elle suppose que soit suspendue ce que nous appellerons la fonction dénotative sans pour autant que la fonction signifiante le soit. La fiction, verbale ou picturale, est supposée signifier sans dénoter. Est-ce vraiment possible ?

Fiction et intension

Toutes les propositions qui signifient sans dénoter ont en effet exactement la même extension : une extension nulle. C'est-à-dire qu'elles dénotent bien tout de même quelque chose, c'est-à-dire la même chose, soit rien. Ainsi les quatre propositions suivantes :

(1) Pégase est un cheval ailé
(2) Pégase n'est pas un cheval ailé
(3) Don Juan a séduit 1003 femmes
(4) Don Juan conduit des locomotives

sont toutes extensionnellement équivalentes et sont toutes fausses. On pourrait évidemment dire qu'elles ne sont pas intensionnellement équivalentes. Mais on peut également se demander ce qu'est une équivalence intensionnelle. Comment s'assure-t-on que deux propositions ont le même sens indépendamment de la substituabilité *salva veritate* propre à l'analyse extensionnelle des propositions ? La question est traditionnelle chez les philosophes analytiques. Elle est ici évidemment cruciale, même si on comprendra aisément que je ne puisse pas prétendre la trancher de façon générale et qu'on doive se contenter de la traiter sur le cas particulier qui nous occupe et en fonction des préoccupations nominalistes résolument affichées.

Supposons que les entités fictives aient une existence idéale. Il y a donc une idée-Don Juan, comme il y a dans le platonisme une idée du Beau ou une idée du Vrai. Mais si tel est le cas, si l'idée-Don Juan a le même statut que le théorème de Pythagore selon Frege[22], alors les entités n'ont plus rien de fictives et les propositions dans lesquelles elles apparaissent sont dénotantes. Elles dénotent des idées. Ce qui convient peut-être à la théorie frégéenne de la signification, mais ne semble pas satisfaisant lorsqu'il s'agit justement d'idées de ce qui n'existe pas[23].

Maintenant, si les entités fictives sont strictement mentales, qu'elles n'ont pas d'autre réalité que celle de contenus de conscience, comment s'assurer que Jean et Charles pensent la même chose quand ils disent tous les deux que Don Juan a séduit 1003 femmes ? Comment savent-ils qu'ils parlent bien du même Don Juan ? Supposons que l'entité fictive soit un événement mental[24]. Quand je lis, puis relis dix ans après Madame Bovary, comment puis-je être certain que c'est bien la même qui trompe son mari ? Il n'y a pas de Mme Bovary ; l'événement mental peut-il être dit le même aux deux moments ? Est-ce à dire que la signification d'une fiction change chaque fois qu'on s'y intéresse ? Si tel n'est pas le cas, il nous faut bien un moyen de reconnaître comme identique deux significations[25]. Et comment le fait-on s'il n'y a rien de vrai à leur égard ?

Kant ne se pose pas de tels problèmes. Sa réflexion vise à montrer comment un jugement de goût est possible. Toutefois, dès qu'on transpose sur un mode sémantique la théorie selon laquelle il y aurait des représentations déchargées de toute fonction objectivante, c'est-à-dire qu'on l'intègre à une théorie sémantique dans laquelle on affirme qu'il y a des discours sans fonction référentielle, ces problèmes inévitablement se posent. Et ils sont alors, me semble-t-il, insolubles. Ce qui conduit à refuser l'interprétation frégéenne de la fiction ou la version qu'on trouvait déjà chez Kant d'une suspension de la relation référentielle dans la production esthétique. Car, fiction ou pas, les conditions d'une identification de ce dont on parle doivent bien être réunies si la fiction doit avoir une signification. On ne peut suspendre toutes les conditions habituelles de la signification et dire : pas de problème, cela continue à donner beaucoup à penser, quoique sur un mode nettement différent dont on ne peut pas dire grand chose.

Il convient, autant qu'il est possible, d'éviter le flou sémantique, la difficulté de décider ce à quoi exactement on fait référence en employant telle ou telle expression[26]. Mieux vaut ne pas suspendre l'idée de référence dans l'étude de la fiction, mais déterminer à quelle condition une référence fictionnelle est possible. Corrélativement, on verra qu'il n'est plus nécessaire alors d'opposer art et science, jugement de goût et jugement de connaissance, pour parvenir à expliquer comment une représentation fictionnelle peut avoir une signification.

3. LES OBJETS QUI N'EXISTENT PAS (MEINONG, PARSONS)

Y a-t-il des cercles carrés ?

Meinong affirme dans *Zur Gegenstandtheorie*[27] que

> pour autant qu'une expérience trouve une *expression*, — et donc en premier lieu dans les mots et les énoncés du langage — cette expression a une *signification* [*Bedeutung*], et cette signification est toujours un objet[28].

On comprendra bien pourquoi j'ai choisi d'opposer Meinong à Frege. Ils sont (sur ce point) aux antipodes l'un de l'autre. Le second affirme que les énoncés fictionnels contiennent des termes qui ne dénotent pas. Le premier au contraire que tout terme dénote, mais que l'objet dénoté n'existe pas nécessairement. Je ne prétends nullement donner ici un exposé complet de la théorie meinongienne des objets, mais il m'a semblé indispensable de montrer pourquoi la thèse la plus directement contraire à celle de Frege est finalement beaucoup plus à même de fournir une théorie des termes fictionnels, même si par la suite j'en développerai une autre.

Toute chose est un objet (*Gegenstand*), explique Meinong. Toute expérience est une expérience de quelque chose, c'est-à-dire d'un objet (*Gegenstand*). Un contre-sens majeur consisterait à penser qu'il s'agit là d'une thèse idéaliste. Meinong est un réaliste : les objets dont on fait l'expérience, quand bien même on en ferait l'expérience *comme n'existant pas*, ne sont pas constitués par les expériences qu'on en a, mais en sont, ainsi que leurs propriétés, parfaitement indépendants[29]. Des choses irréelles, des choses qui n'existent pas, des possibilités et même des impossibilités peuvent être des objets. Certains objets existent, mais certainement pas tous. Pour caractériser les objets, dans la mesure où ils sont appréhendés dans une expérience, il suffit de classer les différentes formes d'expérience ou d'appréhension. Il y en a quatre : la présentation (*Vorstellen*), la pensée (*Denken*), l'émotion (*Fühlen*) et le désir (*Begehnen*). Leur correspondent les objets (*Objekte*), les objectifs (*Objektive*), les dignitatifs (*Dignitative*) et les désidératifs (*Desiderative*). Pour autant, comme déjà indiqué, la nature des objets (existants ou non-existants) n'est pas intensionnelle. Autrement dit et par exemple, « être pensé par quelqu'un » n'est pas une propriété essentielle d'un objet.

> Les objets, dit Meinong, sont tels que leur nature les autorise soit à exister et à être perçus, soit le leur interdit ; de telle façon que, s'ils ont de l'être, celui-ci ne consiste pas en *existence*, mais seulement en *subsistence* (*Bestand*)[30].

Il y a un principe (ontologique) d'indépendance qu'on pourrait formuler ainsi : la nature d'un objet (son *Sosein*) est indépendante du fait qu'il soit (*Sein*) — le *Sosein* n'est pas affecté par le *Nichtsein*. La formulation sémantique du même principe reviendrait à dire que l'énoncé

a est F

peut être vrai, alors que l'énoncé

a est (existe ou est étant)

est faux.

Pour Meinong, les objets concrets physiques (tables, lapins, etc.) « existent », alors que les individus abstraits ou les états de choses « subsistent » (le nombre deux ou le fait que la terre soit ronde). En ce sens, Pégase ou le fait que la terre soit plate n'existe pas ou ne subsiste pas, mais le royaume des « objets » inclut tout ce vers quoi des actes de conscience peuvent être dirigés[31]. Tout objet est étant (existe ou subsiste) ou non-étant (n'existe pas et ne subsiste pas). Le principe d'indépendance ontologique est redoublé par un principe d'indifférence au fait d'être ou pas (*Aussersein*). Qu'un objet soit ou pas, il n'en est pas moins un objet (et le fait d'être ou de n'être pas n'appartient pas à sa nature d'entité). Comme le dit Meinong,

> Ceux qui aiment parler de façon paradoxale pourraient très bien dire : « Il y a des objets pour lesquels il est vrai qu'il n'y a pas de tels objets »[32].

Des commentateurs avisés remarquent alors :

> Etre ou ne pas être, là n'est pas la question : la question de savoir si un objet est étant [existe] est un problème qui s'ajoute à celui de savoir quelle sorte d'objets il est et quelles sont ses caractéristiques[33].

La théorie de Meinong permettrait alors de restituer à la fiction une portée sémantique[34]. Ulysse, Pégase ou Mme Bovary n'existent pas, mais on peut tout de même en dire quelque chose. De ce fait, les propositions

(1) Pégase est un cheval ailé

et

(3) Don Juan a séduit 1003 femmes

sont vraies et les propositions

(2) Pégase n'est pas un cheval ailé

et

(4) Don Juan conduit des locomotives

sont fausses. Les quatre ne sont certainement pas équivalentes puisqu'elles réfèrent. Selon le commentaire proposé par Francis Jacques :

> Nous ne pouvons assurément inviter à dîner un homme qui n'existe pas, mais pourquoi ne pourrions-nous pas nous y référer ? La référence à un objet non-existant ce n'est pas l'échec de la référence[35].

Russell *versus* Meinong

Meinong a fait l'objet d'une redoutable critique[36] par Russell dans l'exposé que celui-ci a donné de sa théorie des descriptions[37].

> On peut maintenant traiter de façon satisfaisante du royaume des entités telles que « le carré rond », « le nombre premier autre que r », « Apollon », « Hamlet », etc. Ce sont toutes des expressions dénotantes qui ne dénotent rien. Une proposition portant sur Apollon parle de ce que l'on obtient en lui substituant ce qu'Apollon veut dire selon les dictionnaires traditionnels, à savoir « le roi-soleil » (...) Si « Apollon » a une occurrence primaire, la proposition où elle figure est fausse ; si l'occurence est secondaire, la proposition peut être vraie[38]. « Le carré rond est rond » veut donc dire, une fois encore, « il y a une entité x et une seule qui est ronde et carrée, et cette entité est ronde »,

ce qui est une proposition fausse, et non pas vraie, comme le maintiennent les partisans de Meinong[39].

Pour tout proposition contenant une description définie qui a la forme grammaticale sujet-prédicat traditionnelle

Le F est G

on peut paraphraser de la façon suivante

Quelque chose est un F, rien d'autre n'est un F, et quoi que ce soit qui est F, il est G.

Cette dernière formule n'exprime pas une proposition singulière, mais une proposition générale quantifiée. Ce sera la même chose pour un nom propre comme Pégase, traité dès lors comme une description définie abrégée, voire déguisée, dans la mesure où son comportement logique et sémantique ne peut pas être distingué de celui des descriptions définies en ce qui concerne l'assignation d'une valeur de vérité aux propositions dans lesquelles il apparaît. On n'est donc plus tenu d'affirmer que puisque je peux penser Pégase, Pégase, d'une certaine façon, est, même s'il n'existe pas[40]. Car «Pégase» traité comme un prédicat — ne pourrait-on pas dire, comme le suggère Quine[41], «pégaser»! — n'a plus aucune portée existentielle qui ne concerne que la valeur liée au quantificateur existentiel. Meinong ferait donc une erreur en supposant que la pensée de Pégase implique que Pégase soit un objet concret (qui exemplifie ses propriétés, par exemple «être un cheval», «avoir des ailes») quoique non-existant.

Il est tout à fait important de remarquer que la solution russellienne évite aussi la conséquence de la doctrine frégéenne du sens (au moins, telle qu'elle est envisagée par Russell dans l'article de 1905). Si pour chaque expression référante unique (nom propre, description définie ou phrase) à laquelle manque une référence ordinaire, il doit y avoir un *Sinn* d'un concept sous lequel ne tombe aucun objet, alors nous serions dans un ciel super-platonicien dans lequel on trouverait des concepts et pas seulement des universaux exemplifiés multiplement dans le monde (des relations, par exemple, comme Russell le soutiendra dans *Problèmes de philosophie*). Une proposition comme

Le Roi de France est chauve

est signifiante, quand bien même «le Roi de France» ne correspond à aucun sens frégéen ou objet non-existant. Il est bien clair cependant que le rejet du sens frégéen se fait sur la base d'une analyse frégéenne de la proposition, c'est-à-dire par rejet de la forme logique aristotélicienne sujet-prédicat au profit de la forme logique fonctionnelle et quantificationnelle. L'idée qu'un énoncé dans lequel apparaît l'expression « Le Roi de France » doit concerner un objet (non existant) qui est le Roi de France pour être signifiante repose sur une confusion consistant à prendre la forme grammaticale pour sa forme logique.

Dans la logique post-frégéenne, on considèrera que les deux énoncés :
Les tables existent
et
Il y a des tables
peuvent être paraphrasés par
($\exists$ x) (Tx).

Il y a une seule quantification et un présupposé métaphysique : tout ce qui est, existe. Ce qui évidemment ne va pas de soi. La théorie russellienne des descriptions le présuppose, en traitant indifféremment existence et être, mais ne le démontre pas[42] — même si cela ne veut pas dire pour autant qu'elle est erronée[43]. Il semble plausible de penser que Russell rejette en fait par ce présupposé une de ses propres tentations avant l'article de 1905, comme le font remarquer de nombreux commentateurs[44]. Russell précisait ainsi en 1944 :

> Le désir d'éviter le royaume des êtres indûment peuplé de Meinong me conduisit à la théorie des descriptions. La Montagne d'or peut faire partie d'une phrase signifiante, mais elle n'est pas signifiante isolément[45].

On remarquera que, même rétrospectivement, l'analyse russellienne de la thèse de Meinong est en porte-à-faux puisque les *ficta*, pour le philosophe de Graz, ne font justement *pas* partie du royaume des êtres. Ce qui est rejeté par Russell, me semble-t-il, c'est le principe d'indépendance ontologique (la distinction du *Sein* et du *Sosein*). Et c'est donc ce principe qui est au centre de la discussion qu'on doit mener concernant la valeur de la thèse meinongienne pour la théorie de la fiction.

Double quantification ?

Dans l'histoire de la philosophie moderne, la critique russellienne de la théorie meinongienne des objets a conduit à minimiser son importance (contre l'intention patente de Russell lui-même). A la suite de Ryle, les philosophes ont eu tendance à considérer que Meinong était simplement le plus grand multiplicateur d'entités que la philosophie ait jamais connu. C'est peut-être le cas, mais il faut remarquer que Meinong tend moins à multiplier le nombre de types d'entités que le nombre d'entités lui-même. Or, ce qu'un nominaliste rejette, c'est la multiplication qualitative et pas la multiplication quantitative d'entités. Terence Parsons a développé une théorie meinongienne (ou ce qu'il considère comme une théorie meinongienne[46]) des objets fictionnels. En tant que telle, une telle théorie est absente des écrits de Meinong. J'en exposerai les points les plus importants à mon sens avant d'indiquer pourquoi il n'est pas souhaitable d'y recourir, malgré ses grands mérites.

Parsons commence par faire remarquer que deux objets existants n'ont jamais exactement les mêmes propriétés. A chaque objet correspond donc un ensemble de propriétés qui sont celles de cet objet et d'aucun autre. Mais on peut aussi dire l'inverse : à chaque ensemble de propriétés correspond un objet. Soit l'ensemble suivant :

{ être doré, être une montagne }

Il lui correspond l'objet « montagne dorée ». Des propriétés comme « être doré » ou « être une montagne », Parsons les appelle des « propriétés nucléaires »[47]. Il propose deux principes :

(1) Deux objets (réels ou non réels) n'ont jamais exactement les mêmes propriétés nucléaires.

(2) Quelque soit un ensemble de propriétés nucléaires, un objet a toutes les propriétés de cet ensemble et aucune autre propriété nucléaire.

De nombreux objets non existants sont incomplets. Un objet est « complet » si, pour n'importe quelle propriété nucléaire, l'objet la possède ou possède sa négation. Par négation, on entend ici que pour une propriété nucléaire p, il y a une autre propriété nucléaire q que les objets existants ont si et seulement si ils n'ont pas p ; q est la *négation nucléaire* de p. Ou encore : q = non p. Tous les objets existants sont complets. Certains objets non existants le sont aussi, mais pas tous. La montagne dorée possède les propriétés nucléaires « être une montagne » et « être dorée », mais pas « être bleue » et pas plus « ne pas être bleue ». Elle est *indéterminée* relativement à cette propriété et même à toutes les autres propriétés autres que les deux qu'elle possède.

Tous les prédicats ne dénotent pas des propriétés nucléaires. Supposons, par exemple, que « existe » soit une propriété nucléaire et considérons aussi l'ensemble suivant :

{ être doré, être une montagne, exister }

Il y aurait alors nécessairement un objet « montagne dorée existante ». Or, ce n'est pas le cas. « Existe » est alors une propriété extra-nucléaire. Les prédicats dénotant des propriétés extra-nucléaires sont multiples (modaux, intentionnels, etc.), mais seuls les prédicats ontologiques, comme «existe», «est mythique», «est fictionnel», nous concernent ici. Quels prédicats sont nucléaires et lesquels sont extra-nucléaires relève de l'intuition. S'il y a désaccord, mieux vaut traiter la propriété comme extra-nucléaire[48]. En fait, l'important est surtout de comprendre que les objets sont individués par des propriétés nucléaires et pas par des propriétés extra-nucléaires.

Le talon d'Achille de la théorie meinongienne des objets et de toute théorie qui accepte des objets non existants, des objets possibles et des objets impossibles, c'est *la question de l'identité*[49]. Comment fait-on pour individuer des objets non-existants? Quine, on le sait, propose ainsi l'énigme suivante :

> Supposons, dans l'encadrement de la porte, un gros bonhomme possible et un bonhomme chauve possible. Est-ce le même homme possible ou deux hommes possibles?[50]

On peut paraphraser au sujet de la non existence :

> Supposons, dans le paysage, une montagne dorée et une montagne argentée. Est-ce la même montagne ou deux montagnes ?

Comme elles n'existent ni l'une ni l'autre, je serais en droit selon le principe d'extensionnalité de dire que

(5) La montagne dorée apparaît dans ce paysage

et

(6) La montagne argentée apparaît dans ce paysage

sont des propositions toujours équivalentes dans la mesure où «montagne dorée» et «montagne argentée» ont exactement la *même extension nulle*[51]. Notons que dans ce paysage, je peux aussi placer le Père Noël, des lutins particulièrement agiles de leurs petites mains et quelques dahuts. Cela ne changerait rien à l'affaire.

Cela signifie-t-il que la théorie meinongo-parsonienne de la fiction nous situe délibérément dans un contexte *non extensionnel*? Malgré l'équivalence extensionnelle des deux propositions (5) et (6), on considèrera que leur sens diffère parce que les objets dénotés par «montagne dorée» et par «montagne argentée» diffèrent du point de vue intensionnel (même si l'extension est dans les deux cas nulle). Cette solution consiste à appliquer le principe de l'identité des indiscernables :

(x) (y) (f) [(fx = fy) ⊃ x = y]

On affirme alors que si x et y ont exactement les mêmes propriétés nucléaires, ils sont *identiques*. La montagne dorée n'est justement pas identique à la montagne argentée puisqu'une de leur propriété nucléaire diffère. Quant à «être impossible» ou même sans doute «être inexistant», ce ne sont *pas* des propriétés nucléaires mais extra nucléaires. Ainsi, elles ne peuvent avoir en commun de telles propriétés qui ne sont pas celles des objets (existants ou non existants). La solution consiste donc à éviter d'attribuer comme propriété nucléaire toute propriété qui n'ayant aucune conséquence pour l'individuation de l'objet ne peut servir à l'identifier. «Possible», «existant», «dénoté par le prédicat x» ne servent pas à individuer un objet et ne sont donc pas des propriétés nucléaires. Refuser les objets inexistants ou les objets fictionnels reviendrait à confondre propriétés nucléaires et extra nucléaires.

Appliquons toute cette théorie aux objets fictionnels. On pourrait évidemment dire que les objets fictionnels en un sens existent, qu'ils existent dans une fiction. Mais, il est bien évident que cette solution est toute verbale puisque «exister dans une fiction», c'est justement ne pas exister réellement[52]. Certains objets fictionnels naissent dans la fiction, d'autres y émigrent. Anna dans *Guerre et Paix* est une native alors que Napoléon y est un émigré. La théorie ici en jeu concerne les objets natifs et pas ceux qui sont naturalisés. Elle concerne, par exemple (et pour ne pas déroger à la tradition), Sherlock Holmes. On peut dire de lui :

(1) C'est un détective.
(2) Il vit au 221B Baker Street.
(3) Il n'existe pas.
(4) C'est un détective de fiction.
(5) Plusieurs personnes pensent à lui.
(6) Les détectives réels l'admirent.

Les prédicats qui apparaissent dans les propositions (1) et (2) sont nucléaires, tous les autres sont extra-nucléaires. (1) et (2) peuvent être traités comme vrais («Dans l'histoire, Sherlock Holmes est une détective») ou comme faux («Sherlock Holmes n'est pas un détective puisqu'il n'existe pas»). Aucune importance. En revanche, les propositions (3) à (6) restent vraies. L'objet fictionnel Sherlock Holmes a les propriétés nucléaires qui apparaissent dans (1) et (2) quand bien même nous ne serions pas d'accord sur la vérité des propositions (1) et (2). Son identification est parfaitement possible grâce à la formule :

(F) = propriété nucléaire p, x a p si et seulement si
le f de h est tel que dans h il a p.

Par exemple : le détective Sherlock Holmes est intelligent si et seulement si Sherlock Holmes, dans les romans de Conan Doyle, est intelligent.

Sherlock Holmes est identifié par une propriété nucléaire («être intelligent») et pas par une propriété extra-nucléaire («être un détective de fiction»). De ce fait, son inexistence ne conduit pas à réputer insignifiantes les propositions qui parlent de ces qualités. De la même façon,

L'actuel roi de France est chauve

est parfaitement compréhensible. Car l'actuel roi de France est une entité fictive ayant la propriété nucléaire d'être chauve. Et ce n'est pas parce qu'il n'y a pas d'actuel roi de France qu'il n'est pas chauve pour autant, par exemple dans un roman. Les objets fictionnels ne sont pas nécessairement complets. Si donc l'actuel roi de France est dit chauve, la question ne se pose pas de savoir, par exemple, s'il a perdu ses cheveux ou s'il a toujours été chauve (à cause d'une maladie congénitale). Si l'actuel roi de France existait, le problème se poserait ; car si p est une calvitie par perte de cheveux et q une calvitie congénitale, il a p s'il n'a pas q et réciproquement. Mais ici le problème ne se pose absolument pas et ne peut être une objection, selon Parsons, pour que l'on puisse dire quelque chose de l'actuel roi de France.

Cette théorie, dont je n'ai présenté que le strict minimum pour mon propos, est tout à fait subtile. Elle a cependant, du point de vue nominaliste, un premier défaut : certaines propriétés vont être spécifiques à des objets n'existant pas. Par exemple la propriété «être rond et carré à la fois». Il faudra donc proposer une prédication *de re* concernant ces objets qui ne sont justement identifiables qu'en fonction de ces propriétés. On ne voit pas bien comment une telle théorie pourrait se passer d'une quantification sur des propriétés puisqu'elle identifie les objets à partir des propriétés réelles qu'ils possèdent et non pas les propriétés (traitées *de re* ou *de dicto*) à partir des objets. Parsons affirme cependant que les objets ne *sont* pas des ensembles de propriétés[53]. Dans son article de 1982, il afffirme que même s'il quantifie sur des propriétés, il pourrait s'en dispenser et que les propriétés nucléaires peuvent être réduites aux objets. Il y aurait une corrélation bi-univoque entre les propriétés nucléaires (il faudrait surtout parler d'ensemble de propriétés nucléaires) et les objets. Bref, on pourrait réduire les propriétés aux objets. Cette corrélation permettrait par exemple de recourir à l'axiome suivant :

Chaque propriété (nucléaire) est identique à cet objet qui possède cette propriété (nucléaire) et à aucun autre.

Et, certes, c'est possible puisque Parsons n'identifie pas les objets à des ensembles de propriétés qu'ils possèdent. Mais à mon sens, il reste que tout repérage d'un objet est d'abord la considération des propriétés qu'il possède — et que même si la réduction est possible dans un second temps, il faut partir des propriétés, ce qui leur accorde un statut très particuier et peu compatible avec mon ambition nominaliste. Ce point apparaît dans le traitement que donne Parsons des arguments ontologiques[54]. Selon la propriété grâce à laquelle on identifie Dieu, *i.e.* « la principale déité décrite dans la Bible » ou « la déité dont la Bible dit qu'elle existe », Dieu est sans exister (Dieu est alors un objet incomplet) ou Dieu existe ou pas.

La double quantification que propose Parsons (et d'autres) est certes méritoire :

$(\exists x) E! x. (\exists x) \neg E! x$

Outre la quantification existentielle *chargée* ($\exists$), il y aurait une quantification *neutre* (E!)[55], telle que s'il existe des choses qui sont F, certaines choses qui sont F existent, alors que la converse n'est pas vraie (certaines choses peuvent être F sans que des choses qui sont F existent). Dès lors, la formule meinongienne selon laquelle « il y a des objets pour lesquels il est vrai qu'il n'y a pas de tels objets » perdrait son caractère contradictoire. Cependant, tout cela paraît insuffisant pour éviter les difficultés suivantes.

1) C'est le quantificateur universel ou existentiel traditionnel qui est placé, dans la théorie néo-meinongienne de Parsons, devant les propriétés. Par exemple, dans la formule qui affirme que toute propriété nucléaire est possédée par un objet non existant quelconque s'écrit :

$(P^n) (\exists x) (\neg E! x \wedge P^n x)$[56]

On s'aperçoit alors que la difficulté était présente dès le début de cette théorie. En effet, si un objet est identifié par ses propriétés nucléaires, ce qu'on reconnaît comme existant ce sont alors des propriétés nucléaires et pas des objets (ce que montre la formule précédente). Parsons explique qu'il suffit d'étendre la liste des ensembles de propriétés pour étendre la liste des objets (existants ou pas)[57]. Si ce qui existe ce sont des propriétés et que les objets ne sont que des corrélats d'ensembles de propriétés, il va de soi que certains objets n'existeront pas, puisque certains ensembles de propriétés ne seront pas réalisés. Mais y a-t-il alors quelque objet que ce soit qui existe ? N'y a-t-il pas que des ensembles de propriétés dont certains existent ? Parsons fait de la notion d'objet une notion tout à fait seconde par rapport à celle de propriété nucléaire. En d'autres termes, ce qui existe chez Parsons, ce ne sont pas d'abord des objets qui ont telles ou telles propriétés, mais des ensembles de propriétés exemplifiés ou pas par des objets.

On ne peut pas raisonnablement dire que la montagne dorée est le simple corrélat objectif de l'ensemble :

{ être une montagne, être doré }

Car, si c'était le cas, on pourrait étendre à l'infini la liste des objets ; il suffirait en effet d'écrire entre accolades n'importe quelle suite de propriétés[58]. Comme selon le principe (2), aucune clôture logique n'est exigible pour déterminer un ensemble de propriétés, on ne voit pas ce qui pourrait arrêter la prolifération ontologique. La seule clôture possible réside bien dans la question de savoir si, par exemple, la montagne dorée est située ici ou là. Et cette question n'est pas éliminée en disant simplement que les objets non existants sont incomplets et que donc la question ne se pose pas à leur sujet. Dire que la montagne dorée n'est pas ici, mais qu'elle n'est pas non plus ailleurs et qu'elle n'a pas plus la propriété d'être nulle part, c'est supposer le problème résolu pour une grande part.

2) Si la question est de savoir si les objets non existants sont bien logiquement incomplets ou pas, un problème se pose lorsqu'il s'agit des entités fictionnelles. Rappelons qu'un objet x est complet s'il est logiquement vrai que, pour n'importe quelle propriété P, x a P («x est P» est vrai) ou x a le complément de P («x est non-P»). Il peut sembler très excessif qu'on doive répondre aux questions suivantes : quel était le nom de la femme de chambre de la mère de Sherlock Holmes ? à quel âge Mme Bovary a-t-elle fait sa première dent ? Hamlet avait-il des palpitations cardiaques ? La solution de l'incomplétude semble s'imposer. Pourtant, pour Watson, Holmes est-il logiquement incomplet ? Il peut sans doute poser la question du nom de la femme de chambre de sa mère au détective[59]. A supposer que Holmes ne le sache pas (ce qui serait étonnant), elle avait certainement bien un nom ! Ce serait *pour nous*, lecteurs, que Holmes est incomplet. Ce qui serait incomplet ce serait le moyen de reconnaître l'individu grâce à son nom et non l'individu lui-même. Mais une telle solution nous entraîne justement à un forme de réalisme que nous rejetons. On en tire la leçon que l'interrogation sur les propriétés des êtres fictionnels n'est vraiment pas sans conduire à de grandes difficultés.

Supposons maintenant que dans un roman on parle d'une montagne dorée, elle n'est pas non plus, *dans le roman*, incomplète. Les protagonistes doivent bien savoir *où elle est*. De ce fait, il nous faudrait dire que les entités fictives sont *à la fois complètes et incomplètes*. Et une entité fictive serait simplement une entité dont les conditions dans lesquelles nous la connaissons (le roman, l'image) font qu'un certain nombre d'informations nous échappe à son sujet. Watson sait ou pourrait savoir le nom de la femme de chambre de la mère de Holmes, pas nous. Quelle différence y aurait-il alors entre cette question du nom de la femme de chambre de la mère de Holmes et celle de connaître pour un personnage historique telle ou telle précision qu'aucun document ne peut plus fournir. Supposons que je ne sache pas quelle langue parlait mon arrière-grand-père maternel et que personne ne puisse me renseigner, mon arrière-grand-père maternel était-il incomplet ?[60]

Ce qui apparaît ici, c'est le caractère très inadéquat de la théorie meinongienne des objets quand on l'applique aux entités fictionelles. Peut-on réellement soutenir que les propriétés des entités fictionelles sont indépendantes de l'esprit ? Cela supposerait que les personnages fictionnels, par exemple, transcendent les œuvres dans lesquelles ils apparaissent[61]. On peut certes dire que les entités fictionelles ont les propriétés qu'elles sont supposées avoir dans les œuvres de fiction, et aucune autre propriété, que ce sont des objets non-existants incomplets. Mais va-t-on aussi affirmer que *Madame Bovary* a été trouvée par Flaubert dans l'*Aussersein* et qu'il n'est pour rien dans l'ensemble des propriétés qu'on peut attribuer au personnage à la lecture du roman ? Le réalisme de Meinong et de Parsons semble largement inadéquat pour rendre compte d'une *production artistique*.

3) Les deux difficultés précédentes sont en fait liées à une difficulté plus fondamentale, qui a trait justement à la *double quantification*, chargée et neutre. Avec cette double quantification, quand certains objets qui sont F existent (quantification chargée), il y a des objets qui sont F (quantification neutre), mais la converse n'est pas vraie. Cette double quantification, au moins de la façon dont les meinongiens l'utilisent, n'empêche pas de quantifier (quantification chargée) sur des propriétés (c'est la première difficulté ci-dessus, qui certes ne dérange qu'un nominaliste) ; elle est peu utile pour rendre compte des entités fictionelles (c'est la deuxième difficulté). Dans mes mauvais jours, elle ne me paraît pas seulement subtile mais aussi quelque peu sophistique. Comme le suggère David Lewis, la quantification neutre permet surtout de *quantifier sans quantifier*[62]. Sur un ton encore plus polémique, William Lycan dit que :

> Je prends place parmi ceux qui trouvent la quantification meinongienne *définitivement* (*i.e.*, *véritablement* ou *primitivement*) inintelligible. (...) Pour moi, elle relève *littéralement* du charabia ou simplement du bruit[63].

Certes, cette difficulté n'est pas d'ordre argumentatif. D. Lewis se demande s'il ne s'agit pas tout simplement, et malgré les dénégations, d'une sorte de quantification *simulée* pour substitutionnalistes :

Les substitutionnalistes simulent la quantification sur des personnages fictionnels en quantifiant réellement sur des noms fictionnels[64].

Mais alors, il ne faudrait plus du tout prendre à la lettre ce que disent Meinong et les meinongiens, et s'orienter vers une théorie de la fiction comme quantification substitutionnelle, sur le mode du *faire-semblant*. Nous serions inévitablement reconduit à une solution d'esprit frégéen, dans laquelle il y aurait sens frégéen et pas de référence[65]. Il conviendrait sans doute de trouver des solutions meinongiennes à ces trois difficultés. Pour la première, la solution serait sans doute technique. Pour la seconde, on ne voit pas en quoi elle pourrait consister. Quant à la troisième, elle a peut-être trait à un préjugé empiriste en faveur d'une existence spatio-temporellement déterminée et la solution supposerait une large modification de nos habitudes métaphysiques. C'est pourquoi la théorie qui sera maintenant esquissée est tout à fait différente des thèses frégéenne et meinongienne.

4. UNE THÉORIE INSCRIPTIONNALISTE DE LA FICTION

Une fiction est un ensemble de marques, une inscription. Elle peut être verbale ; elle est alors orale (la légende qu'on raconte au coin du feu lors des veillées ou le mythe) ou écrite (roman). Elle peut être picturale sous différentes formes. Tout le problème est alors de savoir comment nous faisons fonctionner cette inscription comme symbole. Et, à nouveau, ce qui est mis en jeu est une compétence logique. On pourrait objecter que cette compétence n'est qu'une simple condition nécessaire de la fiction. Il faudrait encore que l'inscription dénote un objet intentionnel. Je ne pense pourtant pas que tel soit le cas et je chercherai à le montrer dans cette section. Une fiction ne serait donc pas le corrélat d'une activité intentionnelle qui viserait un objet comme inexistant. Dans la lignée d'Israël Scheffler[66] mais sans prétendre jamais qu'il souscrirait à la thèse telle qu'elle est ici présentée, je propose une théorie inscriptionnaliste de la fiction[67].

Scheffler indique qu'il y a quatre problèmes essentiels à traiter dans une telle théorie :

1) la signification des termes singuliers nuls, *i.e.* ne dénotant rien (Sherlock Holmes ou la ville dont le prince est un enfant) ;

2) la possibilité pour des termes nuls d'avoir des significations différentes ;

3) la possibilité pour des répliques d'inscription d'avoir des significations différentes ;

4) la question de la vérité dans la fiction.

Inscription et symbole

Reconnaissons d'abord les mérites de Russell dans sa théorie des descriptions[68] et de Quine[69] : une proposition contenant un nom d'entité fictionnelle peut être paraphrasée par une proposition n'en contenant plus et équivalente à la première. La théorie des descriptions ne refuse pas tout statut aux entités fictionnelles. Elle fait même exactement le contraire ; elle montre que des propositions contenant des descriptions de telles entités sont parfaitement douées de sens, même si elles sont *fausses*[70]. On ne voit pas très bien comment Russell aurait pu affirmer que la proposition

L'actuel roi de France est chauve

est vraie. Il la sauve de l'*unsinnig*[71]. Qui irait prétendre que ce qu'on dit de Mme Bovary est vrai de la même façon que peut l'être une proposition comme

Le Président actuel de la République française est Jacques Chirac

Qu'il faille compléter la théorie des descriptions par une théorie de la vérité dans la fiction, c'est autre chose et c'est chose possible. *La théorie des descriptions sera ici tenue pour correcte et comme parfaitement compatible avec une théorie des entités fictionelles*[72]. On va donc utiliser la technique de la paraphrase logique des énoncés contenant des termes non dénotants et poser la question de savoir comment ces énoncés peuvent avoir des significations différentes alors même qu'ils ont tous une même référence nulle ?

Soit

(7) Mme Bovary trompe son mari.

et

(8) Le Minotaure vit dans le labyrinthe.

(7) est paraphrasé selon la méthode russellienne par :

Quelque chose est Mme Bovary et trompe son mari et rien d'autre n'est Mme Bovary.

(8) est paraphrasé par :

Quelque chose est le Minotaure et vit dans le labyrinthe et rien d'autre n'est le Minotaure.

Dans les deux cas, la quantification existentielle doit être traitée négativement, sauf recours à des sens frégéens ou des objets inexistants.

Goodman propose un outil adéquat : la notion d'*extension secondaire*[73]. Cette notion apparaît dans le cadre d'une discussion du problème de la synonymie. *L'extension primaire* d'un prédicat est ce dont il tient lieu, *l'extension secondaire* est celle de n'importe quel prédicat plus complexe dans lequel il prend place[74]. Ainsi «Mme Bovary» possède une extension nulle, alors que «description-Mme Bovary» possède une extension non nulle[75]. Il n'y a certes aucune Mme Bovary et aucun Minotaure (ou au moins, supposons le). En revanche, il y a des descriptions-de-Mme Bovary et des descriptions-du-Minotaure. De plus, «est une description-de-Mme Bovary»[76] et «est une description-du-Minotaure» sont deux prédicats dont, manifestement, l'extension diffère. Ainsi, même s'il y a une identité d'extension primaire des termes nuls, il y a une différence d'extension secondaire.

Mme Bovary *est* le Minotaure et le Minotaure *est* Mme Bovary puisque la dénotation des deux prédicats «être Mme Bovary» et «être le Minotaure» est nulle[77]. Si maintenant on dit que Mme Bovary a la propriété «trompe son mari», on pourrait être conduit à écrire, moyennant la loi logique

(x) (y) { (Px ∧ (x = y)) ⊃ Py },

que le Minotaure lui aussi trompe son mari. La seule solution est de considérer que les descriptions-de-Mme Bovary et les descriptions-du-Minotaure sont des *objets physiques* (suite de symboles imprimés, images, etc.) et que ces objets ne sont certainement pas *substituables*. Cela suppose aussi et avant tout que «description-de-x» (ou, c'est la *même chose*, «inscription-de-x») ne soit pas traité comme un prédicat *à deux places* (par exemple, comme «... est l'oncle de ---»). De cette façon, ce n'est pas parce que je dis que tel passage est une description-de-Mme Bovary qu'il y a une Mme Bovary décrite. Le prédicat «être une description-de-Mme Bovary» s'applique à une description-de-Mme Bovary comme «être une table» s'applique à une table.

Soit encore les deux propositions suivantes :

Ce passage (d'un texte) est une description de la vie de Marie Curie

et

Ce passage (d'un texte) est une description-de-la-vie-de-Mme Bovary.

Elles sont tout à fait différentes. Dans le premier cas, « être une description » est *un prédicat dyadique* supposant la relation de deux termes. Dans le second cas, « être-une-description de... » est un *prédicat monadique* permettant de classer une occurence physique dans une catégorie particulière, celle des descriptions-de-la-vie-de-Mme Bovary.

Bien évidemment, ce qui est dit ici pour des entités fictionnelles vaut aussi pour des entités non fictionnelles. Ainsi, pour reprendre l'exemple rendu célèbre par Frege, « étoile du matin » et « étoile du soir » ont la même extension primaire (dénotation), mais ont des extensions secondaires différentes puisque les descriptions-d'étoile du matin ne sont pas des descriptions-d'étoile du soir. Ou encore, même si « créature avec un cœur » et « créature avec des reins » sont deux prédicats dont l'extension est primairement identique, une image représentant le Sacré-Cœur de Jésus n'est pas une description-de-créature-avec-des-reins.

Qu'est-ce alors qu'une entité fictionnelle ? C'est une étiquette en place-d'objet, c'est-à-dire rien d'autre qu'une inscription (verbale, picturale, gestuelle, ...) telle que son extension primaire est nulle, même si son extension secondaire (« être une inscription de --- ») ne l'est pas. Qu'est-ce qu'une fiction ? C'est, par exemple, un texte qui ne fonctionne pas en dénotant, mais constitue une entité dénotée par le prédicat « être une inscription de --- ». Ce serait aussi bien une image telle qu'elle peut être dénotée par le prédicat « être une description de --- ». Aucun objet non existant, aucun sens frégéen, n'est requis dans cette *théorie extensionnaliste des descriptions non référentielles*.

La formule selon laquelle une entité fictionnelle est une étiquette en place-d'objet peut paraître étonnante (et inacceptable). Elle est corrélative, bien entendu, d'une capacité à utiliser une telle étiquette. Il y a une compétence dont on doit faire preuve pour faire fonctionner des inscriptions comme exemplifiant des « descriptions-de-... » (ou des « dépictions-de-... »). Cette compétence est acquise. C'est à cela qu'ont servi les histoires de notre enfance. Et nous l'avons développée en nous *racontant des histoires*, en pratiquant le « faire semblant » des enfants (« jouer au papa et à la maman », « jouer à la guerre », etc.)[78]. Cette compétence est assez sophistiquée puisqu'elle repose sur une inversion systématique du sens de la dénotation. Non pas d'un prédicat vers l'objet qu'il dénote, mais d'un objet conçu comme symbole vers un prédicat dénoté, c'est-à-dire exemplifié. Nous montrons des images aux enfants, nous leur disons : « Regarde le canard sur la mare. Il est noir. C'est *le vilain petit canard*. Personne ne l'aime. Ses frères et sœurs se moquent de lui. Mais il va sauver toute sa famille. Et tout le monde va l'aimer... ». Que voit l'enfant ? Des taches de couleur ! Et puisque nous avons renoncé (chap. II) à une théorie naturaliste (et plus encore imitative) de l'image, nous prétendons que l'image est une inscription. Cette inscription fonctionne comme étiquette dans un système symbolique (celui du réalisme pictural occidental[79]). Et l'enfant petit à petit *apprend* qu'une telle image peut fonctionner comme description-vilain petit canard et pas seulement comme tache de couleur. Il apprendra plus tard que la série de marques < M-m-e-B-o-v-a-r-y >, dans cet ordre, a elle aussi un fonctionnement symbolique particulier. Elle peut exemplifier une description et non dénoter une personne qu'on peut rencontrer dans la rue. Selon la méthode générale proposée par Goodman, nous sommes passés d'un questionnement *ontologique* portant sur l'existence des entités fictives, à une question *logique*, portant sur un fonctionnement symbolique particulier. Nous avons échangé la question «qu'est-ce qu'une fiction?», avec une réponse consistant à expliquer la nature très particulière d'un objet (non existant), contre la question «quand y a-t-il fiction?», avec une réponse consistant à expliquer une de nos compétences sémantiques.

La compétence fictionnelle

On pourrait soulever l'objection suivante. Supposons les deux propositions :

Mme Bovary trompe son mari.

et

Mme Bovary vit en Normandie.

Elles n'ont pas la même signification. Pourtant, ces deux propositions utilisent la même inscription qui s'épelle < M-m-e-B-o-v-a-r-y >. Quelqu'un pourrait par exemple savoir que Mme Bovary trompe son mari, mais pas qu'il s'agit d'un adultère normand. Il faut donc supposer que savoir utiliser l'inscription < M-m-e-B-o-v-a-r-y > dans le premier cas n'entraîne pas qu'on sache l'utiliser dans le second. Or, si une entité fictive est une inscription, comment est-il possible que l'on sache l'utiliser dans le premier cas et pas dans le second ?

En utilisant une inscription, nous *sélectionnons* certains prédicats dénotant cette inscription. Ainsi, celui qui ignore que Mme Bovary est normande sélectionne uniquement le prédicat «trompe son mari». Quand un professeur fait cours, il exemplifie le prédicat «être professeur», mais pas «être père de famille». On peut très bien ignorer que le second prédicat le dénote aussi bien que le premier (sauf s'il parle de ses enfants). Dans une situation donnée, une entité n'exemplifie que *certains* prédicats qui la dénotent. De la même façon, une description ne sera pas redevable à tous moments et en toute situation de l'intégralité des prédicats qui la dénotent (ou, si l'on veut être plus exact, qui dénotent «être une description de ...»). On peut montrer pourquoi le développement de cette compétence fictionnelle, ce savoir faire fonctionner symboliquement et fictionnellement une inscription, est cognitivement essentiel. Si nous produisons des fictions, si nous nous intéressons aux fictions, c'est parce qu'elles nous permettent de mieux comprendre ce qui nous entoure. Nous faisons des mondes fictionnels afin de mieux appréhender les mondes non fictionnels. Ils sont, en quelque sorte, nos laboratoires. Nous y expérimentons les théories et, d'une manière générale, les schémas que nous projetons sur le monde. Toutefois, ce n'est pas n'importe quel mode de connaissance que nous expérimentons dans la fiction. Car, celle-ci, dans l'utilisation que nous en faisons pour l'application au non-fictif, permet toute sorte d'ambiguïtés tout à fait subtiles. Les fictions nous intéressent donc en ce que elle sont *à la fois* applicables et inapplicables à ce qui n'est pas fictif ; applicables dans la mesure où elles constituent des descriptions qui peuvent bien dénoter des êtres ou des situations réelles, et inapplicables dans la mesure où, justement, elles fonctionnent fictionnellement et non dénotativement. Supposons que je dise à quelqu'un :

Tu sais, Isabelle, c'est Mme Bovary !

Je fais référence à Isabelle en utilisant un prédicat fictionnel («être Mme Bovary») qu'elle exemplifie, c'est-à-dire qui la dénote tout en sachant qu'un tel prédicat, justement, n'est pas dénotant. Mais, ce faisant, je sélectionne dans la description-de-Mme Bovary les traits qui sont dénotés par le prédicat «trompe son mari». On peut proposer le schéma suivant :

Ensemble des prédicats qui dénotent Mme Bovary, dont «trompe son mari»
↕
«Mme Bovary»
↕
Isabelle

[↔ = exemplification]

Je fais référence à un prédicat qui dénote Isabelle à travers une description-de-Mme Bovary. Mais il se pourrait aussi que je veuille en réalité dire qu'Isabelle est une bourgeoise normande (et, sans doute, certaines ne trompent pas leur mari). Ou même que je me défende d'avoir jamais dit qu'Isabelle soit volage *en prétextant* avoir eu *l'intention* de dire qu'Isabelle est normande.

Tout le problème n'est-il pas alors celui de ce que j'ai l'intention de dire et donc de la possibilité de jouer sur cette intention ? Certes, oui. L'intentionnel correspond ici à une opération logique particulière et n'a pas besoin d'un traitement spécifique qui tiendrait la notion d'intention pour irréductible à un traitement logique. Ce qu'on peut donc décrire en terme d'intention[80] peut l'être en terme logique et extensionnel, comme une compétence à faire fonctionner des symboles non dénotants.

Le jeu auquel je me livre en disant une chose pour en sous-entendre une autre sans la dire (jeu qui, bien entendu, fait tout le charme des conversations) consiste en fait à sélectionner des parties de description sans dire lesquelles. On a là quelque chose de fort proche, pourrait-on dire, de la *métonymie*. De même qu'on peut dire « boire une bouteille » pour « boire du vin », on peut ainsi dire une chose pour une autre qui lui est liée de façon quelconque. Si je dis :

Tu veux encore boire une bouteille, vraiment tu es vraiment devenu un vrai alcoolique !

et qu'on me rétorque :

Pas du tout, j'ai dit une bouteille, pas du vin !

on me refuse alors le transfert de la bouteille au vin (ne peut-on pas boire autre chose ?), même si c'est une reculade qui ne trompe personne. De même, je peux dire qu'en parlant d'Isabelle comme de Mme Bovary, j'ai simplement voulu dire qu'elle est normande. Ce n'est pas *l'intention* qui est d'abord en question, mais la maîtrise d'une technique tout à fait particulière dans l'usage des symboles : *la mention sélective vague*. Je fais référence à quelque chose en mentionnant sa description et sans dire quelle partie de sa description je mentionne. Car, en disant d'Isabelle que c'est Mme Bovary, j'ai (finement ou lourdement) joué du caractère *indécidable* de l'extension sélectionnée dans la description-de-Mme Bovary. Ce n'est pas le concept d'intention qui explique ici le phénomène mais, au contraire, la compétence dans la mise en œuvre de la *mention sélective vague*, c'est-à-dire un phénomène descriptible en termes extensionnels, qui explique comment on peut m'attribuer l'intention de jouer avec cette référence indéterminée en m'attribuant justement cette compétence.

Ce qui nous intéresse dans la fiction, sans doute entre autres choses, c'est cette possibilité de jeu ambigu dans le rapport entre le non fictif et le fictif, c'est-à-dire ce jeu avec les relations de référence. On voit bien combien ce jeu repose sur des compétences consistant à mettre en œuvre des relations logiques. Le *plaisir* qu'on peut prendre, par exemple dans une conversation, à dire sans vraiment dire, à sous-entendre, à suggérer, suppose et consiste dans cette compétence, aussi bien chez celui qui dit que chez celui qui écoute. Proposer à une jeune femme d'aller visiter le Musée Rodin et s'arrêter devant *Le baiser* est aussi de cet ordre. Je suppose alors chez la jeune femme une certaine *intelligence*, je la suppose suffisamment *compétente*. Et il ne s'agit pas ici simplement d'un phénomène d'implicite ou de sous-entendu tel qu'un linguiste le décrirait[81]. Le linguiste serait même peut-être ici en panne, dans la mesure où il ne s'agit pas de propositions ou d'énonciations. Rien n'est *dit*. L'implicite tient alors à la mise en œuvre de relations logico-sémantiques entre l'objet et ce à quoi il réfère. L'objet devant lequel nous sommes est une dépiction-baiser tout comme on parlait plus haut de description-de-Mme Bovary. Cette théorie permet ainsi d'expliquer le fonctionnement symbolique des arts plastiques et n'est nullement limité à la littérature. Elle permet de comprendre le fonctionnement symbolique d'une statue d'Apollon ou d'une image de licorne, comme objets fictionnels. Et si la théorie inscriptionnaliste de la fiction permet aussi de rendre compte des phénomènes intentionnels sans pour autant supposer qu'on réfère à des intensions (vouloir-dire, modes de pensée, etc.), elle n'a rien de desséchante ; elle prétend bien rendre compte de ce qui fait battre les cœurs et espérer en la vie.

Le problème des personnages réels qui apparaissent dans des fictions peut aussi recevoir une réponse dans le cadre de cette théorie. Un personnage réel exemplifie certains prédicats. Napoléon exemplifie « glorieux conquérant ». Un personnage de fiction qui s'appelle « Napoléon » suppose une étiquette qui exemplifie une description-Napoléon-exemplifiant-le-prédicat-« glorieux conquérant ». Ce que suppose le fonctionnement symbolique d'une fiction contenant des personnages ayant réellement existé, c'est une connaissance par celui qui lit du fonctionnement préalable d'une relation d'exemplification qui est maintenant placée en position d'exemplification exemplifiée.

Il est ainsi possible de comprendre pourquoi la fiction nous intéresse tant. Certes, les raisons sont multiples et complexes, et je ne prétends nullement donner *la* raison. Mais on peut insister sur *la vérité de la fiction*, c'est-à-dire sur ce que la fiction peut nous apprendre, sur la façon dont elle participe à notre compréhension de tout ce qui nous entoure et nous importe. Si je dis :

Mme Bovary est névrosée

c'est évidemment faux, dans la mesure où la proposition :

Quelque chose est Mme Bovary et est névrosée

est fausse[82]. En revanche, la proposition :

La description-de-Mme Bovary est une description-de-femme-névrosée

est vraie. Certes, on pourrait aussi n'être pas d'accord et dire qu'elle ne l'est pas. Mais ce serait alors exactement de la même façon qu'on peut se poser la question au sujet d'Isabelle, personne bien vivante. On pourrait même discuter pour savoir si la névrose (supposée) de Mme Bovary et celle d'Isabelle sont du même genre. Ainsi, quand je m'intéresse à Mme Bovary ou plutôt aux prédicats qu'exemplifient l'étiquette «Mme Bovary», lorsque je me demande si la description-Mme Bovary peut être classée dans l'ensemble des descriptions-femme-névrosée[83], je m'intéresse (obliquement) aussi à Isabelle. Il semble donc crucial qu'on reconnaisse qu'un énoncé fictionnel est vérifonctionnel. La fiction elle-même est vérifonctionnelle puisqu'une proposition comme

La description-Mme Bovary est une description-femme névrosée

l'est. Cette proposition est bien vraie ou fausse. Contrairement à ce que l'on dit parfois, il n'est pas à son sujet indispensable de parler de «lacunes dans la théorie de la vérité»[84]. La seule rectification qu'on puisse proposer est d'élargir la notion de vérifonctionnalité de telle façon qu'on puisse adapter celle-ci aux images, aux gestes, aux œuvres musicales, etc.

On peut certes parler plutôt de *correction* que de vérité, comme le font Goodman et Elgin[85]. Une image de Minotaure pourra être correcte ou non selon qu'on peut la classer ou non dans la catégorie «image-de-Minotaure», c'est-à-dire selon qu'elle est ou pas étiquetable comme telle. Ce qui importe, que l'on utilise le terme «vérité» ou celui, plus large, de «correction» (voire celui de «convenance»), c'est l'idée que la fiction ne nous conduit pas dans un domaine où tout et n'importe quoi serait possible, où la vérité et la correction n'auraient plus cours. C'est l'idée que les fictions, parce qu'elles nous apprennent quelque chose, respectent non seulement les exigences de la construction des systèmes symboliques : cohérence et pertinence pragmatique, mais aussi valeur sémantique. C'est aussi pourquoi l'on ne peut dire *n'importe quoi* à propos d'un roman ou d'un tableau dont le sujet serait fictionnel. Le commentaire lui-même n'est nullement débarrassé d'exigences de correction à l'égard de ce que l'on commente. Un texte n'est pas créé par le commentaire qui dès lors n'aurait absolument pas à en rendre compte. Il faut que ce que je dis de Mme Bovary soit *vrai* de la description-de-Mme Bovary et, en ce sens, la *justification* de mes affirmations est une inscription à laquelle je réfère dans le commentaire. Ce sera la même chose pour un tableau.

Les conditions dans lesquelles on dit le vrai à propos d'une fiction sont les mêmes que pour le non fictif. J'indique ce qui me semble être une raison suffisante pour que ceci ou cela soit vrai. Si je dis qu'Isabelle est névrosée, c'est parce qu'elle se comporte comme ceci et comme cela. Si je dis que Mme Bovary est névrosée, c'est parce que je trouve dans le texte, dans l'utilisation faite dans le roman de l'inscription < M-m-e-B-o-v-a-r-y >, de quoi justifier mes dires, c'est-à-dire classer la description-Mme Bovary, laquelle est un ensemble d'inscriptions, dans l'ensemble des descriptions-femme névrosée. Mais ce point assez trivial n'épuise pas la notion de vérité dans la fiction. L'exemple d'Isabelle le montrait déjà. Isabelle n'est pas identifiée à Mme Bovary. Elle ne partage aucun prédicat avec Mme Bovary parce qu'on ne peut pas partager un prédicat avec quelque chose qui n'existe pas. En revanche, certains prédicats dénotant la description-de-Mme Bovary s'appliquent aussi à Isabelle. Certains traits de la description-de-Mme Bovary sont exemplifiés *aussi* par Isabelle. De ce fait, il y a certaines choses au sujet d'Isabelle que je ne peux apprendre que par une *référence indirecte* à Isabelle mentionnant des traits de la description-de-Mme Bovary, c'est-à-dire par l'intermédiaire de prédicats qui dénotent la description-de-Mme Bovary. La fiction joue bien ici un *rôle cognitif*. Il y a certaines choses au sujet d'Isabelle que je ne saurais qu'à la seule condition d'avoir lu, attentivement, relu et médité *Madame Bovary*.

On comprend maintenant sans doute encore mieux pourquoi on a contesté la distinction massive devenue de mise entre art et connaissance. Pourquoi on a considéré comme non fondée (et de conséquence perverse, par exemple dans le domaine de l'enseignement) l'idée que les œuvres d'art s'adresseraient essentiellement à *la sensibilité* et ne concerneraient pas la connaissance. Je ne peux apprendre certaines choses au sujet d'Isabelle que si j'en sais d'autres concernant Mme Bovary. Ma connaissance d'Isabelle est directement fonction de ma lecture du roman de Flaubert et de ce que j'en ai compris. Isabelle m'est mieux connue par l'intermédiaire de Mme Bovary. Bien connaître Isabelle suppose que je maîtrise un système symbolique dans lequel < M-m-e-B-o-v-a-r-y > est une inscription. Il peut être absolument essentiel, pour ne pas se tromper sur Isabelle, de savoir qui est Mme Bovary. Le psychologue pourra bien me dire qu'Isabelle est névrosée, me décrire sa maladie ; il se pourrait bien que la seule référence à Mme Bovary soit beaucoup plus éclairante. C'est une des raisons pour lesquelles nous lisons des romans ; ce n'est pas seulement pour nous distraire, mais parce que nous comprenons les gens et les choses en les lisant aussi bien que, inversement, la compréhension que nous avons d'un roman se nourrit de l'utilisation que nous en faisons pour comprendre les gens et les choses. (J'ai bien conscience de ne rien dire là d'original, mais je pense en donner une justification moins rebattue.) C'est aussi pourquoi nous allons dans les musées, pourquoi nous allons au cinéma et voir des ballets. Parce que, comme le disait Aristote, nous désirons connaître et y prenons du plaisir. La thèse aristotélicienne selon laquelle la poésie est plus philosophique que l'histoire[86], parce que dans la poésie les choses arrivent nécessairement tandis que dans l'histoire elles arrivent accidentellement, trouverait là un écho[87]. A travers la fiction, c'est le non fictif qui est connu parce que nous y faisons une référence indirecte par l'intermédiaire d'entités exemplifiant des prédicats qui peuvent ensuite dénoter des entités non fictives. Le fictionnel permet de mettre au jour un système descriptif qui peut ensuite servir par déplacement, avec l'ambiguïté subtile qu'on a déjà relevée, c'est-à-dire la forme d'excès qui caractérise le passage du fictionnel au non fictionnel et qui s'apparente à *l'abus* que constitue toujours la métaphore. Un tel abus n'est pas sans procurer un grand plaisir.

5. LE MYTHE

Les théories courantes du mythe oscillent entre l'interprétation pour laquelle le mythe est une vision du monde sous une forme cryptée et le structuralisme pour lequel le mythe semble être essentiellement un réseau d'oppositions, de distinctions, d'analogies, dont finalement se dégage, pour qui parvient à dominer ce réseau, une signification[88]. Dans les deux cas, le mythe intéresse avant tout par sa vertu signifiante. La sémantique du mythe est conçue en termes de détermination d'une signification latente par delà la signification manifeste. On peut proposer au contraire de considérer le mythe comme une inscription, c'est-à-dire comme un ensemble de marques physiques sonores ou écrites, marques auxquelles ne s'attachent pas une signification *à révéler* par l'interprétation ou *à déterminer* par l'analyse structurale, mais marques qui, moyennant un certain usage, exemplifient des prédicats[89].

Soit *Tristan et Iseut*. C'est à la fois un récit, c'est-à-dire un ensemble de marques sonores, et un texte, un ensemble de marques écrites[90]. Considérons que, dans les deux cas, il s'agit d'un ensemble d'*inscriptions*. Comment ces inscriptions signifient-elles? L'inscription est en place-d'objet et elle est utilisée de telle façon que Tristan, quand je lis ou entends l'inscription < T-r-i-s-t-a-n >, exemplifie certains prédicats comme «être amoureux d'Iseut». Ce prédicat fonctionne quasiment comme une description du fonctionnement de l'inscription dans le récit. On peut ensuite décrire cette description comme religieuse (Denis de Rougemont dans *L'Amour et l'Occident*) ou introduire une description de type psychanalytique, comme on l'a abondamment fait il y a quelques années. C'est dans cette description de deuxième niveau, avec des prédicats qui dénotent les prédicats grâce auxquels on règle l'usage de l'inscription, que consiste l'interprétation. C'est dans le choix et la classification (les deux étant liés, bien évidemment) des prédicats qu'on dit être exemplifiés par la classification initiale de l'inscription, par exemple comme «être amoureux d'Iseut». Une interprétation proposera une structure qui intègre, sous forme de réseau, les différents prédicats exemplifiés par les étiquettes initiales (comme «Tristan») et offrira ainsi un système d'interprétation. Par exemple, l'inscription < I-s-e-u-t > exemplifie des prédicats eux-mêmes classables dans un ensemble de prédicats auquel appartiennent aussi les prédicats qui ont permis de décrire la classification de l'inscription < T-r-i-s-t-a-n >. Ainsi, selon que le prédicat générique qui sert à décrire les prédicats exemplifiés par les inscriptions en question ici soit «amour-d'une-femme-substitut-du-divin» ou «amour-d'une-femme-sublimation-de-la-sexualité», on a deux interprétations différentes *non pas* d'une signification déjà présente dans le mythe, et qu'on extrairait par on ne sait quelle entreprise d'herméneutique ou de structuration, mais d'une signification déterminée par le choix des prédicats exemplifiés et leur description.

On peut alors distinguer le fonctionnement *mythique* et le fonctionnement *mythologique* d'une inscription. Dans le fonctionnement mythique, les prédicats exemplifiés ne sont pas considérés comme déterminant une interprétation. Ils ne sont pas caractérisés comme prédicats interprétatifs et ne font donc pas l'objet d'une seconde description et classification. Dans le fonctionnement mythologique, les prédicats sont considérés comme déterminant une interprétation parce qu'ils sont eux-mêmes décrits et classés. Cette seconde classification exemplifie elle-même le prédicat «description-de-mythe». L'étude des mythes suppose évidemment le second fonctionnement. Mais il serait pourtant sans doute erroné de penser que les sociétés dont les mythes sont analysés ne les font fonctionner que mythiquement. Elle peuvent faire les deux à la fois, c'est-à-dire adopter une double description mythique et mythologique[91].

Qu'est-ce-qui spécifie alors le fonctionnement symbolique du mythe par rapport à celui de la fiction esthétique (le roman, par exemple)? Notons d'abord que le roman n'a qu'un fonctionnement symbolique simple : pour qu'un roman fonctionne comme roman (et un tableau comme tableau) je dois identifier son caractère fictionnel, faire preuve d'une compétence fictionnelle. En revanche, le fonctionnement mythique ne requiert pas qu'on identifie l'inscription comme non dénotante. Cependant, qu'elle soit ainsi identifiée, permet un double fonctionnement de l'inscription : on peut en effet imaginer une description des prédicats exemplifiés par les inscriptions du mythe qui n'intègrerait pas le prédicat «fictionnel». Ce ne peut être le cas, semble-t-il, pour un roman. Ensuite, le mythe est *collectif*. Il suppose que les prédicats exemplifiés puissent faire l'objet d'une forme de *consensus* dans le cadre d'une communauté. Une inscription, laissée à l'initiative individuelle pour le choix des prédicats exemplifiés, serait une fiction ; elle devient un mythe dès qu'elle doit faire l'objet d'une forme d'accord entre les membres d'une société[92]. C'est aussi en cela que le mythe peut être originaire et fondateur. Les groupes partagent des ensembles d'étiquettes qu'ils appliquent selon les mêmes exigences. C'est ce qui fait leur unité. Le jour où le récit de la vie de Jeanne d'Arc exemplifiera uniquement l'étiquette «jeune-fille-paranoïaque», c'en sera sans doute totalement fini du mythe de la France-fille-ainée-de-l'Eglise. Remarquons bien que si l'inscription < J-e-a-n-n-e-d-'-A-r-c > exemplifie simplement et directement le prédicat «jeune-fille-paranoïaque», alors le fonctionnement mythique est *totalement* perdu au profit de sa classification dans une typologie médicale. C'est fort différent si on classe le prédicat «France-fille-aînée-de-l'Eglise» dans un ensemble qui serait celui des descriptions mythologiques de la France.

Qu'il faille, pour rendre compte du fonctionnement du mythe, présupposer une compétence dans la manipulation d'un ou de plusieurs systèmes symboliques paraît évident. L'étiquetage est une opération logique dont on a déjà dit à propos de la fiction qu'elle consiste essentiellement à ne plus utiliser des prédicats dénotants mais exemplifiants. Si j'ai décrit ici le fonctionnement mythique des symboles de façon totalement extensionnelle, en privilégiant des exemples simples, il est bien évident que, dans le détail, il faudrait toute la complexité d'enchaînements de prédicats s'exemplifiant pour rendre compte d'un mythe. Du point de vue de l'extensionnalité, cela, me semble-t-il, ne changerait rien. J'ai surtout voulu insister sur la nécessaire compétence dans la manipulation de systèmes symboliques (et des relations logiques qui les constitue) que le mythe suppose. Dès lors qu'une telle compétence est mise en œuvre, le mythe et son fonctionnement mythologique apparaissent comme des formes de la connaissance. Cette idée se trouve déjà chez Cassirer, mais sous une forme idéalisante[93] qu'on gomme sans aucune perte en mettant l'accent non pas sur la «donation idéelle de forme et de sens», expression qui paraît passablement obscure, mais sur la procédure quasi-mécanique d'exemplification grâce à laquelle une inscription, quelque chose de matériel donc, peut devenir signifiante. Ce que Cassirer attribue à une spontanéité d'un esprit hypostasié, devenu la réalité elle-même[94], on peut l'attribuer à une compétence dans la manipulation d'un système symbolique. Compétence qui n'est pas celle de «l'Esprit dans son auto-déploiement», mais de l'esprit de Pierre, Jacques ou Paul lorsqu'il considère des inscriptions et dit qu'elles signifient *ceci ou cela*, grâce au jeu de la dénotation, de l'exemplification, de la classification et de la reclassification des prédicats.

6. LES LIMITES DE LA FICTION

On peut montrer une dernière utilisation possible de la théorie proposée dans ce chapitre. Elle permet de donner une solution à la question de savoir comment je peux savoir que je ne suis pas un être fictionnel. T. Parsons se demande :

> Même si je ne doute pas d'être quelque chose, comment puis-je savoir, disons, que je ne suis pas (simplement) un objet (natif) d'une histoire très détaillée et habilement conçue ? Que puis-je apprendre à propos de moi-même qui pourrait m'assurer de ma réalité ? Je suis humain, mâle, brun, etc. Mais rien de cela ne peut aider. Je vois des gens, je leur parle, etc., mais Sherlock Holmes fit la même chose[95].

La solution a un tel problème, si problème réellement il y a, serait de répondre : < S-h-e-r-l-o-c-k-H-o-l-m-e-s > est une inscription, pas un homme. Vous n'êtes pas une inscription ! Comment le sais-je, demandera Parsons. Vous n'avez pas à le *savoir*, l'important est la façon dont vous faites référence à vous-même. Or, pour faire référence à vous-même, vous ne dites pas :

J'exemplifie une description-Monsieur X

mais

Je suis Monsieur X[96].

Quand Sherlock Holmes dit :

Je suis Mister Holmes

il y a une inscription telle qu'elle exemplifie une description-Mister-Holmes-disant-«je suis Mister Holmes». Ce n'est pas le cas quand quelqu'un qui n'est pas un personnage de fiction dit son nom.

Le doute portant sur la différence entre le réel et la fiction ne semble pas pertinent parce qu'il prétend ignorer une compétence logique implicite dans ma certitude de n'être pas un personnage de roman. La compétence fictionnelle consiste justement en cela : adopter le registre adapté de relation logique. C'est par l'apprentissage que font les enfants, les histoires qu'on leur raconte et qu'ils lisent, que petit à petit, cette compétence apparaît et se perfectionne.

NOTES

[1] Il va de soi que si votre chauffagiste s'appelle Don Juan, il s'agit d'un simple cas d'homonymie — même si, pour compliquer les choses, il pourrait non seulement s'appeler Don Juan, mais être un Don Juan...
[2] C'est-à-dire du concept d'adultère féminin...
[3] Du moins, l'interprétation de Meinong par Parsons a cette caractéristique. Bien entendu, cette interprétation me semble correcte.
[4] C'est pourquoi on ne discute pas ici du tout les théories de la fiction qui reposent sur la sémantique des mondes possibles, que ce soit dans une version nominaliste (Hintikka, 1989) ou dans une version réaliste (Plantinga, 1974 ; D. Lewis, 1986). Je reconnais le grand intérêt de ces tentatives, mais elles ont toutes comme présupposé que les énoncés fictionnels sont vrais (ou faux) dans des mondes possibles et non dans ce monde actuel, alors que je vais soutenir la thèse selon laquelle les énoncés fictionnels sont vrais (ou faux) dans ce monde actuel.
[5] Et dans ce cas, il s'agit de < a-n-g-e >.
[6] L'analyse, même si elle s'en rapproche par certains aspects, ne peut être identifiée à la distinction médiévale entre appellation et supposition. Cette distinction est elle-même variable selon les auteurs médiévaux. Chez Lambert d'Auxerre (1988, p. 114), l'appellation est employée pour des *supposita* existant actuellement et la supposition pour des *supposita* actuels ou *possibles*.
[7] A ma connaissance, la sémiotique de la fiction est principalement littéraire.
[8] Elgin, RR, p. 77-8.
[9] 1971, p. 109.
[10] Frege, 1971, p. 176; Engel, 1985, p. 30-1.
[11] 1973, p. 197. Bouveresse (1992, p. 20) conteste une interprétation mentaliste de Frege (*cf.* aussi, p. 25-27).
[12] *Cf.* section suivante.
[13] Sur ce point, Wiggins, 1993, p. 200.
[14] Frege, 1987, p. 25 (il s'agit de la lettre à Husserl du 24 mai 1891).
[15] Dummett, 1973, p. 197.
[16] Bouveresse, 1992, p. 15. *Cf.* Frege, 1969, p. 133-134, p. 250, p. 262.
[17] Sur ce point, Frege « dit tantôt que des pensées, au sens propre du terme, sont réellement exprimées, mais que les assertions qui sont formulées à leur sujet ne peuvent être que de pseudo-assertions, tantôt que les pensées elles-mêmes sont en réalité uniquement de pseudo-pensées, puisqu'elles ne peuvent pas faire l'objet d'un jugement ou d'une assertion. » (Bouveresse, 1992, p. 18)
[18] Frege, 1987, p. 25-27 ; Wiggins, 1993, p. 202.
[19] CFJ, § 49.

²⁰ *Ibid.*, § 49.
²¹ Frege, 1969, p. 151.
²² 1971, p. 184.
²³ En ce sens, la thèse frégéenne permet très bien d'expliquer que nous découvrions des lois qui ne dépendent pas de nous, mais assez mal *Ulysse* ou un tableau représentant un ange.
²⁴ Ce serait un événement mental du type «penser un objet fictionnel», «percevoir un objet fictionnel». Sur les événements mentaux, *cf.* Davidson, 1993b, essai 11.
²⁵ Autrement dit, comment fait-on pour ne pas passer de l'intentionnel à l'intensionnel?
²⁶ Le flou sémantique est garanti, me semble-t-il, si on détache le problème de la fiction du problème de la référence *non* fictionnelle et en laissant se développer dans la théorie de la fiction tout ce qu'on refuse dans la théorie de la référence «sérieuse». On ne peut évidemment tenir Kant ou Frege pour responsables d'éventuels débordements de cette sorte ! On ne se livre pas plus à une discussion des solutions idéalistes au problème des objets inexistants, solutions qu'on pourrait tirer de certains passages de Husserl dans lesquels il affirme que «du point de vue phénoménologique réel, l'objectivité elle-même n'est rien» (1972, p. 218), ou encore : «toute relation de la conscience à son objectivité est incluse *dans l'essence phénoménologique* de la conscience prise en elle-même et ne peut, par principe, être incluse qu'en elle» (*Ibid.*, p. 230). Je reconnais aisément l'importance et la valeur de la thèse husserlienne, mais l'introduction d'un élément *noématique* dans la théorie de la fiction, au moins à la manière de Husserl et sans que cela vise des auteurs comme Brentano ou Twardowski, est peu compatible avec un souci nominaliste.
²⁷ Ce texte est publié dans l'Appendice I de Grossmann, 1974. Ce bref texte a été écrit par Meinong au début de 1920, quelque mois avant sa mort, le 27 novembre 1920.
²⁸ Meinong, 1920, in Grossmann, 1974, p. 224.
²⁹ Meinong, à l'instar de la tradition austro-polonaise à laquelle il appartient, est *réaliste*.
³⁰ 1920, p. 226. La Théorie des objets de Meinong concerne tout ce qui est «donné», que cela existe ou pas, soit ou pas. C'est une théorie *a priori* qui s'intéresse à la nature des objets, alors que pour Meinong la métaphysique concerne les objets considérés *a posteriori*, en tant qu'ils existent (Chisholm, 1960, p. 109). Cependant, je partage l'avis de Perszyk (1993, p. 12) selon lequel on ne saisit pas bien comment l'affirmation qu'il y a des objets non existants pourrait ne pas être métaphysique et ontologique.
³¹ Smith & McIntyre, 1982, p. 55.
³² Chisholm, 1960, p. 83. Le texte allemand est : «*Es gibt Gegenstände, von denen gilt, dass er dergleichen Gegenstände nicht gibt*». Soit, formulé dans la logique quantificationnelle standard : $(\exists x) \neg (\exists y) (y = x)$. Pour Lycan, «la notion de chose *non existante* ou de monde *non existant* n'est pas seulement étrange, obscure ou à peine intelligible, mais elle est en soi et de façon manifeste inconsistante» (1979, p. 283).
³³ Smith & McIntyre, 1982, p. 55.
³⁴ Pour Brentano, la référence d'une pensée concernant quelque chose qui n'existe pas était simplement une référence à la pensée elle-même (Smith & McIntyre, 1982, p. 58-9).
³⁵ 1973, p. 273. Autrement dit, il ne faut pas confondre un acte de référence (intentionnel) et un acte physique comme mordre ou raser (Linsky, 1974, p. 40). Pour autant, réalisme oblige, les objets de pensée, existants ou non-existants, ne sont pas des *intentionalia* (Findlay, 1963, p. 45).
³⁶ Cette critique est aujourd'hui très critiquée. On verra que la thèse défendue lui est malgré cela redevable. Le sens très vif de la réalité dont le logicien, selon Russell, doit être pourvu, ne me manque pas tout à fait. Ajoutons qu'à l'instar de Russell, je crois que les théories meinongiennes ne méritent pas l'oubli ou le mépris dont elles ont été l'objet avant leur retour en force dans certains milieux philosophiques (austro-polonais, austra-

liens et californiens!). Russell est connu comme celui qui aurait taillé en pièces les théories meinongiennes. Que ce soit le cas ou pas, Russell a consacré au moins cinq articles à Meinong entre 1904 et 1907, et il parle de ces théories dans plusieurs autres. Russell appartient à la catégorie des philosophes pour lesquels prendre au sérieux, c'est soumettre à la critique.

[37] 1905. Je citerai l'édition française de 1989.

[38] «Une occurence *secondaire* d'une expression dénotante peut être définie comme une occurence dans laquelle l'expression figure dans une proposition p, qui est un simple constituant de la proposition examinée, et la substitution de l'expression dénotante doit s'effectuer dans p, non dans la proposition toute entière.» (Russell, 1989, p. 214)

[39] 1989, p. 215-216.

[40] L'inusable problème du *Sophiste* (236d-237b).

[41] Quine, 1961, I.

[42] Notons que l'idée d'identifier être et exister aurait sans doute paru inacceptable à un philosophe médiéval (par exemple, Thomas, *De ente et essentia* ; Gilson, 1972, chap. III).

[43] Selon Parsons, il y a autant d'auteurs à considérer cette distinction comme absolument nécessaire qu'à ne pas comprendre en quoi elle pourrait bien consister (1980, p. 6, n. 7). Il semble qu'on peut la comprendre sans la juger indispensable — un sentiment bien nominaliste...

[44] Plus précisément : Hylton, 1990, p. 243 ; Simons, 1992, chap. 7 ; Vernant, 1993, Deuxième partie, chap. II ; Perszyk, 1993, p. 156-157.

[45] Cité par Vernant, 1993, p. 194.

[46] Il ne s'agit aucunement de contôler la fidélité de Parsons à Meinong (ou d'examiner lequel des meinongiens contemporains est le dépositaire de la pensée authentique du philosophe de Graz).

[47] On peut aussi parler de «propriétés ordinaires» et de «propriétés extraordinaires». Elles correspondent à ce que Ernst Mally appelait des propriétés *«konstitutorisch»* et *«ausser-konstitutorisch»*, comme le suggère Perszyk, 1993, p. 44.

[48] Parsons, 1980, p. 24.

[49] Toute théorie sémantique et ontologique a pour talon d'Achille la question de l'identité.

[50] 1963, p. 4.

[51] Même si elles n'ont évidemment pas le même sens frégéen.

[52] L'Evangile selon Matthieu (5, 28) dit pourtant que «quiconque regarde une femme pour la convoiter a déjà commis l'adultère avec elle dans son cœur».

[53] 1980, p. 18, n. 1.

[54] 1980, 8.1.

[55] Les meinongiens (Routley, Parsons) refusent une interprétation substitutionnelle de cette quantification, c'est-à-dire une quantification simulée sur des noms d'objets fictionnels.

[56] On pourrait certes arguer qu'il ne s'agit là que d'une pseudo-quantification qui ne porte pas à conséquences ontologiques.

[57] 1980, p. 18.

[58] Parsons parle ainsi de deux listes corrélatives, l'une (à gauche) d'objets réels et l'autre (à droite) d'ensembles de propriétés.
«Comment on peut étendre la liste de droite est maintenant clair : il suffit d'inclure *n'importe quel* ensemble de propriétés qui n'y soit pas déjà. Correspondant à chacun de ces ensembles, il y a un unique objet et inversement; c'est à dire que chaque objet apparaît seulement une fois dans la liste de gauche», indique Parsons (1980, p. 18).

[59] Comme le dit C. Crittenden : «Notre pensée d'un personnage fictif est de bien des façons comparable conceptuellement à notre compréhension d'un personnage réel que nous rencontrons dans les écrits portant sur le passé ou de quelqu'un dont un correspondant nous décrit la rencontre. Exactement les mêmes assumptions implicites (*background*

assumptions) s'appliquent dans les deux sortes de cas, si ce n'est que pour la fiction nous comprenons que l'individu est créé et irréel.» (1991, p. 142)

[60] Ajoutons qu'il y a des entités fictionnelles pour lesquelles l'incomplétude logique semble directement contraire aux raisons qu'on a eu de les créer. Par exemple, l'homme à l'état de nature dans le *Discours sur l'origine et les fondements de l'inégalité parmi les hommes* de Rousseau. Il faut pouvoir dire de cet homme tout ce que l'on *veut savoir*. Que mangeait-il? où dormait-il? quelle était sa sexualité? etc. Si Rousseau répondait que cet homme est logiquement incomplet et qu'il n'a donc pas à donner suite à de telles questions, sa fiction méthodologique ne serait plus d'aucune utilité. Est-ce si différent que cela pour des personnages de roman?

[61] Perszyk, 1993, p. 51.

[62] 1990, p. 27.

[63] 1979, p. 290.

[64] 1990, p. 28.

[65] C'est, semble-t-il, la solution dans laquelle s'engage Walton, 1990, chap. 2, chap. 10.

[66] 1986, I, 9.

[67] Le structuralisme littéraire classique développe aussi une thèse de ce type, mais sur d'autres bases et par l'analyse des œuvres. De plus, il est en général (par exemple, Greimas, 1976) intensionnaliste.

[68] 1989; 1991, chap. XVI.

[69] 1961.

[70] «Le point de vue ségrégationniste classique reflète les soucis de la philosophie analytique à ses débuts, alors que l'objet de ses réflexions était la nature des liens entre le monde et le langage. Né pendant la période où la philosophie de la logique et de la science espérait poser d'inébranlables fondations pour se protéger contre l'avance de l'idéalisme néo-hégélien, ce point de vue recommandait la parcimonie en ontologie et la normativité en logique», explique Pavel (1988, p. 21). Je ne suis pas certain que la lutte contre le néo-hégélianisme explique complètement la préoccupation de Wittgenstein ou de Russell (ce dernier est par ailleurs assez peu parcimonieux en ontologie).

[71] Russell, 1989, p. 215 : «On peut maintenant traiter de façon satisfaisante du royaume des non-entités telles que «le carré rond», «le nombre premier pair autre que *r*», «Apollon», «Hamlet», etc. Ce sont des expressions toutes dénotantes qui ne dénotent rien.». Et il ajoute : «Notre théorie de la dénotation nout met en mesure de soutenir qu'il n'y a pas d'individus irréels; de sorte que la classe nulle est la classe qui ne contient aucun membre, non pas la classe ayant pour membre tous les individus réels.» (p. 216)

[72] S. Neale (1990) a montré que la théorie des descriptions «est logiquement indépendante de la théorie russellienne des *sense-data*. Par conséquent, il est possible d'accepter la théorie *en tant que* théorie des *descriptions* sans devoir pour autant accepter la notion restreinte de fréquentation que Russell a fini par adopter» (p. 83).

[73] PP, V, 2.

[74] Toutefois, seuls certains prédicats ayant une extension primaire nulle ont une extension secondaire non nulle. «Père de P», par exemple a une extension secondaire nulle si P a une extension nulle (Elgin, RR, p. 54-5). On notera aussi que «créature avec un cœur» et «créature avec des reins» ont la même extension primaire mais pas secondaire. Une thèse voisine se trouve chez Ockham (*Somme de logique*, I, 10) quand il définit la notion de «signification seconde» ou «connotation» (Panaccio, 1987).

[75] Cette distinction n'est donc nullement un simple maquillage de la distinction entre extension et intension, comme on a pu me le suggérer.

[76] On peut écrire «description-de-Mme Bovary» ou «description-Mme Bovary» puisque, justement, il n'y a pas une Mme Bovary actuelle (ou possible) décrite.

[77] Une théorie de la fiction qui affirme cela pourrait apparaître fort peu satisfaisante puisque tout le problème est évidemment que Mme Bovary *n'est pas* le minotaure, même s'il sont deux objets inexistants. Ce qui importe, c'est que l'extension secondaire de «Mme Bovary» et celle de «minotaure» ne posent pas le problème que pose leur extension primaire identique.

[78] Walton, 1990, développe toute une théorie de la représentation esthétique à partir de ce «faire-semblant» des jeux d'enfants en reprenant une suggestion de Gombrich, 1986, p. 15-32. Mais il conçoit cette perspective par opposition à l'analyse sémiotique ou au type d'analyse que je propose (c'est-à-dire une analyse des conditions logiques de mise en œuvre des représentations esthétiques) (p. 5). Il préfère développer une théorie de l'imagination. La nature même de sa thèse devient dès lors peu claire : psychologie, sémantique, métaphysique ? Il semble que la notion d'imagination est beaucoup trop indéterminée — Walton dit simplement (p. 20) : « imaginer (...), c'est *faire* quelque chose avec une proposition qu'on a dans l'esprit » — pour permettre de développer autre chose que des descriptions, certes parfois suggestives et psychologiquement convaincantes, de l'expérience esthétique. On peut accepter l'idée de l'importance du «faire-semblant» des jeux d'enfants dans l'apprentissage du fonctionnement esthétique des objets, mais pour faire saisir le rôle des relations logiques dans une théorie de la fiction. *Cf.* Pouivet, 1993a.

[79] Goodman, MM, IV-4.

[80] L'intentionnel n'est pas nécessairement intensionnel, comme le montre les travaux de Davidson (1993b).

[81] Je ne prétends évidemment pas qu'un tel phénomène n'existe pas. Il est fort bien décrit par C. Kerbrat-Orecchioni, 1986. Simplement, elle n'envisage la compétence logique qu'en termes de compétence syllogistique, de « logique naturelle » (par exemple, association/dissociation, glissement de la condition suffisante à la condition nécessaire), et de règles rhétorico-pragmatiques. Ici, il s'agit plutôt d'un jeu concernant le statut logique de la statue : objet exemplifiant le prédicat générique «être un baiser» ou objet dénoté par le prédicat «dépiction-baiser»?

[82] Selon la théorie des descriptions.

[83] On pourrait évidemment douter de l'existence d'un tel ensemble. On ne voit pas bien quel en serait le prototype. On peut cependant penser qu'une telle collection de descriptions pourrait être constituée comme on constitue une *anthologie* de textes littéraires exemplifiant des «descriptions-de-paysages» ou «descriptions-de-femmes».

[84] Strawson, 1977, IV.

[85] Goodman & Elgin, RP, X.

[86] *Poétique*, 1451 b ct 1452a.

[87] Même si je ne suggère évidemment pas que cette thèse puisse s'autoriser d'Aristote.

[88] *Cf.* la définition du mythe par Lévi-Strauss, 1973, p. 83, et le texte très synthétique dans 1985, p. 227 *sq.* Le texte suivant apparaît aussi comme très significatif : « Au contraire [de la poésie], la valeur du mythe comme mythe persiste, en dépit de la pire traduction. Quelle que soit notre ignorance de la langue et de la culture de la population où on l'a recueilli, un mythe est perçu comme mythe par tout lecteur, dans le monde entier. La substance du mythe ne se trouve ni dans le style, ni dans le mode de narration, ni dans la syntaxe, mais dans l'*histoire* qui y est racontée. Le mythe est un langage ; mais un langage qui travaille à un niveau très élevé, et où le sens parvient, si l'on peut dire, à *décoller* du fondement linguistique sur lequel il a commencé par rouler » (Lévi-Strauss, 1958, p. 232). Le mythe apparaît ici comme un *contenu discursif*.

[89] Cette analyse n'est nullement exclusive des autres. A nouveau, elle vise simplement à montrer qu'on peut comprendre un phénomène apparaissant aussi intensionnel que le mythe dans le cadre d'une théorie extensionnaliste. Il ne s'agit évidemment ici que d'un *échantillon* de ce que pourrait être une théorie du mythe telle qu'elle est ici suggérée.

⁹⁰ Dont il peut évidemment y avoir plusieurs versions.
⁹¹ C'est ce que montre P. Veyne au sujet des Grecs quand il dit : «Ces mondes de légende étaient crus vrai, en ce sens qu'on n'en doutait pas, mais on n'y croyait pas comme on croit aux réalités qui nous entourent.» (1983, p. 28). Il ajoute : «Les Grecs semblent souvent ne pas avoir cru beaucoup à leurs mythes politiques et ils étaient les premiers à en rire lorsqu'ils les étalaient en cérémonie. (...) Ils éprouvaient moins de l'incroyance, à proprement parler, qu'un sentiment de conviction ou de dérision devant le caractère convenu de cette mythologie. (...) Si ce n'était pas vrai, c'était bien trouvé.» (p. 89). Si les Grecs ne croyaient pas vraiment à leurs mythes, c'est peut-être moins par scepticisme ou par ironie, que parce qu'ils étaient *compétents* dans les deux modes de fonctionnement et ne se seraient pas privés du *plaisir intellectuel* (et politiquement assez peu innocent) de passer de l'un à l'autre et de jouer de l'aller-retour. Cette possibilité est en fait toujours offerte : à partir du moment où il s'agit de classement par niveaux, on peut arrêter le classement quand on le souhaite, voire jouer, ainsi que le montre Veyne, de l'ambiguïté du niveau où se situe la description. La description des différentes interprétations possibles de *Tristan et Iseut* est une description d'une description d'une description d'un ensemble d'inscriptions.
⁹² C'est de cette manière qu'une œuvre poétique ou littéraire pourrait acquérir une fonction mythologique. C'est sans doute le cas de *Don Quichotte* ou même de *La recherche du temps perdu* pour lesquels on a des prédicats exemplifiés *normalisés*. Ceux-ci sont apparus dans le commentaire officiel, scolaire, et se sont ainsi transmis. Ils peuvent évidemment être contestés par la critique savante, ou simplement novatrice.
⁹³ Cassirer dit : «Le mythe comme l'art, le langage et la connaissance deviennent des symboles : non pas en ce sens qu'ils désignent une réalité pré-existante sous la forme de l'image, de l'allégorie qui indique ou interprète, mais dans la mesure où chacun d'eux crée un univers de sens à partir de lui-même. (...) Car n'est visible pour l'esprit que ce qui s'offre à lui dans une figure déterminée; or, chaque figure de l'être procède d'abord d'un genre et d'une manière déterminée du voir, d'une donation idéelle de forme et de sens.» (1973, p. 17)
⁹⁴ «Il convient donc de voir [dans les différentes configurations de l'esprit] non pas les différentes manières qu'aurait un réel-en-soi de se révéler à l'esprit, mais bien les différentes voies que suit l'esprit dans son processus d'objectivation, c'est-à-dire dans sa révélation à lui-même.» (Cassirer, 1972, p. 19)
⁹⁵ 1980, p. 218.
⁹⁶ Il ne s'agit cependant pas du tout de proposer ici une théorie de la référence à soi.

Chapitre V
Authenticité

1. ESTHÉTIQUE ET ONTOLOGIE DES ŒUVRES D'ART

Ce livre soutient la thèse selon laquelle l'expérience esthétique est cognitive. Elle consiste en la mise en œuvre de certaines relations logiquement descriptibles entre un symbole et ce à quoi il réfère. Cette compétence logique est du même ordre que celle qu'on peut attribuer à un locuteur d'une langue donnée dans l'usage qu'il fait de la langue qu'il parle[1]. A cette compétence logique, il faut évidemment ajouter des connaissances formant un ensemble encyclopédique d'anticipations adéquates[2] grâce auquel l'œuvre d'art peut être reconnue comme telle (et appréciée). Dans l'expérience esthétique elle-même, la compétence logique formelle (les relations d'exemplification, d'expression, d'allusion, etc., qui ont été décrites dans le chapitre III) et l'ensemble encyclopédique sont totalement imbriqués. L'expérience esthétique induit des connaissances parce qu'elle permet d'appréhender certaines caractéristiques de la réalité. Jusqu'ici, on a décrit le phénomène esthétique *a parte subjecti*. A tel point qu'on pourrait penser que les œuvres d'art n'ont pas de spécificité ontologique et ne sont que des corrélats indifférents d'une expérience spécifique. La première section de ce chapitre est destinée à montrer que la distinction entre esthétique subjective et esthétique objective, la première affirmant la primauté de l'expérience et la seconde celle de l'objet, est tout à fait insuffisante. L'esthétique comprise comme une branche de la philosophie de la connaissance conduit à une *ontologie des œuvres d'art*, c'est-à-dire à l'examen du mode d'existence des œuvres d'art.

Une œuvre musicale est une suite de sons, une œuvre picturale un morceau de toile colorée. Cependant, il ne suffit pas d'une suite de sons pour faire une œuvre musicale et d'un morceau de toîle colorée pour faire un tableau. Il y a donc un mode d'existence propre aux œuvres d'art qui les distingue de choses comme des carottes, des lapins ou des sociétés anonymes et permet de les identifier comme des œuvres d'art. Mais cela ne signifie pas qu'il y ait une essence des œuvres d'art, c'est-à-dire une propriété ou un ensemble de propriétés que les œuvres d'art possèderaient toutes et qu'elles seules possèderaient. Le raisonnement est alors le suivant :

(1) Une chose est ce qui peut être identifié et réindentifié comme étant ceci ou cela, et par exemple comme étant une œuvre d'art.

(2) L'identification d'une chose comme œuvre d'art suppose l'exercice de la compétence logique qui s'applique à un objet compris comme symbole, compétence elle-même enrichie d'un savoir encyclopédique.

(3) Il est clair alors que des considérations ontologiques, *i.e.* portant sur la façon dont nous identifions et réidentifions un objet comme étant une œuvre d'art sont indispensables en esthétique.

Ainsi, l'esthétique comprise comme une branche de la philosophie de la connaissance conduit à une ontologie des œuvres d'art.

Il n'est certainement pas excessif de dire que *Langages de l'art* de Goodman marque une date importante pour l'esthétique[3], sa complète reconception. Pour ma part, c'est sur la mise en question de la séparation entre expérience cognitive et expérience esthétique que j'ai cru devoir insister dans les quatre premiers chapitres de ce livre. Ce qui est esthétique n'est pas infra ou supra-cognitif parce que l'expérience esthétique est foncièrement cognitive (suppose la mise en œuvre de fonctions sémantico-logiques) et a une finalité cognitive, ainsi qu'Aristote l'avait déjà remarqué. Dans la mesure où la redéfinition de l'esthétique, qui en fait une partie propre de la philosophie de la connaissance, voire de l'épistémologie (dans une définition étendue et non spécialisée à la connaissance scientifique) a des conséquences *ontologiques*, il faut remarquer que Goodman, sur ce point aussi, a radicalement transformé notre approche en proposant la distinction majeure entre la question « Qu'est-que l'art ? » et la question « Quand y a-t-il art ? »[4] La première, traditionnelle en philosophie, vise une réponse en termes de déterminations nécessaires et suffisantes, c'est-à-dire en termes de définition. Une telle définition prétend exprimer l'essence même de l'œuvre d'art, dire ce qui fait que quelque chose est une œuvre d'art. On peut être dubitatif concernant la simple possibilité de déterminer une telle essence. « Œuvre d'art » serait typiquement un *prédicat de ressemblance familiale*. On doit cette notion à Wittgenstein. Il l'introduit dans les *Recherches philosophiques* en disant :

> Au lieu de montrer quelque chose de commun à tout ce que nous appelons langage, je dis que ces phénomènes [il parle de phénomènes linguistiques] n'ont pas un quelque chose en commun, qui nous fait employer le même mot pour tous, — mais ils sont liés les uns aux autres de multiples façons différentes. Et c'est à cause de cette relation ou de ces relations que nous les appelons tous « langage »[5].

Il illustre immédiatement cette idée avec la notion de *jeux*.

> Vous ne verrez pas quelque chose qui est commun à *tous*, mais des similarités, des relations, et à partir de là toute une série[6].

Nous n'appelons pas ce que nous appelons jeux parce que tous les jeux possèdent telle ou telle propriété qui en font nécessairement des jeux, mais parce que nous trouvons que telle chose a suffisamment de ressemblance avec d'autres choses que déjà nous appelons jeux. Le prédicat de ressemblance familiale « jeu » recouvre ainsi toute une série de choses similaires. Dans une telle série, toutes les choses ne sont pas similaires, mais elles le sont toutes au moins une à une. Wittgenstein prend aussi l'exemple beaucoup plus intéressant des nombres[7] — plus intéressant parce que ne reposant pas simplement sur le vague sémantique induit par des usages indéterminés.

De la même façon, le concept d'œuvre d'art serait un prédicat de ressemblance familiale. Ses frontières seraient floues. Cette thèse a été retenue dans un article célèbre de Morris Weitz intitulé « Le rôle de la théorie en esthétique »[8]. Il dit :

> Si je peux paraphraser Wittgenstein, nous ne devons pas demander : « Quelle est la nature d'un quelconque x philosophique ? », ni même, comme le sémanticien : « Que signifie « x » », ce qui constitue une modification conduisant à la désastreuse interprétation du mot « art » comme un nom pour une classe spécifiable d'objets ; mais plutôt : « Quel est l'usage ou l'emploi de « x » ? », « Que fait « x » dans le langage ? »[9]

Dans le texte intitulé *Leçons d'esthétique*, dans lequel on rapporte à partir de notes de cours les affirmations de Wittgenstein, une remarque est particulièrement importante :

> Afin d'y voir clair en ce qui concerne les mots esthétiques, vous avez à décrire des façons de vivre[10].

Il est vrai que Wittgenstein parle alors de termes comme « beau », c'est-à-dire de termes évaluatifs. Mais sa remarque peut être étendu à la question de savoir si x est une œuvre d'art ou pas. La question de savoir si Weitz trahit ou pas Wittgenstein ne m'intéresse pas (ici). Weitz semble suffisamment wittgensteinien quand il affirme que

> en esthétique, notre premier problème est d'élucider l'emploi effectif du concept d'art, de manière à donner une description logique du fonctionnement effectif de ce concept qui comprenne une description des conditions sous lesquelles nous l'utilisons correctement lui ou ses corrélats[11].

Il n'y a cependant pas plus d'esthétique wittgensteinienne que d'esthétique kantienne. Dans les deux cas, l'esthétique constitue une analyse critique de ce que nous disons quand nous disons «c'est beau» ou quand nous disons même «c'est une œuvre d'art». Aussi bien Kant que Wittgenstein sont tous les deux radicalement étrangers à l'idée qu'on puisse prétendre déterminer le fonctionnement esthétique d'une œuvre d'art en fonction de propriétés attribuées à un objet. L'analyse est celle des jugements que nous portons sur les œuvres d'art — à commencer par celui qui dit que ce sont des œuvres d'art —, mais les objets eux-mêmes ne sont pas en question dans cette analyse. Nous n'apprenons rien d'eux, mais beaucoup plus sur des formes de vie, c'est-à-dire de certaines façons, dans certaines circonstances, de se comporter à l'égard de certains objets et d'en parler. Wittgenstein dit ainsi :

> Peut-être la chose la plus importante en ce qui touche à l'esthétique est-elle ce que l'on peut appeler les réactions esthétiques, par ex. le mécontentement, le dégoût, la gêne[12].

On ne peut certainement pas dire que Goodman s'oppose frontalement à cette perspective wittgensteinienne de description de certaines formes de vie (de certains jeux de langage) propres à l'attitude esthétique. Goodman ne dit évidemment pas qu'il y a des propriétés nécessaires et suffisantes des œuvres d'art et se détourne de l'esthétique spéculative[13] de Schopenhauer ou de Hegel (pour ne rien dire de Heidegger) dans laquelle il s'agit avant tout de dire l'essence de l'Art. Pour autant, il ne nie pas du tout qu'on puisse dire *quand* un objet fonctionne esthétiquement. Or, ces conditions de fonctionnement esthétique d'un objet concernent des propriétés *possédées* par l'objet *en tant que symbole* et pas des réactions esthétiques, des formes de vie (manières de se comporter, de réagir, jeux de langages, etc.). Les œuvres d'art appartiennent à des systèmes syntaxiquement et sémantiquement denses, relativement saturés; elles exemplifient littéralement et métaphoriquement, réfèrent multiplement et de façon complexe[14]. Ce qui fait que tel ou tel objet fonctionne esthétiquement, ce sont des propriétés qu'il possède, même si ces propriétés ne sont que des symptômes, c'est-à-dire ne sont pas, dans le cas où il s'agit d'un artefact, des *critères* du fait que l'objet est une œuvre d'art. Les symptômes qui viennent d'être indiqués sont disjonctivement nécessaires et conjonctivement suffisants[15] pour caractériser un objet comme esthétique et un artefact comme œuvre d'art. Dès lors une ontologie des œuvres d'art est parfaitement possible parce que nous pouvons fort bien dire ce qui fait qu'un artefact, à certains moments et en certaines circonstances, fonctionne esthétiquement.

Le kantisme esthétique est prisonnier de l'idée selon laquelle si certains objets ne sont pas par essence des œuvres d'art, alors l'esthétique concerne soit une expérience particulière, celle du beau, soit un discours sur l'œuvre d'art en tant que produit de l'activité artistique, et dans le meilleur cas du génie. On obtient alors une analytique du beau (les § 1 à 22 de la *Critique de la faculté de juger*) et une anthropologie de la production artistique (les § 43 à 50 de la *Critique de la faculté de juger*), mais aucunement une ontologie, *i.e.* une théorie des modes d'existence des œuvres d'art. A cet égard, comme à bien d'autres, Wittgenstein reste *grosso modo* kantien. Pour autant, le rejet d'une définition aristotélicienne de l'œuvre d'art en termes d'essence ne rend pas impossible d'élaborer une ontologie de l'œuvre d'art (puisque toute ontologie n'est pas essentialiste[16]). Nous pouvons dire pourquoi nous attribuons à tel objet telles propriétés sans pour autant prétendre qu'il possède certaines propriétés essentielles ou, à l'inverse, sans prétendre qu'on peut lui attribuer n'importe quelle propriété, par exemple parce que nous aurions telle ou telle expérience à son contact. Cela ne signifie pas non plus que ces propriétés existeraient indépendamment des objets auxquels on les attribue ou indépendamment du fait qu'on les attribue. Je soutiens ainsi la thèse que les œuvres d'art possèdent bien certaines propriétés de fonctionnement symbolique ; on reconnaît qu'un objet est une œuvre d'art au fait qu'on peut lui attribuer certaines propriétés. Pour nous en apercevoir, nous devons nous-mêmes avoir certaines compétences logiques (examinées surtout dans les deux chapitres précédents) ; mais pour autant ces propriétés ne sont pas *subjectives*, elles sont bien *possédées* par l'objet en question en tant qu'il est une œuvre d'art. Autrement dit, le caractère d'œuvre d'art est attribué *de dicto* à certains objets en fonction de certaines propriétés qu'ils possèdent.

La question de l'ontologie des œuvres d'art ne sera pas abordée de front, mais par le biais de la problématique de l'authenticité. Pour déterminer les conditions d'authenticité d'une œuvre, il faut déterminer ce qui fait que l'œuvre est *cette* œuvre. On pourrait objecter qu'il y a là une différence avec la question de savoir ce qui fait de telle ou telle chose une œuvre d'art. Or, on verra que la question de ce qui fait d'une œuvre *cette* œuvre est surdéterminée par la question de l'ontologie des œuvres d'art parce qu'elle suppose qu'on sache précisément ce qu'est une œuvre d'art, ou, pour reprendre la formule goodmanienne, quand il y a art. On verra aussi que les conditions d'authenticité des œuvres d'art sont fonction de ce qu'on considère être une œuvre d'art. Par exemple, Eddy Zemach, dont la thèse est examinée dans la section 4, considère qu'une reproduction est une œuvre authentique au même titre que l'original, parce qu'il pense que l'œuvre est un *type* qui a de multiples occurrences. Cette thèse est critiquée. La thèse défendue concernant l'authenticité sera fonction d'une conception ontologique de l'œuvre d'art et sera présentée dans la dernière section de ce chapitre.

Le problème de l'authenticité sera posé en fonction des trois réponses possibles à la question de savoir ce qu'on affirme quand on dit qu'une œuvre x est de y. Affirme-t-on :

(A) x a été faite par y, mais aurait pu être faite par z?

(B) x a été faite par y, n'aurait pas pu être faite par z (avec $y \neq z$), mais ne possède pour autant aucun caractère essentiel qui marque sa relation à y?

(C) x n'aurait pas pu ne pas être faite par y et possède une propriété nécessaire, celle d'être de y (et non de z, u, v, etc.)

Je rejetterai les solutions (A) et (C) et défendrai la solution (B). Elle conduit à définir l'authenticité en termes d'attribution. Une œuvre x est de y si et seulement si elle a été faite par y; quelle ne puisse alors être de z ou de qui que ce soit d'autre tient simplement à l'irrévocabilité du passé (les évènements passés ne peuvent plus être modifiés). Je serai conduit dans la section 6 à rejeter la thèse selon laquelle x, fait par y, aurait pu être fait par z, tout aussi bien que la thèse selon laquelle si x est de y, y possède une y-ité, une propriété nécessaire qui marque sa relation à y.

2. AUTHENTICITÉS

Avant de développer toute cette problématique, il est fondamental de s'entendre sur l'usage du terme « authenticité » en question dans ce chapitre. Il y a généralement trois usages du terme.

(1) « Authenticité » peut signifier le fait que quelque chose, œuvre d'art, mais aussi visage, comportement, etc., exprime fidèlement la pensée ou les sentiments de la personne qui a fait cette chose, cette œuvre d'art, qui a tel comportement, etc. Cette signification du terme authenticité est assez ésotérique. Elle suppose une relation (causale) entre l'inté-

riorité d'une personne et des caractéristiques publiques et donc extérieures de ce dont il est l'auteur ou de son visage, de son comportement, de son discours, etc. Je ne m'intéresserai pas ici directement à cette signification du terme. La problématique qu'elle suppose concerne non pas la question de l'attribution d'une chose à son auteur, mais celle de la révélation de l'intériorité d'une personne par son œuvre (et des moyens interprétatifs grâce auxquels on prétend faire dire l'intérieur par l'extérieur). J'aborderai cependant cette problématique de façon détournée quand il s'agira de savoir s'il y a dans le cas des œuvres d'art une caractéristique essentielle qui fait de chaque œuvre d'art l'œuvre d'Untel et de nul autre (*i.e.* (C) à la fin de la section 1 de ce chapitre).

Cette première signification a indéniablement un caractère *moral*. Une œuvre authentique est supposée garantir la sincérité de son auteur en révélant quelque chose qui n'est pas immédiatement accessible, mais si profond en lui. On suppose alors que ce qui est exprimé est ou a été réellement ressenti par celui qui fait l'œuvre qui exprime tel ou tel sentiment, telle ou telle pensée. L'œuvre authentique exprimerait ce qui est cru par celui qui s'exprime par l'œuvre. On suppose aussi que ce qui exprime, c'est l'auteur lui-même et non l'œuvre (confondant alors plusieurs significations d'*exprimer* distinguées dans le chapitre III, section 2). La sincérité serait ainsi décelable dans l'œuvre elle-même, même si la plupart du temps elle est simplement induite des faits biographiques. L'exigence d'authenticité est bien un idéal éthique : affirmer sa personnalité et ne pas accepter les modes de comportement imposés par la vie sociale. Cet idéal éthique définirait même un programme esthétique (par exemple, chez les existentialistes) et une condition de la valeur à la fois morale et esthétique des œuvres d'art qui *doivent* être authentiques.

(2) «Authenticité» peut aussi signifier le fait qu'un exécution est correcte lorsqu'il s'agit évidemment d'une œuvre à deux étapes : production d'un texte (pièce pour le théâtre, partition, instructions pour un ballet, etc.) et production d'un spectacle ou d'un concert à partir du texte. J'aborderai aussi cet aspect mais par l'intermédiaire d'un questionnement sur ce qu'est une œuvre d'art. Par exemple, dans le cas d'une œuvre théâtrale l'œuvre est-elle le texte écrit par Shakespeare ou Beaumarchais ou le spectacle monté à partir du texte et incluant une *lecture* de l'œuvre, ce qu'on appelle généralement une *interprétation*?

On voit que la question de la *fidélité* est toujours en jeu, comme dans l'authenticité comme révélatrice de l'intériorité. On peut aisément compliquer les choses en entremêlant les deux significations et en les faisant jouer l'une contre l'autre. Tel metteur en scène prétendra n'être pas tant fidèle à la lettre du texte (même s'il la respecte) qu'à son esprit supposé être l'intention profonde de l'auteur du texte[17]. Son interprétation conduit donc à une exécution authentique parce qu'elle révèle, par delà le texte, l'intention profonde, l'intériorité de l'auteur.

(3) « Authenticité » peut enfin signifier l'attribution correcte d'une chose à son auteur. Un objet est alors authentique s'il est bien de la personne à laquelle on l'attribue (et dans certains cas d'un groupe de personnes, s'il s'agit par exemple d'un atelier ou d'une école de peinture, voire d'une époque si on dit d'un vase qu'il est de l'époque Ming). C'est sur cette signification que ces analyses portent, mais comme cela a déjà été suggéré il est difficile de se maintenir dans la signification (3) sans qu'interviennent les significations (1) et (2) qui parasitent l'analyse philosophique de la signification (3). Les raisons de ce parasitage sont profondément liées au rôle dominant que joue dans la problématique de l'authenticité l'idée que cette caractéristique est déterminée par la nature intrinsèque de la chose sur l'authenticité de laquelle on s'interroge. L'essentialisme trouve dans la question de l'authenticité l'occasion de se manifester comme une sorte d'évidence. Pour le montrer, on examinera principalement trois thèses concernant l'ontologie des œuvres d'art en général et la question de l'authenticité en particulier, celles de Richard Wollheim, Edddy Zemach et Goodman. Sera finalement adoptée une thèse qui pour être inspirée de Goodman, s'en éloigne sur deux points importants.

1) Le problème est discuté en termes ontologiques et pas seulement dans ceux d'une théorie des symboles. Si on a pris ce point de vue, c'est en considérant que l'esthétique conduit inévitablement à des problèmes ontologiques qui doivent être examinés en tant que tels[18].

2) Le nominalisme défendu ne conduit certainement pas à la thèse selon laquelle il n'y aurait aucune caractéristique propre aux œuvres d'art. Ce n'est pas parce que les propriétés attribuées à certains objets en tant qu'œuvres d'art n'ont pas de réalité indépendante des objets auxquels on les attribue et ne sont des propriétés de ces objets qu'en fonction de l'expérience esthétique que nous en avons, qu'elles ne sont des propriétés de ces objets qui en font les objets qu'ils sont. La position adoptée relève sur ce point de cette tendance nominaliste qu'on peut appeler le *conceptualisme*. En l'occurrence, il s'agira de montrer que les propriétés attribuées à certains objets les font fonctionner esthétiquement. Ce qui justifie le fait que en parlions comme d'œuvres d'art.

En outre, on rejettera l'idée de considérer certaines œuvres ou toutes les œuvres comme des types (ce que font respectivement Wollheim et

Zemach). On adoptera la distinction (refusée chacun à sa manière par Wollheim et Zemach) entre arts autographiques, dans lesquels le problème de l'authenticité se pose en termes historiques, et arts allographiques, dans lesquels le problème de l'authenticité se posent non pas en termes historiques mais de respect d'un texte.

3. L'ART ET SES OBJETS (WOLLHEIM)

Dans *L'art et ses objets*, Wollheim propose la thèse selon laquelle il y aurait deux catégories d'œuvres d'art[19]. La première comprend des individus tels que des peintures, des œuvres architecturales, des sculptures, etc. Ce sont des objets uniques et snguliers. La seconde comprend des *types*. Les œuvres musicales ou théâtrales sont des types ; il y en a donc de multiples *occurrences*. Se pose alors la question de la réidentification des *occurrences* du *même* type.

A partir de cette distinction, Wollheim est évidemment conduit à affirmer que certaines œuvres ne sont pas des objets physiques. Il dit ainsi :

> Les objets physiques que l'on peut (...) considérer en désespoir de cause comme des œuvres d'art lorsqu'il n'y pas d'objets physiques pouvant de manière plausible être tenus pour tels sont des *occurrences*[20].

Mais alors qu'est-ce qu'un type ? Ce n'est pas un particulier. Ce n'est pas une classe. Ce n'est pas non plus un universel[21]. A partir du texte de Wollheim, on peut proposer les distinctions suivantes qui concernent non pas des œuvres d'art mais le Drapeau rouge :

(1) *Classe (des choses rouges)* : addition de tous les éléments, *i.e.* de toutes les choses rouges (de façon intemporelle).

(2) *Universel (le rouge)* : ce qui est présent dans toutes les choses rouges.

(3) *Type* : ce qui est présent dans toutes les occurrences et est considéré lui-même comme une sorte d'ocurrence (quoique singulièrement importante ou remarquable).

Wollheim affirme ainsi :

> De bien des manières, nous traitons le Drapeau rouge comme s'il s'agissait d'un drapeau rouge (*Cf.* « Nous hisserons le drapeau rouge »)[22].

On a bien du mal alors à savoir ce qu'est un type. A partir de la remarque précédente, on aurait tendance à penser, contrairement à ce qui est dit plus haut, que le type est lui-même un objet physique, le premier d'une série de répliques autorisées. Il y aurait un premier drapeau rouge qui serait le Drapeau rouge. Mais Wollheim dit qu'il ne s'agit que d'une question conceptuelle, concernant la structure de notre langage[23]. Il ne faudrait donc pas penser le Drapeau rouge de cette façon comme un objet physique archétypique (le mètre-étalon, par exemple). Un autre solution consiste à dire que certaines propriétés des occurrences (des objets physiques) sont des propriétés des types. Dès lors,

> que [les œuvres] puissent être non des objets physiques mais des types ne les empêche pas d'avoir des propriétés physiques[24].

Donc les occurrences sont identifiées par des propriétés non physiques. Mais quelles sont-elles ? Ce qu'est un type reste assez mystérieux. On comprend bien qu'il nous faut une notion qui permette de penser ce qui fait qu'il peut y avoir plusieurs exécutions de la même œuvre, mais on ne voit pas pourquoi faire appel à une entité supplémentaire, fantomatique et au satut ontologique pour le moins indécidable. Par la suite, on verra qu'on peut fort bien s'en passer.

Pour Wollheim, les œuvres qui ne sont pas des types mais des individus ne sont pas pour autant des objets *physiques*. Ce sont des objets *esthétiques*. En effet, les propriétés physiques font certes un objet physique, mais pas une œuvre d'art. Dans l'essai additionnel III de *L'art et ses objets*, Wollheim montre lui-même certaines difficultés de cette thèse. Si l'on dit qu'il y a des entités esthétiques consitutées de propriétés esthétiques, il suffira alors de désigner des propriétés x-iques pour qu'il y ait des entités x-iques. Par exemple, s'il y a des propriétés érotiques, je peux considérer qu'il y a des entités érotiques qui forment une catégories d'objets à part, possédant une nature propre. Qu'il y ait une différence entre des propriétés esthétiques et non-esthétiques, ou entre des propriétés érotiques et non-érotiques, est une chose. Qu'à cette distinction correspondent des objets dont la nature est esthétique ou des objets dont la nature est érotique en est une tout autre. la première n'implique certainement pas la seconde.

Il y a cependant une raison qui milite en faveur de la théorie de l'objet esthétique.

> Les pigments, la pierre et le bois sont éminemment corruptibles : les couleurs pâlissent, l'humidité tâche le plâtre, l'atmosphère érode la sculpture. Mais l'œuvre d'art elle-même est en revanche incorruptible : son caractère ne s'altère pas avec le temps[25].

On pourrait dire alors que si l'œuvre d'art n'a pas de nature esthétique, elle a une *condition* esthétique. On se demande toutefois ce que veut dire dans le texte cité : « l'œuvre d'art est incorruptible » ? Si on le dit, on présuppose qu'une théorie substantialiste de l'œuvre d'art va de soi. Ce que l'argument est supposé montrer est alors présupposé. Les propriétés sensibles de l'œuvre d'art sont contingentes, car subsiste toujours, selon cette thèse, quelque chose *sous* ces proriétés, quelque chose qui est l'œuvre d'art elle-même. On serait alors conduit à dire que l'œuvre d'art est immortelle, puisque même disparue corps et biens, elle subsiste toujours indépendamment de ses propriétés sensibles. Il faudrait pour le moins restreindre cette théorie substantialiste de l'œuvre d'art sur un point important. Pour avoir une condition esthétique, l'œuvre d'art doit exister, ou alors on a des œuvres d'art qui n'existent pas et qui n'en ont pas moins pour autant des propriétés esthétiques... On en arrive alors à la thèse selon laquelle

> même si nous n'identifions pas l'œuvre d'art à l'objet physique, nous y pensons comme ayant une durée de vie dont l'objet esthétique hérite selon toute vraisemblance. Si l'objet esthétique ne se détériore pas avec le tableau, la sculpture ou l'édifice physiques, il ne saurait survivre à la destruction de sa contrepartie physique[26].

Cette thèse n'est pas convaincante. On ne voit pas jusqu'à quel point de détérioration l'œuvre d'art continue à hériter la vie de l'objet physique auquel on l'identifie à tort. Or, pour le décider il faudrait savoir ce qu'est l'objet esthétique indépendamment de l'objet physique corrélatif. Toutes les difficultés viennent ici du fait qu'on tente de saisir ce qu'est l'œuvre d'art sans tenir compte des conditions cognitives qui sont celles de notre appréhension des objets esthétiques. Wollheim dit lui-même très justement que

> nous avons besoin non pas tant d'une bifurcation théorique de l'objet physique et de l'objet esthétique que d'une explication systématique de la manière dont les mêmes prédicats peuvent être tenus pour vrais de l'œuvre d'art aussi bien à certains moments de son existence que, en conséquence, toute son existence durant[27].

A cet égard, le phénomène de la restauration des œuvres d'art est plus significatif que celui de la reproduction. Le premier suppose en effet que ce qu'*est* l'œuvre soit décidé, alors que dans le cas du second on est moins tenté (sauf Zemach, on le verra dans la section suivante) de prétendre que la reproduction d'une œuvre est cette œuvre. Or ce qu'elle *est* est fonction d'un état de la connaissance la concernant. Cet état de la connaissance est de deux ordres :

– Ordre interne. Il s'agit alors de mettre en œuvre des relations de référence grâce auxquelles on détermine ce que l'œuvre signifie. C'est le cas quand on élimine dans le *Cappella Brancacci* les feuilles (assez peu délicatement) placées devant le sexe d'Adam et celui d'Eve sur la fresque de Masolino qui les représente dans le Paradis terrestre. Il s'agit là d'une recherche iconologique qui conlut à l'inanité de cet ajout[28]. A l'inverse, la tentation est grande aujourd'hui (à Amiens, par exemple) de peindre l'intérieur et l'extérieur des cathédrales.

– Ordre externe. Il s'agit cette fois de toutes les méthodes proprement scientifiques grâce auxquelles on peut se rapprocher le plus possible d'un état original reconstitué. Concernant la cathédrale d'Amiens, c'est un nettoyage au laser qui a fait apparaître la polychromie initiale[29]. (Alain Erlande-Brandenbourg peut ainsi intituler un livre *Quand les cathédrales étaient peintes*[30].) Certes, on hésite, c'est peu dire, à barbouiller les cathédrales, mais savoir que la pierre n'était pas nue est important quand il s'agit de restaurer[31].

Ce qui est significatif dans ce phénomène de la restauration, c'est justement que nous ne parvenons pas à distinguer l'objet physique et l'objet esthétique et qu'il n'est pas possible de déterminer ce qu'est le second indépendamment du premier. A tel point que l'attitude actuelle des spécialistes de la restauration d'œuvres d'art est d'en faire finalement le moins possible, convaincus qu'ils sont de ne pouvoir identifier l'objet esthétique derrière l'objet physique qu'on leur a confié et de leur incapacité de ramener le second au premier[32]. C'est pourquoi la notion d'objet esthétique indépendant de l'objet physique semble totalement inutilisable.

4. ONTOLOGIE DE L'ŒUVRE D'ART ET RELATIVITÉ DE L'IDENTITÉ (ZEMACH)

La théorie de l'œuvre comme objet esthétique ou comme type, selon qu'elle est ou pas un individu, conduit Wollheim a développer une forme de platonisme. Pour autant, la thèse qui fait de l'œuvre d'art un type n'en est pas nécessairement platoniste, c'est-à-dire n'encourage pas nécessairement l'affirmation de l'existence d'entités générales non physiques (comme des universaux ou des types). Elle a été développée par Eddy Zemach comme base d'une ontologie nominaliste de l'œuvre d'art. Cette ontologie repose sur six définitions[33].

D1. Un *type* est une chose physique; il apparaît à de multiples *indices*.
D2. Un index est un triplet : un moment, une place et un monde possible.
D3. Une instance d'un type A est une occurence de A à un index i; l'instance de A à i est identique à l'index i.
D4. L'identité est relative à l'index.
D5. L'identité est relative au type.
D6. L'identité est transitive.

D1 semble de prime abord parfaitement arbitraire. Zemach la justifie de la façon suivante. Une chose est ce qui peut être identifié et réidentifié[34]. « Platon », par exemple, nomme une chose que l'on peut trouver dans ce monde, à de multiples places aux alentours de 400 avant Jésus-Christ. On peut aussi la trouver dans d'autres mondes. « Cheval » est aussi un nom ; il nomme le Cheval. Si vous savez utiliser le nom Cheval, vous pouvez identifier les différentes instances du Cheval malgré les différences entre elles. C'est la même chose pour « Carré » ou « Blanc ». Bien évidemment,

> les choses se recouvrent (*overlap*) : si vous avez un cheval blanc appelé « Platon », alors Platon et Cheval sont identiques à [l'index] Platon mais non pas à [l'index] Cheval ; également, Blanc et Cheval sont identiques à [l'index] Platon, mais pas à [l'index] Blanc (certaines choses blanches ne sont pas des chevaux) ou à [l'index] Cheval (certains chevaux ne sont pas blancs)[35].

L'ontologie zemachienne est méréologique. Si on considère deux choses, Cheval et Cheval blanc, on constate que :

(a) Cheval recouvre plus de choses que Cheval blanc puisque Cheval a des instances non blanches et non Cheval blanc.

(b) Cheval blanc est « logé » (*nested*) dans Cheval.

(c) L'essence de Cheval est une partie propre de l'essence de Cheval blanc ; donc tout Cheval blanc est un Cheval, mais pas l'inverse.

Un exemple esthétique montre l'intérêt pour notre sujet de l'effort ontologique de Zemach.

> Chaque interprétation du *Magnificat* de Bach est une instance du *Magnificat* de Bach, il est logé dans le *Magnificat* de Bach. Mais les deux choses sont identiques seulement à cette interprétation, non pas au *Magnificat* de Bach ; il y a des instances du *Magnificat* de Bach qui ne sont pas des instances de cette interprétation[36].

L'idée qu'une chose est logée[37] dans une autre peut paraître très curieuse pour qui n'est pas accoutumé à l'ontologie méréologique. On peut dire que b est logé (L) dans a si et seulement si toute propriété essentielle (F) de a est aussi une propriété essentielle de b. Formellement

$L(b, a) \equiv (F) (L\, Fa \supset L\, Fb)$

L'emploi fait dans une théorie supposée être nominaliste de la notion de propriété essentielle peut étonner. On peut cependant remarquer que, pour ainsi dire, Zemach fait un emploi non essentialiste de la notion de propriété essentielle. Dans son système, les propriétés essentielles définissent simplement des conditions d'identité des choses. Ces conditions d'identité sont toutefois toujours relatives à certains intérêts (pour telle ou telle classification) ou à certaines valeurs (un x *doit* posséder telle propriété). Autrement dit, elles ne sont jamais aboules parce que « être un x » est un prédicat dont la texture est ouverte. Les expressions « propriétés essentielles » et « conditions d'identité relative » reviennent au même. F est une propriété essentielle de *a* si et seulement quand *a* est alors, eu égard à nos modes de classification, F*a*. Zemach ne défend pas seulement ainsi une ontologie relative[38], mais aussi une théorie ontologique du vague[39] qui conduit à une définition de la culture.

> Le monde que je vous montre est constitué d'un nombre infini de choses vagues qui se recouvrent et sont logées [les unes dans les autres]. La culture est le discernement et la construction de chaînes hiérarchiques de choses logées [les unes dans les autres], ces constructions forment des interprétations de la nature de plus en plus sophistiquées et donc esthétiquement plaisantes[40].

L'application de D1-D6 à l'ontologie des œuvres d'art produit un résultat surprenant. Il est d'abord très clair que l'ontologie des œuvres d'art qui en résultera sera ultra-nominaliste. Zemach rejette totalement l'idée que certaines œuvres d'art pourraient, d'une façon ou d'une autre, être des universaux.

> Il est évident que les œuvres d'art ne sont pas des universaux. Les universaux ne sont pas des choses matérielles. Ils n'occupent pas d'espace et ne prennent pas du temps ; ils n'ont pas de masse ou de poids, et ils ne peuvent être physiquement pris en main. Aucun universel ne peut être endommagé et réparé, crée et détruit, être entendu, vu ou touché. Or, tout cela est vrai des œuvres d'art[41].

La comparaison avec Wollheim marque bien la différence que font des présupposés ontologiques différents en matière d'esthétique. Dès lors, prenons deux œuvres : *Aida* et *La ronde de nuit*. Classiquement, on considèrera que l'une relève de la catégorie des œuvres qui peuvent être exécutées et sont donc multiples, et l'autre de la catégories des œuvres individuelles. La distinction n'a plus de sens pour Zemach. *Aida* est un type, au sens zemachien. Cette œuvre est jouée à un index par un orchestre et à un autre index par un autre (ou le même) orchestre. Bien évidemment, les différentes instances de *Aida* ont des propriétés différentes — de temps, de place, mais aussi bien de particularités interprétatives. Tout aussi bien, selon Zemach, *La Ronde de nuit* est un type.

> Elle a des propriétés différentes aux multiples indices auxquels elle apparaît. Une des ces instances (celle qui vient d'être achevée par Rembrandt) est fraîche, ses couleurs sont éclatantes ; une autre (dans un livre d'art) est grossière et ses couleurs sont vulgaires ; une troisième (l'original quatre cents ans plus tard) est floconneuse et décolorée[42].

On a donc là une thèse qui conduit à considérer une copie ou une reproduction comme une instance d'un type. Une reproduction de *La ronde de nuit* dans votre « Rembrandt complet », même s'il s'agit d'une photographie de 7 sur 4 cm, en noir et blanc, un peu floue, etc., est une instance de *La ronde de nuit* de Rembrandt, *i.e.* une instance de *La ronde de nuit* à un index i (dans ce monde actuel, dans votre livre acheté en soldes, depuis que le livre a été fait et jusqu'au jour où il sera détruit).

Le problème est bien celui de la relativité de l'identité à un index. Toutes les instances du type Reproduction de A sont des instances de A. Donc on peut écrire :

RA $=_i$ A

ou même :

RA $=_{RA}$ A

L'identité est aussi relative à un type[43]. Soit deux reproductions X et Y de A. On peut écrire que X est le même A que Y, *i.e.* :

X $=^A$ Y

Et ceci est vrai si et seulement si

Pout tout Ai tel que Ai $=_{Ai}$ A, X $=^A$ Ai et Y $=^A$ Ai

Zemach peut ainsi montrer que si on a raison de penser qu'il y a des différences esthétiques importantes entre l'original et une reproduction, il faut aussi penser qu'il y a des différences esthétiques importantes entre les différentes instances du tableau depuis le moment où il a été peint jusqu'au moment où on le contemple dans le Rijksmuseum. Or personne n'irait prétendre que ce n'est pas le même tableau. On retrouve le problème de la restauration. Je propose ici une analyse d'esprit zemachien concernant ce problème[44]. Supposons une instance d'un tableau notée Ti = [W, ty, ly], *i.e.* dans le monde W, le tableau T à un moment y et dans un lieu y. Puis le même tableau Ti = [W, tz, ly]. Entre ty et tz, il y a restauration. Et, de fait, on peut imaginer que les propriétés esthétiques de T en tz sont plus proches de celles de T en tx, tx précédant ty, qu'en ty. Supposons encore une reproduction de T qui sera notée Tj = [W, tz, lv]. Tj reproduit Ti = [W, tz, ly] et peut donc fort bien être plus proche de Ti = [W, tx, ly] que de Ti = [W, ty, ly].

Grâce à la notion d'identité relative, Zemach pense qu'il est possible de référer à *la même chose* même quand nous avons des différences irréductibles entre des propriétés de différentes instances de cette chose. Une notion d'identité qui rendrait cela impossible serait selon lui à rejeter. En ce sens, deux images, l'original et sa reproduction, ou bien une copie et la reproduction de la copie, etc., sont à la fois distinctes (elles ont des particularités) et sont pour autant des instances de la même chose. Elle sont relativement identiques. A mon sens, cette thèse n'est pas tenable et on verra tout de suite pourquoi. Pour autant, cette thèse montre a au moins un intérêt. Elle s'attaque à un certaines «évidences» qui proviennent de présupposés ontologiques. Il s'agit principalement ici de la distinction entre substance et prédicat. Dans l'ontologie de Zemach, cette distinction n'a pas cours puisqu'il n'y a plus que des substances.

> On doit résister à la tentation de considérer un homme comme métaphysiquement décomposable en deux composants, le substratum particulier et la propriété d'Humanité. «Un homme» doit être considéré comme une expression substantive pas prédicative. (...) Des énoncés comme «c'est un homme» seront compris littéralement, avec le «est» fonctionnant non pas comme le «est» de prédication mais comme un signe d'identité. «X est un homme» ne dit pas que «X exemplifie l'Humanité» mais qu'il est identique à un certain homme[44].

L'ontologie méréologique proposée par Zemach écarte donc la notion de prédication au profit de celles d'identité, de recouvrement et de partie. Il reste à savoir si le pouvoir expressif de la sémantique proposée par Zemach est ontologiquement suffisant. L'ontologie aristotélicienne ne reste-t-elle pas malgré tout présupposée par Zemach dans la réduction sémantique en termes méréologiques qu'il propose de toute sémantique qui opère en termes de prédication?[46] Cependant, la question est beaucoup trop large pour être traitée ici. Il reste que la différence entre l'esthétique de Wollheim et celle de Zemach fait apparaître combien les thèses ontologiques les dominent ; cela montre aussi en quoi les questions d'esthétique et en quoi l'esthétique est non seulement une branche de la philosophie de la connaissance, mais aussi de l'ontologie (dans la mesure où ce que nous prétendons pouvoir connaître est aussi ce que nous disons pouvoir exister — et dans la mesure, donc, où la philosophie de la connaissance et l'ontologie ont aussi, inévitablement, *pace Kant*, partie liée). Les raisons pour lesquelles je ne me range pas à la thèse de Zemach sont les suivantes : Zemach est conduit à un critère d'identité *évaluatif* de l'œuvre d'art qui paraît peu clair ; sa théorie ne permet pas d'accorder un statut clair au *faux* en art.

1) Zemach précise quant au premier point :

> Les œuvres d'art sont faites et appréciées pour leur valeur esthétique; donc, que x soit ou pas une instance de l'œuvre d'art a dépend de la possession par x de ce qui en a a une valeur esthétique, et cela ne peut être décidé par une procédure mécanique non évaluative[47].

Il paraît bien dommage qu'à l'issue de tout un travail pour mettre en place les éléments d'une ontologie des œuvres d'art logiquement articulée, Zemach en arrive à laisser la question de savoir si x est ou pas une instance de telle ou telle œuvre d'art, par exemple si la reproduction de *La ronde de nuit* dans un livre d'art est ou pas *La ronde de nuit*, à l'intuition la plus discutable qui soit, celle de la valeur esthétique d'une œuvre. En quoi consiste-t-elle ? Zemach affirme que pour produire [*i.e.* interpréter une œuvre musicale] *a*, on doit faire plus que faire des sons qui correspondent à la partition, on doit rendre sa signification[48].

Curieusement, l'essentialisme resurgit ici. Un essentialisme conventionnaliste, en quelque sorte, puisque la signification en question est affaire de pratiques, mais un essentialisme tout de même. Saisir la valeur esthétique d'une œuvre d'art, c'est selon Zemach appréhender le message que l'œuvre «véhicule»[49]. Mais comment s'assure-t-on que ce qui est saisi est bien ce qui fait la valeur de l'œuvre, *i.e.* son message[50], et non pas simplement ce que l'œuvre évoque sans signifier?[51]

2) Quel peut être le statut du faux dans une telle théorie? Un faux n'est pas une occurrence d'une œuvre A, il n'en est pas une copie, il n'en est pas une reproduction. Quel est le statut d'un tableau faussement attribué à Vermeer et réellement peint par Van Meegeren, comme les *Pèlerins d'Emmaüs*? Une ontologie de l'œuvre d'art ne peut pas consister simplement à rendre compte du statut ontologique de chaque œuvre particulière et du rapport entre un tableau original, ses copies et ses reproductions. Il faut bien aussi donner un statut au rapport entre les différents tableaux du même peintre, par exemple, afin de rendre compte de la différence entre les faux et les œuvres authentiques.

On serait tenté, dans la perspective de Zemach de considérer que la question du faux n'a ontologiquement aucune importance. Le fait qu'une œuvre soit de X ou de Y ne changerait rien à sa valeur esthétique qui seule importe pour déterminer son identité. Mais ce serait méconnaître le phénomène suivant : dès qu'on sait qu'une œuvre attribuée à X, un grand nom, est en fait de Y, un artiste moins ou pas réputé, notre façon de voir l'œuvre est modifiée et, la plupart du temps, nous lui trouvons moins de valeur esthétique. On peut certes considérer qu'il y a en cela un fait cognitif fort simple : la valeur esthétique que nous accordons à une œuvre est fonction de ce que nous savons de cette œuvre. En droit, que l'œuvre ait été faite par X ou par Y ne devrait pas modifier notre appréhension de l'œuvre puisque ses propriétés esthétiques ne sont nullement modifiées par cela.

Cette dernière remarque, qui semble être de bon sens, est me semble-t-il incorrecte. Qu'elle le soit a une importance considérable concernant la question de l'authenticité et de l'ontologie des œuvres d'art en général. Appréhender une œuvre d'art A ne suppose pas simplement avoir affaire à un objet qui provoque ou pas une réaction esthétique. Croire cela revient *grosso modo* à adopter une position kantienne en esthétique. L'appréhension d'une œuvre est part d'une activité cognitive qui prend entre autres la forme d'une classification. Cela ne suppose donc pas seulement qu'on considère l'objet *comme* une œuvre d'art, mais l'usage d'une multiplicité de classifications proprement historiques qui appartiennent à notre appréhension esthétique. Il y a une erreur, d'inspiration kantienne, de ceux qui pensent qu'il y a un jugement de goût *pur* s'exerçant en totale indépendance à l'égard de toutes les catégories historiques (attribution, style, comparaison avec d'autres œuvres). Il n'y a pas un noyau de jugement pur auquel s'adjoint de l'extérieur des éléments étrangers à l'expérience esthétique. L'expérience esthétique consiste à jouer de ces multiples classifications, à considérer tel objet comme œuvre d'art, comme étant de X, mais aussi comme étonnamment plus proche de telle autre œuvre qui n'est pas de X mais de Y.

Que se passe-t-il alors dans le cas d'une réattribution en quelque sorte dévalorisante. Telle œuvre, du fait d'une information nouvelle, n'appartient plus à l'ensemble des œuvres de X. Or, cette œuvre était appréciée *en tant* qu'œuvre de X. Etre de X n'était pas une caractéristique indifférente au jugement qu'on portait sur elle et s'y surajoutant sans avoir en droit à le modifier. Quand on découvre que *Les pèlerins d'Emmaüs* n'est pas une œuvre de Vermeer, le tableau qui était appéhendé et apprécié relativement à d'autres œuvres ne l'est plus *de cette façon*. S'il perd de sa valeur esthétique, c'est parce que celle-ci n'est en rien indépendante du fait que l'œuvre appartienne ou pas à un ensemble d'œuvres de Vermeer. Les autres œuvres de Vermeer, celles dont on considère qu'elles sont authentiques, voient elles aussi leur statut esthétique modifié par la désattribution des *Pèlerins d'Emmaüs*. D'une façon comparable, si on apprend que telle statuette africaine, un *blolo* baoulé par exemple, a été faite dans une fabrique de pièces pour touristes, près d'un aéroport africain et pour la vente en *duty free*, il est inutile de faire la remarque suivante (que j'ai souvent entendue) : « Il n'y a pas de différence esthétique avec les statuettes considérées comme authentiques parce qu'elles ont été faites par un sculpteur de village et qu'elles ont été utilisées. Cette pièce dédaignée a en plus le mérite de n'être pas endommagée. » Cette remarque suppose en effet qu'on appréhende l'objet indépendamment de ce qu'on sait de lui, par un sens esthétique pur. Si cette statuette d'aéroport est d'un intérêt ethnologique nul (sauf à faire l'ethnologie des aéroports africains), elle est aussi d'un intérêt esthétique médiocre, simplement parce que, concernant la statuaire africaine, il n'est pas question de séparer ce qui relève de l'ethnologie et ce qui relève du jugement esthétique. Il y a une intégration des deux. La classification de l'œuvre comme ethnologiquement authentique n'est pas extérieure au jugement esthétique, mais le jugement esthétique est heureusement modifié par une reclassification en ce domaine. Elle nous apprend par exemple à rejeter des anticipations appréciatives valorisantes indues comme le fait qu'une statuette n'est pas endommagée. En effet, nous avons tendance à préférer ce qui est complet, ce qui n'est pas, par exemple, rongé en partie par des termites («C'est dommage que les pieds soient abîmées, sinon elle serait jolie cette statue, elle aurait fait bien dans le salon!»). Cette anticipation malheureuse est largement mise en question par la classification en authentique et non authentique. En ce sens, cette distinction est partie intégrante de notre appréciation de l'œuvre, elle ne lui est nullement extérieure et elle n'en est pas un parasite.

C'est cela que ratent les analyses de Zemach. Le statut ontologique d'une œuvre d'art — et même si j'évite de donner à ma remarque un ton trop général, on comprendra aisément que je la considère valoir pour toutes les choses en général — n'est pas indépendant de nos classifications. Ce que l'on sait de l'œuvre, et par exemple qu'elle est bien de Untel, qu'elle est authentique, détermine le mode d'existence de l'œuvre.

5. AUTHENTICITÉ ET CLASSIFICATION

Zemach rejette la distinction goodmanienne entre des arts autographiques et des arts allographiques[52]. La première catégorie concerne les œuvres pour lesquelles la différence entre l'original et le faux a un sens. C'est le cas pour un tableau. Voir le *Portrait de Mona Lisa*, c'est voir un objet physique singulier, celui-là même qui a été peint par Léonard de Vinci. Les hordes qui se pressent au Louvre ne s'y trompent pas : une reproduction ne fait pas l'affaire. Il faut avoir vu *le tableau* du Louvre pour avoir vu le tableau *de Léonard*. En revanche, dans la catégorie des œuvres allographiques, il n'y a pas de faux. Bien évidemment, un musicologue peut écrire une partition et prétendre qu'elle est de Bach ; un critique littéraire peut écrire un poème et prétendre que c'est une œuvre inédite de Verlaine qu'il vient de retrouver. Dans ces circonstances, on est alors exactement dans le cas de la peinture ; on prétend que de tels textes sont des autographes de Bach ou de Verlaine. Est-on encore dans le même cas si on montre qu'une partition attribuée à un compositeur, Karl Philip Emmanuel Bach par exemple, et dont on ne possède pas l'autographe, est en fait de son père Johann Sébastian? Cette modification de l'attribution peut se faire sur la base d'une étude de l'œuvre imprimée, et pas de la découverte historique de l'autographe. Ce cas, fréquent malgré tout, est fort différent du précédent. (On dit alors : même si on possède un autographe de cette œuvre de la main du fils Bach, elle n'a pas pu être écrite par lui parce qu'il ne pouvait pas écrire une œuvre de son père — et que cette autographe est en fait une copie par le fils d'une œuvre du père dont on ne possède pas l'autographe.) Ce qui importe est la distinction générale entre des œuvres dont l'authenticité est fonction de l'histoire et celles dont l'authenticité est fonction de l'identité orthographique, *i.e.* du respect d'un texte dont elles constituent une réplique.

Goodman explique ainsi que

> le manuscrit de Haydn n'est pas un exemplaire plus authentique de la partition qu'une copie qu'on vient d'imprimer le matin, et l'exécution d'hier soir n'est pas moins authentique que la première[53].

Des œuvres allographiques, il ne saurait donc y avoir de faux, sauf, comme indiqué précédemment, à les traiter comme des œuvres autographiques, autrement dit à s'y intéresser de la même façon qu'on s'intéresse à un tableau. Toute reproduction fidèle d'un manuscrit et toute exécution correcte d'une partition a un statut d'authenticité. Bien évidemment, l'art musical est un art à deux phases. Comme le dit Goodman,

> ce que produit l'écrivain est ultime ; le texte n'est pas un simple moyen en vue de lectures orales à la manière dont une partition est un moyen en vue d'exécutions de musique[54].

La musique est donc un art à deux phases et pas la littérature. Mais cela ne change rien au fait qu'elles partagent la même condition d'authenticité, l'identité textuelle. A l'inverse, l'estampe ou la gravure, qui sont des arts à deux phases ont la même condition d'authenticité que la peinture. Pour qu'une gravure soit de Dürer, elle doit appartenir à l'ensemble déterminé quant au nombre des gravures tirées à partir de la matrice gravée par Dürer. Il est possible, et même certain, que plusieurs gravures authentiques ne seront pas identiques, elle seront pourtant tout aussi authentiques les unes que les autres parce que la gravure est un art multiple qui ne suppose pas, à la différence de la peinture, l'unicité des œuvres.

Pour les œuvres allographiques, seule importe l'identité orthographique,

> c'est-à-dire une correspondance exacte quant aux séquences de lettres, aux espacements et aux signes de ponctuation[55].

L'exemplaire de *La chartreuse de Parme* de votre bibliothèque n'est pas moins authentique que le manuscrit autographe de Stendhal. Que nous éprouvions un certain plaisir à voir l'écriture de nos écrivains ou philosophes préférés n'est sans doute que fétichisme, attachement indu à un objet auquel on accorde une puissance occulte. Les arts allographiques supposent une notation canonique. Dans le cas de *La chartreuse de Parme*, c'est la langue française standard. Pour les *Scènes d'enfants* de Schumann, c'est la notation musicale occidentale standard. L'absence d'un critère orthographique pour la peinture ou la gravure est une conséquence de l'inexistence d'une notation picturale. S'il n'y a pas de notation picturale, à ne pas confondre avec l'existence de pictogramme, c'est qu'il n'y a pas d'alphabet et des règles de construction des formules autorisées pour la notation. Les caractéristiques symboliques de l'image, au premier rang desquelles la densité syntaxique et sémantique[56], empêchent qu'il y ait une notation utilisable pour la réidendification des œuvres.

Comment la réidentification est-elle alors possible ? Elle suppose un jugement d'attribution historique du type «X a fait Y». Soit un tableau Y et un peintre X qui est l'auteur de Y. La question portant sur l'authenticité de Y est du même type que celle qui porte sur sa localisation. Si on demande : «Y est-il dans la salle 4 du musée ?», «Y est dans la salle 4 du musée» est vrai si et seulement si Y est dans la salle 4 du musée. De la même façon «X a peint Y» est vrai si X a peint Y. L'authenticité de Y tient donc simplement au fait que le jugement d'attribution soit vrai. Autrement dit, il n'y a d'authenticité de Y que sous l'attribution correcte à X exprimée par l'énoncé «X a fait Y» si cet énoncé est vrai. Lucien Stéphan dit ainsi :

> Il n'y a pas d'œuvre authentique ou de faux en soi, mais seulement sous la condition d'une attribution déterminée[57].

Cela signifie, à mon sens, que l'authenticité n'est jamais une propriété interne de l'objet, mais une façon de le *classer*. Y appartient à l'ensemble des objets authentiques s'il est vrai au sujet de Y qu'un énoncé attribuant Y à X est vrai. Les objets authentiques le sont tous pour la même raison, qui n'a rien à voir avec une nature intrinsèque de l'objet en question, mais tout avec ce qu'on dit quand on dit qui l'a fait. L'objet est ce qu'il est et le reste, quand bien même il serait inauthentique, c'est-à-dire *mal attribué*. La thèse selon laquelle l'authenticité serait corrélative d'une essence individuelle de l'œuvre d'art doit être fermement contestée.

Il est important de remarquer qu'une désattribution est généralement une réattribution. Si l'authenticité de tel tableau de Pierro della Francesca est mise en doute, c'est qu'on pense que le tableau est plutôt de Lorentino d'Arezzo ou de Luca Signorelli. Le tableau est donc bien inauthentique sous une certaine attribution, mais pas inauthentique en soi puisqu'il suffit de trouver la *bonne* attribution, *i.e.* faire un jugement historique correct le concernant. Certes, nous penserons volontiers que *Les pélerins d'Emmaüs*, même réattribué à Van Meegeren, reste un tableau *inauthentique*. Mais, la signification du terme *authentique* n'est plus alors celle qui nous intéresse ici (la troisième signification déterminée dans la section 2 de ce chapitre). Il s'agit de la signification morale d'authentique. Il y a une fausseté éthique de Van Meegeren, et évidemment pas du tableau, parce qu'il a essayé de tromper les gens. Mais surtout, Van Meegeren irait contre l'exigence morale de sincérité en mettant en place un dispositif dans lequel on a été conduit à attribuer à Vermeer non pas seulement un tableau qui n'était pas de lui, mais *des sentiments qui n'étaient pas les siens* (ce qui relève de la première signification du terme dans la section 2 de ce chapitre). De plus, ces sentiments, puisqu'ils n'ont pas été présentés par Van Meegeren comme étant les siens ne lui sont pas attribuables après réattribution du tableau. Les faux sentiments de Vermeer ne sont pas d'authentiques sentiments de Van Meegeren puisque Van Meegeren a semblé jouer avec l'expressivité de l'œuvre indépendamment de tout projet d'expression de soi. La faute morale du faussaire n'est pas seulement une faute sociale. Le faussaire pervertit la signification éthique de l'authenticité. Cela qui choque le plus et conduit à considérer que des faux Vermeer ne sont pas d'authentiques Van Meegeren. Même réattribués, ces tableaux restent marqués par l'infamie. (Toutefois, ce sentiment d'infamie s'est nettement renforcé avec une conception expressiviste de l'art, conception essentiellement romantique, mais qui a perduré par la suite.)

Il ne convient pas cependant d'accorder une importance démesurée à un cas comme celui de Van Meegeren dans lequel, décidemment, la réattribution ne garantit pas l'authenticité. Selon Mark Roskill,

lorsqu'il se trouve que l'étiquette d'un tableau, dans un musée, a besoin d'être changée au cours du temps, dans au moins 95 % des cas il ne saurait être question d'un faux[58].

On passe de l'authentique à l'authentique, c'est-à-dire qu'on n'a jamais affaire à de l'inauthentique en soi. Quant à l'authentique, il ne l'est que provisoirement, en attendant une nouvelle enquête historique, le travail quotidien des conservateurs. On s'aperçoit par exemple que tel tableau attribué à Dürer est en fait d'Altdorfer. Cela jette un doute sur l'attribution d'autres œuvres. On s'aperçoit alors que tel autre tableau est une œuvre d'école, ou qu'elle a été faite par deux peintres, complétée après une longue, voire très longue, interruption, par le même ou par un autre peintre, retouchée par la même ou un autre main, mise au goût du jour une fois, deux fois, trois fois, ... Roskill remarque aussi :

il y a encore les copies et les imitations faites à l'origine sans aucune intention de tromper, mais qui ultérieurement ont pu passer sur le marché de l'art pour des originaux, soit du fait de personnes sans scrupules [dont on peut remarquer qu'elles sont d'étranges faussaires qui ne sont pas l'auteur de l'objet qui trompe], soit par simple erreur [erreur de cataloguage, par exemple][59].

Il est dommage qu'on s'obnubile à ce point sur les cas de tromperie délibérée. L'enquête historique fait apparaître des cas bien plus variés que cela. On s'aperçoit parfois qu'on a sous-estimé, voire ignoré totalement, tel ou tel peintre du fait de mauvaises attributions.

C'est le cas de Georges de La Tour[60]. En 1913, le musée de Nantes atttribuait *Le reniement de Saint Pierre* à un certain Georges, peintre inconnu du dix-septième siècle, après avoir renoncé à l'attribuer à Quentin. La *Nativité* du musée de Rennes était alors attribuée à Le Nain (soit dit en passant, sans la distinction qu'on fait aujourd'hui entre les trois frères et comme s'il s'agissait d'un seul peintre). Or, à son époque, La Tour était très célèbre. Il a donc été oublié. Son œuvre a pratiquement disparu du fait de mauvaises attributions. Elle a été réconstituée vers 1915 grâce au travail d'enquête historique d'Hermann Voss, le directeur du Musée de Berlin[61]. Comme son travail fut publié en Allemagne pendant la guerre, c'est en 1922 seulement que les français s'avisèrent qu'ils avaient un nouvel ancien peintre — et le musée de Rennes aujourd'hui un chef-d'œuvre. On doit voir en cela l'évidence de l'imbrication complète du cognitif et de l'esthétique, le caractère aberrant de l'idée d'un goût pur et indépendant de toute question concernant, en l'occurrence, la constitution du corpus des œuvres d'un peintre. Tant que l'œuvre de La Tour n'est pas reconstituée, personne ne s'aperçoit, premièrement, que chacun de ces tableaux est d'une très haute valeur esthétique et, deuxièmement, qu'il y a là un des plus grands peintres du dix-septième siècle. La réconstitution du corpus de l'œuvre de La Tour est essentielle non pas simplement d'un point de vue historique, mais *esthétique*.

L'authenticité des œuvres autographiques est fonction de l'attribution. L'attribution d'une œuvre est la résultante d'une enquête historique. L'enquête historique justifie l'attribution en présentant les pièces d'un dossier. Bien évidemment, dans la mesure où par principe le fait historique n'est pas directement vérifiable, une proposition comme «Untel a peint tel tableau» suppose la fiabilité de la documentation présentée. Celle-ci, pour des raisons internes (fiabilité des documents) et externes (fiabilité de l'interprétation des documents), est toujours sujette à caution. Il convient de parler de *degrés d'authenticité*. Un objet est plus ou moins authentique, non pas du tout en fonction de caractéristiques internes, mais en fonction de la crédibilité du jugement d'attribution elle-même fonction de la pertinence de l'enquête historique. Cette pertinence se juge relativement à la valeur des documents étudiés, à leur nombre, à la compétence de l'enquêteur, etc. L'opposition massive entre authenticité et inauthenticité doit être délaissée pour une gradation entre un degré 1 d'authenticité relativement à une attribution et un degré 0 d'authenticité relativement à cette même attribution. Par exemple, la simple ressemblance d'un tableau avec un ensemble d'autres n'est pas une garantie suffisante pour l'attribution d'une œuvre à un peintre et l'authenticité de cette œuvre sous cette attribution. Il faudra aussi s'assurer de la date de production de l'œuvre et faire bien d'autres constatations convergentes pour que le degré d'authenticité sous cette attribution croisse et se rapproche de 1. L'authenticité de degré 1 sous l'attribution à A est celle d'un tableau bénéficiant de témoignages concordants et dont l'histoire peut être retracée sans aucune faille d'importance.

Qu'on ne puisse parvenir dans la plupart des cas à une authenticité de degré 1 ne doit évidemment pas encourager le révisionnisme. Dans de très nombreux cas, l'enquête historique sérieuse parvient à des résultants tout à fait probants. Cela n'est même pas fonction de l'éloignement dans le temps. Un tableau récent mal documenté peut être d'une authenticité douteuse (par exemple, de degré 0,4) sous l'attribution à A, alors qu'un tableau beaucoup plus ancien, mais bien documenté, et dont on peut par exemple suivre l'histoire depuis l'atelier de production jusqu'au musée en connaissant sa localisation chaque année grâce à des témoignages fiables, sera d'une authenticité plus grande sous l'attribution à B (et par exemple de 0,8). On s'aperçoit que, à la différence de la notion d'authenticité, celle d'inauthenticité est inutile. Une œuvre n'est jamais inauthentique, elle a un degré faible ou nul d'authenticité sous une attribution particulière. L'authenticité de 0,6 n'est évidemment pas une inauthenticité de 0,4 ! Un faux n'est pas authentique sous une certaine attribution, mais cela ne le rend pas, selon la signification que j'entends donner au terme d'authenticité, inauthentique. La prétendue inauthenticité est seulement un jugement d'attribution manifestement incorrect. Le problème n'est aucunement lié à des propriétés internes de l'œuvre, mais simplement à un jugement historique. C'est même pourquoi la question de l'authenticité sous une attribution, à la différence de toutes les connotations morales qui s'attachent à ce terme, relève d'une controverse historique publique, dans des revues spécialisées et entre des historiens capables de justifier leurs dires par l'analyse de documents. En cette matière, l'érudition et l'analyse historiques sont les seules choses qui vaillent. Le «flair du connaisseur», souvent vanté, semble surtout être le fait d'une longue pratique et de la constitution empirique d'un maillage catégoriel très fin pour un type d'objets donné[62]. (Par principe, il n'y a pas de «connaisseur» universel.) J'y reviendrai à la fin de la section qui suit.

6. AUTHENTICITÉ ET NÉCESSITÉ

Dans la typologie des théories ontologiques de l'authenticité proposées dans la section 1 de ce chapitre, la conception défendue est la conception (B). Un tableau x, fait par y, ne peut pas avoir été fait par z, mais pour autant cela ne signifie pas qu'il possède une propriété nécessaire, celle d'être de y (ce qu'affirme au contraire la conception (C)). Reconnaître cette propriété dans x, ce serait alors s'assurer de l'authencité de x.

La raison pour laquelle si x a été fait par y, il ne peut pas avoir été fait par z est, à mon sens, temporelle : elle a trait à l'irrévocabilité des événements passés. On peut considérer que toute proposition vraie concernant le passé est nécessaire. Comme le fait remarquer Jules Vuillemin, le mot «nécessaire» est utilisé alors de façon ambiguë.

> Un événement passé, dira-t-on, est irrévocable. Il n'est pas nécessaire. Lorsque, lancé, le dé a marqué six, le coup ne cesse pas d'avoir été aléatoire. La proposition disant que le dé a marqué six ne saurait être nécessaire, bien qu'elle porte sur un événement irrévocable[63].

On dira de même : si y a peint x, dire que x n'aurait pas pu être peint par z, c'est donc simplement dire que y a peint x, qu'il aurait pu ne pas le peindre, mais que *l'ayant peint*, il n'est pas possible qu'il ne l'ait pas fait. Si x a été fait par y, nous devrions, pour nous demander s'il aurait pu être fait par z, nous situer dans un monde possible *différent de l'actuel*, monde possible dans lequel le même objet serait non plus de y, mais de z. Or, le problème de l'authenticité ayant été ramené à celui de l'attribution et celui-ci relevant de l'enquête historique, le problème est de savoir *qui* a peint x dans ce monde et pas qui aurait pu peindre x dans un monde possible. On ne voit pas bien pourquoi nous nous poserions des questions comme : tel frère Le Nain aurait-il pu peindre les tableaux de La Tour ? (Ou plutôt, si nous posons une telle question, elle ne concerne pas le problème de l'authenticité, mais celui très général de savoir si les choses auraient pu être différentes de ce qu'elles sont. Question peut-être pertinente, mais qui n'est pas notre sujet.) Ainsi, dans la conception (B), dire que x a été peint par y et n'aurait pas pu être peint par z, c'est dire que les choses sont historiquement ainsi et que l'authenticité de x sous l'attribution à y (dans le monde actuel) suffit à éliminer toute autre possibilité. Autrement dit encore, nous suivons la leçon d'Aristote dans l'*Ethique à Nicomaque* quand il dit que

> Personne ne délibère au sujet des choses qui ne sont pas susceptibles d'être autrement qu'elles ne sont[64].

La délibération porte sur le présent et l'avenir. Et Agathon a eu raison de dire que même à Dieu il est impossible de faire que ne soit pas ce qui est fait[65]. On ne peut pas réaliser un possible dans le passé. Cela supposerait qu'on bouleverse l'ordre du temps[66]. La conception (B) traite la nécessité que *y* ait peint *x* une fois qu'il l'a peint comme une nécessité réelle et non pas logique. Comme l'explique Vuillemin :

> L'irrévocabilité, qui est un genre réel de nécessité, s'applique à un événement quelconque, même contingent, une fois l'événement accompli[67].

Dès lors, il n'y a pas de propriété possédée par *x* qui en fasse une œuvre de *y*, même si *x* est nécessairement l'œuvre de *y* une fois qu'elle l'est. On est pourtant tenté de penser que chaque œuvre d'art possède une essence individuelle qui en fait l'œuvre d'Untel. Cette essence individuelle est traditionnellement appelée l'*haeccéité* (la ceci-ité) d'une chose. Un artiste ne se contenterait pas de faire une œuvre d'art en général, œuvre d'art dont l'essence serait générique et non individuelle, s'il y en a une. Il faut supposer une essence individuelle pour chaque artiste. On peut dire que chaque œuvre d'art est singulière, qu'elle a des traits qui ne sont partagées par aucune œuvre d'art, par exemple d'avoir été faite à tel moment, à tel endroit, par telle personne. Mais une essence individuelle n'est pas alors en jeu ; celle-ci suppose une propriété interne individuante marquant la relation de l'objet à son producteur et déterminant l'objet comme n'ayant pas pu être fait par un autre.

L'*haeccéité* est ici comprise comme une propriété essentielle qui ne peut pas être partagée par deux ou plusieurs individus. L'exemple toujours donné est celui de la propriété «être identique à moi», que je suis évidemment le seul à exemplifier[68]. (Bien évidemment, je n'entendrai pas par haeccéité une propriété parfaitement contingente comme «être la chemise que je porte en ce moment», qui n'est possédée que par un seul objet pour autant que je n'en porte pas deux à la fois, mais qui ne constitue pas une propriété essentielle de l'objet en question.) Je considèrerai aussi qu'haeccéité et essence individuelle ne diffèrent pas, l'essence individuelle étant une propriété essentielle de quelque chose que seule cette chose peut avoir (qu'elle ne peut pas perdre et qu'aucune autre ne peut gagner). Il s'agit donc de l'haeccéité dont parlent Duns Scot et Arnauld[69].

On pourrait certes objecter que si l'haeccéité est une propriété individualisante, le prédicat «être l'œuvre de Untel» s'appliquera à toutes les œuvres de Untel et permettrait de constituer un ensemble d'objets auquel il s'applique, et pas une caractéristique singulière. Le prédicat «être l'œuvre de Untel» fonctionnerait comme le prédicat «être une table». A *cette* table s'applique le prédicat «être une table» parce qu'elle possède l'essence (générique) de table (tablité) qui s'applique à toutes les autres tables ; de même, à *cette* œuvre s'applique le prédicat « être de Untel » parce qu'elle possède la propriété interne d'être de Untel.

Ce n'est toutefois pas vraiment la même chose. Dans la thèse essentialiste, attribuer une œuvre (dire qu'elle est de Untel) suppose la mise en évidence d'une double individualité de l'œuvre ; une première a trait à l'artiste qui a fait l'œuvre et une seconde concerne *cette* œuvre en particulier et correspond bien à ce que les scolastiques appelaient l'haeccéité. Le prédicat « être une table » est générique. Il sert à dire de quelque chose que c'est une table. En revanche, le prédicat « être de Untel », s'il sert à dire d'un tableau qu'il est de Untel, sert aussi à dire que ce tableau possède une particularité essentielle en tant qu'œuvre d'art ; le prédicat n'a pas seulement une *fonction prédicative*, mais aussi *désignative* et en ce sens individualisante. Quand on dit que quelque chose est une table, on ne désigne pas la table, on ne lui assure aucune particularité. Selon cette thèse, quand on dit qu'un tableau est de Vermeer, on désigne le tableau, *i.e.* en disant de qui il est on prétend dire ce qui le fait être ce qu'il est et qu'aucune autre chose ne peut être.

Selon la thèse essentialiste haeccéitiste, dire qu'un tableau est de Untel, ce n'est pas seulement classer ce tableau dans l'ensemble des œuvres de Untel (fonction prédicative classique qui suppose une essence partagée par plusieurs choses), c'est dire aussi ce qui fait de ce tableau *ce* tableau et nul autre, pas même un autre tableau de Untel. Etre *ce* tableau, c'est être *tel* tableau de Untel. (C'est pourquoi, selon cette thèse, il n'est pas possible qu'on change quoi que ce soit à une œuvre et qu'elle soit encore *cette* œuvre de Untel.) Chaque œuvre a une nature particulière. Une nature particulière ne peut être partagée, et si l'essence de l'œuvre d'art est doublement individuelle (être de Untel et être telle œuvre de Untel), chaque œuvre est absolument unique. Seule *cette* œuvre possède cette nature. L'authenticité serait garantie par la saisie de cette double individualité de l'œuvre : individualité de l'artiste, et individualité de l'œuvre dans l'œuvre de l'artiste.

Cette thèse concernant l'authenticité est incompatible avec celle qui a été défendue : l'authenticité n'est pas fonction de l'appartenance à un ensemble, celui des œuvres de Untel, mais tient au fait que le jugement d'attribution, qui est historique, est correct. Pour être authentique, une œuvre n'a aucunement à partager une essence qui en fait l'œuvre de Untel et elle n'a pas à avoir une essence individualisante qui en fait telle œuvre (de Untel). Je ne me prononcerai pas en général sur la notion d'haeccéité elle-même. Sans revenir sur la polémique entre scotistes et occamistes sur ce point, certains, comme Wiggins, auquel il est impossible de reprocher son nominalisme, sont aujourd'hui, très sévères à son égard :

> Les individus ont des essences sans lesquelles ils ne seraient «ce qu'ils sont» — ils n'existeraient pas ; mais (excepté les propriétés logiquement particularisées comme *nécessairement identique à César*) leurs essences sont partagées et partageables. L'exigence que les essences soient uniques pour les particuliers (comme toute autre tentative pour nier ou pour affirmer quoi que ce soit au moyen de l'idée absurde d'*haeccéité*) est parfaitement confuse[70].

Mais quoi qu'il en soit, ce n'est pas en découvrant une particularité individualisante qu'on attribue un tableau et qu'on s'assure de son authenticité. C'est en faisant l'histoire de l'objet. On ne dit pas que seul Untel aurait pu peindre *ce* tableau et que *ce tableau* possède une particularité qui le fait être *celui* qu'il est. Ce qui supposerait effectivement la saisie d'une haeccéité[71]. On dit simplement que Untel a fait *ceci* à tel moment. Le «ceci» en jeu ne suppose nullement qu'on se prononce sur ce qui fait de ceci ce ceci qu'il est, mais il désigne un objet qui reste suffisamment indentique à travers le temps pour pouvoir être considéré aujourd'hui comme *le même* que *celui* qui a été fait autrefois (et parfois fort peu de temps auparavant, puisque le problème de l'authenticité peut très bien se poser pour une œuvre fort récente). Une thèse concernant l'authenticité des objets ne suppose donc pas une théorie de l'haeccéité et surtout pas qu'on se prononce sur la réalité de telle ou telle propriété individualisante[72].

7. AUTHENTICITÉ, IDENTITÉ ET DÉPENDANCE ONTOLOGIQUE

Du point de vue ontologique, le problème de l'authenticité est beaucoup moins celui de l'haeccéité que celui de *l'identité d'un individu* à travers le temps et eu égard à des modifications qu'il subit. Il s'agit non pas de savoir si x possède une propriété qui en fait *ce x*, *i.e.* telle œuvre de Untel, mais de savoir si le x qu'on considère aujourd'hui est bien le même que le x qu'on considère avoir été fait par Untel. Autrement dit, une œuvre autographique x est bien de y si et seulement x^a (x aujourd'hui) est identique à x^h (x hier, que le hier soit ou ne soit pas très éloigné dans le temps).

On a vu que cela suppose une enquête historique dont le résultat est une certaine probabilité pour qu'un jugement d'attribution soit correct. Mais cette enquête empirique qui consiste à dénicher des documents authentifiants, à suivre à la trace les localisations de l'objet, etc., présuppose certes une position ontologique. Le jugement d'attribution s'accompagne d'un jugement d'identité affirmant que x^a est identique à x^h. En cette matière, il y a deux positions indiquées dans un passage fort célèbre du *De Corpore* de Hobbes[73] :

(1) x^a est identique à x^h si et seulement si la matière de x^h est identique à la matière de x^a.

(2) x^a est identique à x^h si et seulement si la forme de x^h est identique à la forme de x^a.

Dans le cas des artefacts, et à la différence des vivants selon la distinction qui remonte à un célèbre texte d'Aristote[74], on a tendance à penser que l'identité d'un objet tient à l'exercice continu de sa fonction propre. Comme le fait remarquer Peter Simons,

> Qu'un appareil soit réparé ou remplacé est en général indifférent à l'entrepreneur[75].

Simons va peut-être vite en besogne. Ce n'est peut-être pas si indifférent que cela. Mais, certes, la fonction remplie étant la même, on aura tendance à penser que c'est le même objet. Ici c'est (2) qui importe, la constance de la forme. La constance de la matière (1) n'entre pas en jeu. Simons ajoute :

> L'intérêt pour la continuité matérielle est moins fréquent, bien qu'il existe, par exemple chez les conservateurs des musées et des galeries, et chez ceux qui conservent des reliques religieuses[76].

Ce qui importe est l'importance reconnue de la continuité matérielle et du critère (1) d'identité individuelle dans le cas des œuvres d'art. Les œuvres d'art ne sont d'ailleurs pas les seules dans ce cas. Un billet de banque, par exemple, doit avoir été émis par l'administration autorisée et personne d'autre pour être un billet authentique. La continuité est matérielle et pas formelle. C'est la même chose pour un objet comme une alliance de mariage[77] (quoique, en cas de perte, on puisse faire «comme si»...).

L'authenticité d'une œuvre d'art est donc affaire d'un jugement d'attribution et suppose la continuité matérielle de l'objet en question. Nous revenons ainsi au problème de la restauration des œuvres d'art, déjà abordé dans la section 3. A cet égard, l'allusion aux reliques religieuses dans la citation de Simons, plus haut, est importante. Une relique suppose une continuité matérielle entre le personnage religieux et les restes vénérés (et auxquels on attribue souvent un certain pouvoir). Les os, les ongles, des parties du corps qui échappent plus que d'autres à la putréfaction, fournissent tout naturellement des reliques. A défaut, les vêtements ou des parties de vêtements ou d'objets personnels, puisqu'ils ont été portés ou utilisés par le saint ou la sainte, c'est-à-dire qu'il y a eu un contact physique entre le saint ou la sainte et eux, sont assimilés à son corps même et sont aussi des reliques. Ce qui importe est une *dépendance ontologique* entre le saint ou la sainte et la relique, objet vénéré et puissant.

Simons propose une définition claire de la dépendance ontologique :

> La dépendance ontologique d'un objet à l'égard d'un autre ou d'autres est une dépendance de nécessité *de re* : l'objet lui-même n'existe pas si d'autres n'existent pas[78].

Il faut la distinguer de la dépendance *causale*, corrélative des lois de la nature et de contingences. Dans la dépendance causale, un phénomène modifiant une chose est l'effet d'une autre, mais la chose n'existe pas par la cause du phénomène qui la modifie. La vitre est brisée par la boule qu'on jette sur elle, mais la vitre ne dépend pas ontologiquement de la boule. Seul le bris de la glace dépend causalement (du jet) de la boule. Certains cas de dépendance causale peuvent cependant être des cas de dépendance ontologique, ainsi quand le père et la mère sont la cause de l'enfant. Ce qui fait la valeur religieuse, de vénération et de puissance, de la relique, c'est la dépendance ontologique. Le saint ou la sainte sont *encore là* par une chose qui a été leur corps ou, à défaut, par ce qu'ils ont touché. De la même façon, l'image *achéiropoiètès*, *i.e.* non faite de mains d'hommes, dépend ontologiquement du divin, constituant ainsi autre chose qu'une simple image du Christ et affirmant sa présence. On sait que ce mode de présentification du divin s'est étendu à l'icône en général[79]. La dépendance ontologique suppose l'hétéronomie ontologique de la chose dépendante. Ce qui est dépendant n'existe que par la chose dont il dépend. Il est clair que dans une métaphysique créationniste, le monde créé ne peut pas exister sans le Créateur — Dieu est principe d'existence et cause pour tous les êtres, dit saint Thomas[80].

Le but n'est certes pas ici de me prononcer sur la consistance de la notion de dépendance ontologique. On soupçonne simplement qu'une théorie essentialiste de l'authenticité a partie liée avec cette notion. Plutôt que de penser l'authenticité en termes d'attribution et de continuité matérielle, on la pense en termes de dépendance ontologique. Il s'agit de reconnaître dans l'objet dont l'authenticité est en question la présence authentifiante de son créateur. Le tableau x est supposé ne pouvoir exister que par y et donc, pour savoir si x est de y, il faut déceler une relation de dépendance ontologique entre x et y. Il s'agit exactement d'une relation de dépendance ontologique manifeste (DPM) qu'on peut définir de la façon suivante

> (DPM) Un objet y, est manifestement dépendant de x, x et y étant différents, s'il n'est pas nécessaire que y existe, mais il est nécessaire que si y existe et il existe manifestement.

L'allusion précédente à la Création divine permet de comprendre, pour ainsi dire, ce qu'il faut entendre par le caractère manifeste de la dépendance. Nombreux sont les philosophes qui ont affirmé que le caractère d'œuvre divine du monde était *manifeste*, quelle que soit la façon dont ce caractère manifeste apparaisse (raisonnement : preuves ontologique ou téléologiques, ou sentiment sur des modes plus ou moins rationnels). On ne se prononcera évidemment pas là-dessus. Constatons simplement que le mode de pensée de la thèse rejetée, celle de l'authenticité comme dépendance ontologique, selon une nécessité *de re*, présuppose non pas seulement une continuité matérielle entre le tableau pour lequel la question de l'authenticité se pose et l'original fait par le peintre, mais une *continuité ontologique* du type de celle qu'on affirme entre Dieu et sa Création[81]. On peut soupçonner que les difficultés sont les mêmes dans les deux cas de la thèse que je rejette et de la théologie de la Création.

L'expert qui prétend attribuer une œuvre autographique en saisissant dans l'objet y la présence fondationnelle de son auteur x, et non pas simplement en s'assurant par une enquête historique d'une continuité matérielle entre x^a et x^h, présuppose une dépendance existentielle entre x et y. La nature individuelle de y est signée par x non pas seulement par une marque apposée sur l'objet, comme on signe un chèque, mais par une co-naturalité de l'objet et de son auteur. En revanche, pour rendre compte de l'authenticité d'une œuvre, nous n'avons nullement besoin de faire un tel postulat. Un tel postulat fait obstacle à l'enquête historique en affirmant qu'il y a un critère plus «profond» de l'authenticité que la simple enquête historique et en jetant une suspicion sur une telle enquête historique au profit de la saisie intuitive de la dépendance ontologique.

Hélas, le plus souvent on n'a pas recours, quand on fait appel en matière de jugement d'attribution à la thèse de la dépendance ontologique, a sa forme rationnelle telle qu'on la trouve principalement dans les cinq voies thomistes. On ne cherche pas à *montrer* que telle œuvre ne peut pas ne pas être de Untel, mais on prétend sentir la présence d'Untel dans l'expérience esthétique qu'on a face à telle œuvre. C'est ce que l'on nomme le *flair*. Ayant pu constater combien certains en sont pourvus, je ne nie pas du tout que cela existe, mais on peut l'attribuer non pas à une sensibilité plus forte à la dépendance ontologique, mais à des *capacités classificatoires*, par l'attention à de multiples détails, fort développées par l'habitude. Le flair, c'est ce que Aristote, au début de *La Métaphysique*[82], appelle l'expérience (*empeiria*), cette connaissance de l'individuel qui permet de statuer non sur le général, mais sur le cas particulier. Comme le médecin soigne Callias ou Socrate, et pas l'homme en général, l'expert dit que ce tableau est de Untel. Sa connaissance de la peinture trouve à s'appliquer dans le cas particulier. Rappelons que l'homme d'expérience, pour Aristote, peut ignorer le pourquoi. En l'occurrence, il semble que la théorie de la dépendance ontologique est une théorie *ad hoc* pour expliquer une expérience acquise par une pratique constante et qui, dans les cas d'un bon naturel, parvient à des résultats souvent remarquables, mais d'une justesse qui ne peut donner ses raisons. Le flair serait ainsi la forme non théorique de l'enquête historique. S'il est efficace, c'est, comme le dit encore Aristote, que «nous voyons les hommes d'expérience obtenir plus de succès que ceux qui possèdent une notion sans l'expérience »[83]. En l'occurrence, nous voyons un connaisseur damer le pion d'un historien patenté parce que, dans un domaine restreint, il a acquis une expérience qui lui permet de classer des œuvres et de fournir en la matière des attributions souvent correctes. Le flair ne s'enseigne évidemment pas puisqu'il a trait à l'expérience acquise, ce qui renforce encore son caractère intuitif et mystérieux — mais pas sa vertu explicative dans les questions d'attribution.

8. QU'EST-CE QU'UNE ŒUVRE D'ART?

Passer avec Goodman de la question «qu'est-ce que l'art?» à la question «quand y a-t-il art?»[84] constitue certainement une réorientation notable de l'esthétique. Le tournant non seulement épistémique[85], mais aussi non essentialiste que Goodman a fait prendre à l'esthétique paraît tout à fait salutaire. Il ne s'agit certainement pas de chercher une propriété essentielle qui ferait des objets des œuvres d'art. La remarque selon laquelle toutes les propriétés auxquelles on a prétendu faire jouer ce rôle étaient soit trop étroites (imiter la réalité, par exemple), soit trop indéterminées (manifester sensiblement l'esprit), paraît juste. Pour autant, ce chapitre a pour finalité de montrer que la question ontologique concernant l'art se pose effectivement. Une esthétique qui met l'accent sur le caractère cognitif de l'expérience esthétique n'en est pas moins conduite à s'interroger sur le mode d'existence des œuvres d'art, dans la mesure où l'identification d'un objet comme œuvre d'art suppose une classification des objets et donc des distinctions entre des catégories d'objets.

Les résultats de l'enquête ontologique précédente sont les suivants. Il y a bien des caractéristiques propres aux œuvres d'art. Elles sont d'ordre symbolique. Elles ont trait au mode de fonctionnement syntaxique et sémantique de certains symboles. Dès lors, classer un artefact comme œuvre d'art, l'identifier comme tel, est une condition de son fonctionnement esthétique en tant qu'œuvre d'art. Nous repérons des propriétés qui sont celles des œuvres d'art en classant de tels objets dans un ensemble, celui des œuvres d'art. Qu'il y ait des cas indéterminés ne change rien au fait que nous pensons en termes de classification, c'est-à-dire de catégories d'objets.

La position ontologique adoptée est nominaliste dans la mesure où elle ne suppose nullement l'existence de propriétés, qu'elle soient universelles («être une œuvre d'art») ou individuelles («être cette œuvre d'art»). Elle conduit à considérer que la catégorie d'œuvre d'art est une classe (ou une collection) d'objets définie par la façon dont certains objets fonctionnent symboliquement. Pour autant, ce sont des caractéristiques *objectives* des objets qui sont en jeu, car le fonctionnement esthétique de certains traits symboliques des objets suppose qu'ils possèdent les propriétés qu'on leur attribue (ou, dit autrement et de façon plus rigoureusement nominaliste : que les prédicats qui les dénotent soient implantés[86]). Dire ce qu'est x, ce n'est pas forcément dire ce qui fait que x est *nécessairement* ce qu'il est, c'est classer x dans une catégorie d'objets en fonction de *bonnes raisons* qu'on a de le faire. Ces bonnes raisons concernent le fonctionnement symbolique spécifique de certains objets.

Certes Goodman insiste pour dire qu'il n'y a pas de critères, mais seulement des symptômes d'un tel fonctionnement[87] ; autrement dit : pas de conditions nécessaires et suffisantes déterminables, mais seulement des indices fréquents (on peut avoir les symptômes sans la maladie et la maladie sans les symptômes). Pour autant, on n'est pas dans une situation bien différente de ce que Leibniz appelait *une connaissance claire et confuse*[88]. La connaissance est claire parce qu'elle suffit à faire reconnaître la chose représentée, mais confuse car on ne peut en énumérer tous les éléments. Il ne s'agit pas de s'interroger sur la signification de cette distinction dans la philosophie de Leibniz, mais sur celle qu'elle peut avoir pour la question de l'identification des œuvres d'art en tant que telles. Nous savons à peu près ce qui est œuvre d'art. Certes, il y a les ready-made et d'autres œuvres conceptuelles qui mettent à mal notre assurance catégorielle. Mais ils sont faits *pour cela*. Et ils ne fonctionnent que *comme cela*. Ils présupposent même que nous soyons très assurés concernant la catégorie d'œuvres d'art avant de les rencontrer. Ils ne constituent pas une véritable mise en question philosophique de notre connaissance claire de ce qui est œuvre d'art. Le cas des artefacts non occidentaux, masques africains ou mandala indiens, est plus épineux. Sont-elles ou non des œuvres d'art? Le problème semble surtout relever d'une problématique anthropologique concernant la façon dont nous devons penser notre appréhension des productions de civilisations qui ne sont pas la nôtre. Rien n'oblige et rien n'interdit de dire qu'un masque africain est une œuvre d'art. Le problème est de savoir si, du point de vue anthropologique, nous avons intérêt à projeter le prédicat « œuvre d'art » sur de tels objets, et suppose donc bien que nous ayons une connaissance claire de ce qui est œuvre d'art. (Ma réponse serait que nous avons intérêt à le faire tout en repérant toutes les bonnes raisons que nous aurions de ne pas le faire[89].) Les interrogations modernes et contemporaines sur le concept d'œuvre d'art semblent moins concerner la connaissance claire que nous avons de ce qui est œuvre d'art, que la confusion de cette connaissance, c'est-à-dire la difficulté que nous avons de fixer les éléments de cette reconnaissance, c'est-à-dire ce que doit être un objet pour être une œuvre d'art. On ne peut énumérer les propriétés que doit avoir une œuvre d'art. On peut seulement donner des indices fréquents de ce qu'on tient pour œuvre d'art. Le rôle tout particulier que joue alors l'expression, dont je pense qu'elle est vraiment ce qui se rapproche le plus d'une propriété nécessaire de l'œuvre d'art[90], a déjà été indiqué.

En ontologie générale, et en ontologie des œuvres d'art en particulier, la tentation est toujours grande de ne pas se contenter de reconnaître que nous avons une connaissance claire et confuse de ce qu'est une œuvre d'art, c'est-à-dire que nous reconnaissons aisément qu'elle est l'extension du concept d'œuvre d'art sans être à même d'indiquer les critères de cette reconnaissance. Nous voulons plus. Nous voulons une connaissance distincte et pourquoi pas adéquate (une connaissance distincte poussée jusqu'aux derniers éléments). Passer de la question « qu'est-ce que l'art ? » à la question « quand y a-t-il art ? » revient à reconnaître que notre capacité ontologique ne va pas jusque là. Mais elle ne suppose pas que nous renoncions à toute capacité ontologique, comme ont pu le proposer à un certain moment certains néo-wittgensteiniens[91]. Nous n'avons certes pas une essence de l'œuvre d'art, s'il doit s'agir d'une définition qui va beaucoup plus loin que celle proposée par Gérard Genette : l'œuvre d'art comme artefact à fonction esthétique[92]. De l'œuvre d'art, nous avons moins qu'une essence, mais mieux qu'une simple définition nominale : nous avons une conception claire et confuse.

NOTES

[1] La question de savoir si cette compétence est fondamentalement innée n'importe pas ici.
[2] Stéphan, 1988, I.
[3] G. Genette dit : «Je ne crois pas hausser le ton plus qu'il ne convient en avançant que l'œuvre de Goodman est la contribution philosophique, en théorie de l'art, la plus éclairante depuis la *Critique du jugement*.» (1990, p. 27).
[4] WW, IV.
[5] Wittgenstein, 1953, 65.
[6] *Ibid.*, 66.
[7] *Ibid.*, 67.
[8] Wittgenstein la suggérait dans 1953, 77. On peut lire aussi sur toute cette question : Bouveresse, 1973, IV.
[9] Weitz, 1988, p. 31 (l'article date de 1956).
[10] Wittgenstein, 1971, p. 32.
[11] Weitz, 1988, p. 31-32.
[12] Wittgenstein, 1971, p. 37.
[13] Schaeffer, 1992; Pouivet, 1993b.
[14] Goodman, WW, p. 91.
[15] *Ibid.*, p. 92.
[16] En termes lockiens, on dira que l'essence est nominale...
[17] L'esprit est supposé vivifier et la lettre tuer.
[18] *Cf.* section 1 précédente.
[19] Je discute principalement les § 35-38 de Wollheim, 1994.
[20] Wollheim, 1994, p. 75.
[21] Peter Van Inwagen n'a pas de tels scrupules. Il dit : «Le roman *Guerre et Paix* n'est pas une chose individuelle, même si mon *exemplaire* de *Guerre et Paix* et votre exemplaire de *Guerre et Paix* sont tout deux des choses individuelles. Chacun des deux exemplaires du roman est, dans le langage de la métaphysique, une «instance» du roman, qui est un universel. D'autres exemples d'universaux sont des nombres, des propriétés, des relations.» (1993, p. 24)
[22] Wollheim, 1994, p. 76-77.
[23] Wollheim, 1994, p. 78.
[24] *Ibid.*, p. 81.
[25] *Ibid.*, p. 164.
[26] *Ibid.*, p. 165.
[27] *Ibid.*, p. 166.
[28] U. Baldini & O. Casazza, *La Capella Brancacci*, Electa, Milano, 1990.
[29] J'emprunte cette information à un article de V. Noce, *Libération*, 8 janvier 1993.
[30] Gallimard, coll. «Découvertes», Paris, 1993.
[31] On pense à la restauration de la cathédrale de Quimper dans laquelle on a passé une teinte ocre sur certaines parties intérieures. On pense aussi à la restauration des *Noces de Cana* de Véronèse qui a fait passer le manteau du maître de cérémonie du rouge vermillon au vert. La restauration a souvent pour effet de mettre en question une conception romantique des œuvres qui exigeait leur caractère ténébreux et acceptait mal les couleurs éclatantes (comme dans la Chapelle Sixtine restaurée).
[32] Ce qui ressort d'un article de R. Recht, *Libération*, 19 janvier 1993.
[33] Zemach, 1992, p. 127.
[34] *Ibid.*, p. 1-2. Il est clair qu'il s'agit là de la thèse métaphysique de base de Zemach et qu'elle conditionne tous les développements ultérieurs.
[35] *Ibid.*, p. 2.

[36] *Ibid.*, p. 3.
[37] Le terme «*nested*» employé par Zemach suggère l'idée de nidification (mais aussi d'emboîtement). J'ai préféré un terme plus neutre ne suggérant pas une ontologie ornithologique (et, pas plus, que les choses sont des boîtes).
[38] Zemach, 1992, 5.
[39] *Ibid.*, 8.
[40] *Ibid.*, p. 3.
[41] *Ibid.*, p. 145.
[42] *Ibid.*, p. 127.
[43] L'identité à un index est notée en indice; l'identité à un type est notée en exposant.
[44] Cette analyse ne se trouve pas dans les textes de Zemach.
[45] Zemach, 1992, p. 7.
[46] Il est certain que la méréologie n'est pas incompatible avec la distinction entre substance et prédicat, comme le montrent Burkhardt et Degen, 1990, dans le cas d'Aristote et de Leibniz. Simons, 1987, développe une ontologie méréologique *aristotélicienne*. Ce contre quoi Zemach en a, c'est bien plus contre le platonisme, l'idée que s'il est possible d'identifier *cette* chose et *cette autre* chose comme des chats, c'est grâce à la présence de la même propriété dans les deux substances (Zemach, 1992, p. 7).
[47] Zemach, 1992, p. 161.
[48] *Ibid.*, p. 161.
[49] *Ibid.*
[50] On risque ici d'être tenté par une notion aussi fuyante que celle d'*aura*, et d'expliquer l'obscur par le confus, et réciproquement.
[51] Voir la définition de l'évocation dans le chapitre III, section 2, *i.f.*
[52] Goodman, LA, III, 3-4.
[53] *Ibid.*, p. 147.
[54] *Ibid.*, p. 148.
[55] *Ibid.*, p. 149.
[56] Voir le chapitre II, section 3.
[57] Stéphan, 1991, p. 7. La thèse défendue est cependant (très) différente de la mienne dans la mesure où je ne tire pas les mêmes conséquences que lui de sa propre formule.
[58] Roskill, 1976, p. 155-156.
[59] *Ibid.*, p. 155.
[60] Je tire mes informations de Roskill, 1976, chap. 6.
[61] Roberto Longhi au même moment, et en travaillant sur Caravage et son influence sur l'Ecole d'Utrecht au début du dix-septième siècle, était parvenu à des résultats similaires d'après Roskill, 1976, p. 125.
[62] La lecture de Pomian, 1987, et tout particulièrement du texte intitulé «Marchands, connaisseurs et curieux à Paris au XVIIIe siècle», est à cet égard très intéressante.
[63] Vuillemin, 1984, p. 19. Vuillemin discute l'argument *Dominateur* dont on trouve la formulation dans les *Entretiens* d'Epictète (II, XIX, 1-5).
[64] Aristote, *Ethique à Nicomaque*, 1139a, 13-14.
[65] *Ibid.*, 1139b, 10-11.
[66] Vuillemin, 1984, p. 36.
[67] *Ibid.*, p. 20.
[68] Rosenkrantz, 1993, chap. I, I.
[69] Pour Duns Scot, les références sont dans Rosenkrantz, 1993, p. 43, n. 39; pour Arnauld, il s'agit de sa lettre à Leibniz du 13 mai 1686 in Leibniz, *Correspondance avec Arnauld*. C'est aussi la signification donnée à l'haecceité par Chisholm ou Plantinga. Rosenkrantz distingue, d'une façon subtilement scolastique, haecceité et essence individuelle, mais cette distinction ne serait pas utile ici (Rosenkrantz, 1993, chap. I, VI).

[70] Wiggins, 1980, p. 120.
[71] Concernant une telle saisie, Rosenkrantz, chap. I, V.
[72] Pouivet, 1992b.
[73] Hobbes, *De Corpore*, 2ᵉ partie, chap. 11, section 7. (C'est le fameux pasage sur le bâteau de Thésée).
[74] Aristote, *Physique*, II, 1.
[75] Simons, 1987, p. 201.
[76] *Ibid.*, p. 201.
[77] Je n'entre pas dans la question supplémentaire de la bénédiction religieuse des alliances et dans celle de la différence ontologique entre un objet «normal» et un objet béni (par exemple, l'eau et l'eau bénite).
[78] Simons, 1987, p. 294-295.
[79] C. Schönborn, *L'icône du Christ*, Cerf, Paris, 1986.
[80] *Somme contre les Gentils*, II, 6.
[81] «Il est donc nécessaire que tout ce qui est, et de quelque manière qu'il soit, vienne de Celui qui n'a aucune cause de son existence. Or nous avons montré plus haut que l'être qui n'a aucune cause de son existence est Dieu. C'est donc de lui que vient tout ce qui, d'une manière ou d'une autre, existe. Cette conclusion n'en vaut pas moins si on objecte que l'*être* n'est pas un prédicat univoque. Car ce n'est pas d'une manière équivoque qu'on l'applique à plusieurs, mais par analogie : de sorte que tout doit se ramener à l'unité.» (saint Thomas, *Somme contre les Gentils*, II, 15)
[82] Aristote, *La Métaphysique*, A, 1.
[83] *Ibid.*, 981a, 14-15.
[84] WW, IV.
[85] Elgin, 1993.
[86] La notion d'implantation est expliquée dans le chapitre II, section 2.
[87] WW, IV.
[88] Par exemple dans les *Méditations sur la connaissance, la vérité et les idées*.
[89] J'aborde ce problème d'une autre façon dans Pouivet, 1993c au sujet de la statuaire africaine.
[90] Chapitre III, 1.
[91] Weitz, 1988.
[92] Genette, 1994, p. 10.

Conclusion

Les philosophes entendent souvent *dépasser* ceux qui les ont précédés. Certains sont même tentés de considérer toute l'histoire de la philosophie en termes de dépassement par négation et synthèse. L'histoire de l'art a elle aussi été pensée de cette façon, et continue à l'être. Les philosophes dont il a été question dans cette étude : Nelson Goodman, principalement, mais aussi Catherine Elgin et Israël Scheffler, tout aussi bien ceux qui ont été discutés et avec lesquels je partage des problématiques : Richard Wollheim ou Eddy Zemach, pour ne rien dire de ceux qui constituent le *background* philosophique de cette étude : Frege, Wittgenstein, Russell, Carnap ou Quine, n'ont certainement pas été atteints par ce syndrome du dépassement historique. Ils ont moins cherché à dépasser leurs prédécesseurs, qu'à *déplacer* les problèmes.

Il ne s'agit nullement de se situer *après* Kant ou Hegel pour tenter, en les surplombant, de penser le moment actuel de l'esthétique ou de la philosophie de l'art, voire de l'Art lui-même. Cette façon de voir les choses, héritée de l'idéalisme allemand, me semble simplement malheureuse. Les tentatives qui voient et verront encore le jour pour réintégrer ce qu'on appelle «l'esthétique analytique», appellation peu controlable, dans le grand mouvement de la Philosophie du XXe siècle, en la mettant bien à sa place, en disant qu'elle a «réussi» ou qu'elle a «échoué» (on pourrait évidemment se demander : à quoi ? selon quels critères ?), sont parfaitement vaines. Elles relèvent de ce qu'on peut appeler, en reprenant un terme utilisé par Vincent Descombes[1], la pensée *épochale*, c'est-à-dire la prétention à saisir où nous en sommes dans l'histoire de la culture avec, en même temps, une intention programmatique concernant la façon dont nous devrions maintenant, et à ce stade, nous mettre à penser. Qui a lu ce livre pour y trouver cela est forcément déçu, car il est étranger à ce type de prétentions.

En intégrant l'esthétique, non pas dans la philosophie de l'histoire, au moins telle qu'on a cru devoir la faire dans la lignée de l'idéalisme allemand, mais dans la philosophie de la connaissance et de la logique, en faisant de la première un aspect de la seconde, il s'agit non pas de dépasser qui ou quoi que ce soit, mais de déplacer les problèmes. Savoir si cela ne nous fait pas revenir en-deçà de Kant, à Hume ou d'autres philosophes anglais et français du XVIIIe, voire avant encore, aux médiévaux, ne me préoccupe pas outre mesure. L'ambition de ce livre est moins grandiose. Elle n'est *certainement pas* de fixer le statut et le rôle de l'art, d'expliquer ainsi (voire de «déduire») la nature et le contenu de ses produits. Elle est *simplement* de comprendre le fonctionnement cognitif de certains objets, les objets esthétiques, c'est-à-dire de mettre en évidence les outils intellectuels à l'œuvre dans la fonction que nous donnons à de tels objets dans notre appréhension du réel. Bien évidemment, ce livre s'en tient à des prolégomènes. Ce qui importe est même moins certains résultats des analyses que le *déplacement* lui-même, l'intention de faire autre chose que ce qui s'est fait jusqu'alors, surtout en France. Je tiens surtout à l'idée de la reconception de l'esthétique comme partie de la philosophie de la connaissance et de la logique, à ce que Elgin appelle «le tournant épistémique»[2] provoqué en esthétique par Goodman.

Il est clair qu'une telle ambition apparaîtra, du point de vue des philosophes du dépassement, comme typique de certains présupposés philosophiques.

1) Une forme de rationalisme dans laquelle on privilégie des relations logiques déterminées entre des éléments, et dont l'exemple même est la théorie de la référence proposée par Goodman et Scheffler[3].

2) Une allergie à tout renvoi à des intuitions considérées comme des modes de conscience spécifiques grâce auxquels on pourrait expliquer des savoirs, des sentiments, des émotions, etc., comme le fait justement d'*avoir* ces intuitions.

3) La conviction du caractère finalement ordinaire de la plupart de nos croyances et, généralement, de nos modes de pensée, voire de leur caractère *trivial*. Le philosophe est alors *à la poursuite du trivial*[4]; il

cherche à cerner et à expliquer ce que nous ne pouvons pas ne pas croire étant donné la façon dont nous nous comportons quotidiennement[5].

A cet égard, les compétences en jeu dans le fonctionnement cognitif de nos émotions esthétiques ne me paraissent pas relever d'un mode de pensée *inouï*, particulièrement révélateur de quoi que ce soit d'absolu ou d'insensé. Elles appartiennent au quotidien. Tous les jours et plusieurs fois par jour, quand nous lisons un roman, écoutons un air à la radio, regardons la télévision, allons au cinéma, visitons une exposition, etc., nous sommes conduits à mettre en œuvre une compétence grâce à laquelle nous comprenons, voire apprécions, ce à quoi nous sommes confrontés. C'est *banal*. C'est cette banalité qui est intéressante. Les œuvres d'art, les très bonnes, les bonnes, les moins bonnes et les médiocres — et je ne doute pas un instant, pas plus que Goodman et Elgin, que ces dernières composent l'écrasante majorité de celles auxquelles nous sommes confrontées — jouent un rôle central dans notre appréhension du réel. Mais, comme cela a été indiqué à la fin du chapitre II, ce rôle n'est en rien constitutif d'une révélation grandiose. Ce rôle est finalement *plus important* que celui qu'aurait une telle prétendue révélation, parce qu'il est plus intégré à notre existence quotidienne. C'est le fonctionnement symbolique à l'œuvre dans cette activité cognitive concernant les œuvres d'art structurant notre vie quotidienne, et lui donnant pour une part sa tonalité existentielle, que j'ai essayé de saisir dans ce livre, au moins à partir de deux phénomènes importants que sont l'expression et la fiction.

Je me suis efforcé, autant qu'il m'a été possible, de dire les choses de façon claire, précise, en affirmant toujours très nettement la thèse énoncée et les arguments qui la soutiennent. Le « défaut » de cette façon de procéder, c'est qu'elle vous livre sans défense à un lecteur critique, c'est-à-dire à un bon lecteur. Si vous essayez de faire apparaître comment vous raisonnez, on peut vous montrer où et pourquoi vous avez mal raisonné. L'« avantage », c'est qu'elle ne vous laisse pas trop d'amertume au cas où l'on décèlerait des faiblesses dans votre argumentation puisqu'elle est faite, autant pour vous que pour les autres, afin qu'on puisse aisément y voir clair (et pas afin d'imposer des thèses vagues sous couvert de propos obscurs en vue d'apparaître au dessus du lot). Le goût immodéré d'une certaine forme d'exactitude, qui me semble encore malheureusement très éloignée de celle qu'on peut trouver dans les sciences « dures » — exactitude dont je n'hésite pas à affirmer qu'elle constitue un modèle, quand bien même on me dirait que c'est une fausse exactitude, non philosophique, non « pensante », quand bien même on me citerait à nouveau le passage où Aristote dit qu'il ne faut pas chercher la rigueur mathématique en des domaines où elle n'a pas à avoir court[6] — aura été dominant dans la rédaction de ce livre, même si je sais que je n'ai pas réussi à être *suffisamment* exact. Jacques Bouveresse explique que

> les excès du vague, dans lequel notre époque semble se complaire aujourd'hui plus que jamais, sont plus à craindre que ceux de l'exactitude, qu'elle n'a jamais aimée suffisamment pour avoir des raisons sérieuses de se prémunir contre elle et par laquelle elle affecte pourtant volontiers d'avoir été exagérément séduite et désastreusement abusée[7].

Cette exactitude me semble encore plus nécessaire dans un domaine comme l'esthétique où la tendance à la pensée vague est endémique.

La conséquence de cet effort d'exactitude devrait être une *naturalisation* de l'esthétique, au sens que cette idée prend chez Quine[8] et d'autres[9], c'est-à-dire le déplacement, au moins partiel, de la problématique vers une science naturelle de l'expérience esthétique. En janvier 1995, Mario Borillo, Jacques Virbel et moi avons initié un atelier[10] qui, réunissant des philosophes, dont Catherine Elgin et Israël Scheffler, des psychologues, des linguistes, des spécialistes de l'Intelligence Artificielle et des informaticiens, a permis, me semble-t-il, de mieux cerner quel sens on peut donner à des recherches en ce sens, c'est-à-dire celui d'une esthétique non plus seulement analytique mais *cognitive*[11]. Il ne s'agit certainement pas de chanter l'air connu d'un avenir scientifique radieux dans lequel la création artistique sera informatisée et l'expérience esthétique une simple question d'échanges synaptiques. En général, une connaissance même limitée des neuro-sciences et des travaux relevant de l'Intelligence Artificielle permet d'éviter deux thèses superficielles : celle selon laquelle Descartes (ou Bergson) est l'horizon indépassable de la philosophie de la conscience, celle, inverse, selon laquelle nous allons incessamment sous peu parvenir à une science de l'esprit renvoyant au musée intellectuel toute réflexion philosophique. Plus simplement, on peut espérer que la naturalisation de l'esthétique conduise à multiplier les efforts pour penser en termes les plus exacts possibles du point de vue théorique et empirique. Il va sans dire que cela ne supprime en rien l'idée même de philosophie et d'esthétique, mais conduit simplement à les reconcevoir, à *déplacer* leur centre d'intérêt.

La critique consistant à considérer qu'il y a en tout cela une froide sur-intellectualisation, voire un scientisme incapable de donner sens à autre chose que des analyses logiciennes, incapable de penser l'émotion et le plaisir caractéristiques de l'esthétique et le bouleversement existentiel qu'ils produisent, une critique que j'entends souvent, me semble définitivement malvenue. Manier le rasoir d'Ockham ne consiste certainement pas à dire que certains phénomènes sensibles n'ont pas cours. Je ne dénie en rien émotion et plaisir et ne propose à personne d'y renoncer.

Je ne dénie surtout pas qu'émotion et paisir jouent un rôle majeur dans nos existences. Simplement, rien de tout cela ne paraît réfractaire à l'analyse telle qu'elle est pratiquée dans la lignée goodmanienne parce que rien de tout cela ne semble respirer particulièrement le mystère. C'est pourquoi l'opposition entre l'esthétique et la logique, quelle que soit forme qu'elle prenne et même la forme sophistiquée que lui a donnée Kant, paraît douteuse. Dès lors, même s'il est souhaitable de les distinguer fermement, et je crois l'avoir fait, l'art et la science ne sont pas deux pôles antagonistes, et l'excroissance contemporaine de la seconde sous la forme du développement technologique ne semble *nullement* une menace pour la première. Cela ne semble pas une menace pour ce que l'art est supposé nous apporter parce que, dans une grande mesure, art et science nous apportent la même chose : des représentations qui constituent la base de la compréhension du monde grâce à laquelle une espèce comme la nôtre, qui doit compter sur la raison et non sur l'instinct, peut survivre.

Dès lors, on comprend pourquoi au début de ce livre j'ai commencé par des remarques concernant le système français d'enseignement et sa fracture constitutive entre «les littéraires» et «les scientifiques». Pour éviter cette fracture, il ne suffirait pas de prétendre rétablir une sorte d'équilibre entre les deux *pôles*, comme on se propose généralement de le faire. Il conviendrait de reconcevoir ce qu'est l'activité cognitive elle-même dans la perspective du holisme symbolique, la thèse que dans des activités certes différentes ce qui est en jeu est la mise en œuvre de systèmes symboliques dont les éléments ne sont pas propres à chaque activité, mais s'organisent selon des règles différentes. Il conviendrait aussi bien d'éviter de donner à la culture non scientifique une simple valeur émotionnelle en sous-entendant qu'étant émotionnelle elle n'est pas réellement cognitive. Cela suppose qu'on renonce à la distinction entre jugement de connaissance et jugement esthétique. Renoncer à cette distinction revient à effectuer un net déplacement en esthétique. Des répercussions ne se feraient pas sentir seulement dans le domaine de l'éducation générale, mais évidemment dans ceux de l'enseignement artistique et de la critique d'art. Ce livre n'est pas destiné à offrir une programme de réformes dans de tels domaines, mais à suggérer sa possibilité.

NOTES

[1] *Philosophie par gros temps*, Minuit, Paris, 1989, chap. 5.
[2] Elgin, 1993.
[3] Il y aurait alors une imbrication entre philosophie de la connaissance, théorie de la référence et ontologie, comme cela apparaît dans le dernier chapitre de ce livre — et comme cela apparaît aussi, à mon sens, dans une tradition philosophique qui va d'Aristote à Kripke, en passant par Ockham, Locke, Venn, Goodman, Quine, les derniers ne *dépassant* pas les premiers, mais chacun *déplaçant* suffisamment les problèmes, c'est-à-dire la façon dont philosophie de la connaissance, théorie de la référence et ontologie sont imbriquées, pour qu'il faille considérer sa réflexion pour elle-même, sans pour autant, me semble-t-il, que soit rompu le fil d'une tradition de pensée.
[4] Pouivet, 1994b.
[5] Pour un développement de ce point, Pouivet, 1995b.
[6] S'autoriser d'Aristote pour justifier la pensée molle me semble particulièrement malvenu!
[7] 1993, p. 1.
[8] 1977, chap. 3.
[9] Kornblith, 1994.
[10] *First International Workshop «Cognition & Creation»*, Albi, 12-14 janvier 1995.
[11] Les travaux de Tapio Takala, 1993, sur la créativité computationnelle ou de Diana Raffman sur la musique, 1993, vont déjà dans ce sens.

Bibliographie

ARISTOTE, 1967, *Rhétorique*, éd. M. Dufour, Les Belles Lettres, Paris.

—, 1970, *L'Ethique à Nicomaque*, éd. R.A. Gauthier & J.Y. Jolif, Pubications Universitaires, Louvain.

—, 1980, *La Poétique*, éd. R. Dupont-Roc & J. Lallot, Le Seuil, Paris.

—, 1981, *La Métaphysique*, tr. franç. J. Tricot, Vrin, Paris.

BAUMGARTEN Alexander Gottlieb, 1988, *Esthétique*, tr. franç. J.-Y. Pranchère, L'Herne, Paris.

BERGSON Henri, 1940, *Le rire*, Presses Universitaires de France, Paris.

BLACK Max, 1962, *Models and Metaphor*, Cornell University Press, Ithaca.

BODEN Margaret A., 1979, «The Computational Metaphor in Psychology», N. Bolton ed., *Philosophical Problems in Psychology*, Methuen, London.

BOUVERESSE Jacques, 1973, *La rime et la raison, science, éthique et esthétique*, Minuit, Paris.

—, 1976, *Le mythe de l'intériorité*, Minuit, Paris.

—, 1992, «Fait, fiction et diction», *Les Cahiers du Musée National d'Art moderne*, 41, Centre Georges Pompidou, Paris.

—, 1993, *La philosophie d'un anti-philosophe : Paul Valéry* (The Zahoroff Lecture for 1992-1993), Clarendon Press, Oxford.

BURKHARDT Hans & DEGEN Wolfgang, 1990, «Mereology in Leibniz Logic and Philosophy», *Topoi*, 9, n° 1.

CARNAP Rudolf, 1967, *The Logical Structure of the World*, engl. tr. by R.A. George, University of California Press, Berkeley.

CASSIRER Ernst, 1972, *La philosophie des formes symboliques I*, tr. franç. O. Hansen-Love, Minuit, Paris.

—, 1973, *Langage et mythe*, tr. franç. O. Hansen-Love, Minuit, Paris.

CHANGEUX Jean-Pierre, 1983, *L'Homme neuronal*, Fayard, Paris.

CHISHOLM Roderick, 1960, *Realism and the Background of Phenomenology*, The Free Press, Glencoe.

COLLINGWOOD Robin G., 1938, *The Principles of Art*, The Clarendon Press, Oxford.

COMETTI Jean-Pierre, 1994, «Le pragmatisme : de Peirce à Rorty», *La philosophie anglo-saxonne*, sous la direction de M. Meyer, Presses Universitaires de France, Paris.

COOPER David E., 1986, *Metaphor*, Blackwell, Oxford.

COURNOT Alain A., 1973, *Considérations sur la marche des idées et des évènements dans les temps modernes*, Vrin, Paris.

CRITTENDEN Charles, 1991, *Unreality, The Metaphysics of Fictional Objects*, Cornell University Press, Ithaca.

DAVIDSON Donald, 1993a, *Enquêtes sur la vérité et l'interprétation*, tr. franç. P. Engel, J. Chambon, Nîmes.

—, 1993b, *Actions et évènements*, tr. franç. P. Engel, Presses Universitaires de France, Paris.

DAVIES Stephen, 1991, *Definitions of Art*, Cornell University Press, Ithaca.

DE SOUSA Ronald, 1987, *The Rationality of Emotion*, The Massachusetts Institute of Technology Press, Cambridge, Mass.

DICKIE George, 1992, «Définir l'art», tr. franç. C. Hary-Schaeffer, *Esthétique et poétique*, Textes réunis et présentés par G. Genette, Le Seuil, Paris.

ECO Umberto, 1993, *Le problème esthétique chez Thomas d'Aquin*, tr. franç. M. Javion, Presses Universitaires de France, Paris.

ELGIN Catherine Z., RR, 1983, *With Reference to Reference*, Hackett, Indianapolis.

—, 1993, «Relacating Æsthetics, Goodman's Epistemic Turn», *Revue Internationale de Philosophie*, n° 2-3.

ENGEL Pascal, 1985, *Identité et Référence*, Presses de l'Ecole Normale Supérieure, Paris.

—, 1988, «Le sens littéral des métaphores», *Recherches sur la philosophie et le langage*, n° 9.

—, 1989, *La norme du vrai, Philosophie de la logique*, Gallimard, Paris.

—, 1992, *Etats d'esprit, Questions de philosophie de l'esprit*, Alinéa, Aix-en-Provence.

ENGEL P. & NEF F., 1988, «Identité, vague et essences», *Les Etudes philosophiques*, oct-déc.

FINDLAY John N., 1963, *Meinong's Theory of Objects and Values*, 2nd. ed., Oxford University Press, Oxford.

FREGE Gottlob, 1969, *Nachgelassene Schriften*, Felix Meiner, Hamburg.

—, 1971, *Ecrits logiques et philosophiques*, tr. franç. C. Imbert, Le Seuil, Paris.

—, 1987, *Correspondance entre Frege et Husserl*, tr. franç. G. Granel, Trans-Europ-Repress, Mauvezin.

GEACH Peter T., 1972, *Logic Matters*, University of California Press, Berkeley.

GENETTE Gérard, 1990, «Peut-on boucher une fenêtre avec un Rembrandt?», *Libération*, 6 septembre.

—, 1994, *L'œuvre de l'art*, t. I, Le Seuil, Paris.

GILSON Etienne, 1963, *Introduction aux arts du beau*, Vrin, Paris.

—, 1972, *L'Etre et l'essence*, Vrin, Paris.

GOCHET Paul & GRIBOMONT Pascal, 1990, *Logique*, vol. 1, Hermès, Paris.

GODART-WENDLING Béatrice, 1990, *La vérité et le menteur, les paradoxes sui-falsificateurs et la sémantique des langues naturelles*, Editions du Centre National de la Recherche Scientifique, Paris.

GOMBRICH Ernst, 1982, *The Image and the Eye, Further Studies in the Psychology of pictorial Representation*, Phaidon, Oxford.

—, 1983, *L'Ecologie des images*, tr. franç. A. Lévêque, Flammarion, Paris.

—, 1986, *Méditation sur un cheval de bois et autres essais sur la théorie de l'art*, tr. franç. G. Durand, éditions W, Mâcon.

GOODMAN Nelson, PP, 1972, *Problems and Projects*, Hackett, Indianapolis.

—, SA, 1977, *The Structure of Appearance*, 3rd ed., Reidel, Dordrecht.

—, MM, 1984, *Of Mind and Other Matters*, Harvard University Press, Cambridge, Mass.

—, FFF, 1984, *Faits, fictions et prédictions*, tr. franç. M. Abran, R. Houde, R. Larose, P. Jacob, Minuit, Paris.

—, LA, 1990, *Langages de l'art*, tr. franç. J. Morizot, J. Chambon, Nîmes.

—, WW, *Manières de faire des mondes*, tr. franç. M-D. Popelard, J. Chambon, Nîmes.

—, 1990, «Comment prendre une cité», tr. franç. R. Pouivet, *Sud*, Marseille.

—, 1992, «Quelques tracas mondains», tr. franç. R. Pouivet, *Lire Goodman*, L'Eclat, Combas.

—, 1992, «L'art en action», tr. franç. J-P. Cometti, *Les Cahiers du Musée National d'Art moderne*, n° 41 (Nelson Goodman et les langages de l'art), Centre Georges Pompidou, Paris.

GOODMAN Nelson & ELGIN Catherine Z., EC, 1990, *Esthétique et connaissance*, tr. franç. R. Pouivet, l'Eclat, Combas.

—, RP, 1994, *Reconceptions en philosophie, dans d'autres arts et d'autres sciences*, tr. franç. J.-P. Cometti & R. Pouivet, Presses Universitaires de France, Paris.

GORDON Robert M., 1969, «Emotion and Knowledge», *The Journal of Philosophy*.

GREIMAS Algédiras J., 1976, *Maupassant, la sémiotique du texte : exercices pratiques*, Le Seuil, Paris.

GROSSMANN Reinhardt, 1974, *Meinong*, Routledge & Kegan Paul, London.

HAACK Susan, 1974, *Deviant Logic*, Cambridge University Press, Cambridge.

HACKING Ian, 1993, *Le plus pur nominalisme*, tr. franç. R. Pouivet, l'Eclat, Combas.

HALLYN Fernand, 1987, *La Structure poétique du monde : Copernic, Képler*, Le Seuil, Paris.

HANFLING Oswald, 1992, «The problem of definition», O. Hanfling ed., *Philosophical Æsthetics*, Blackwell, Oxford.

HANSON Norwood R., 1980, «Y a-t-il une logique de la découverte scientifique?», *De Vienne à Cambridge*, tr. franç. P. Jacob, Gallimard, Paris.

HINTIKKA Jaako, 1989, *L'intentionnalité et les mondes possibles*, tr. franç. N. Lavand, Presses Universitaires de Lille, Lille.

HUME David, 1974, *Les essais esthétiques*, tr. franç. R. Bouveresse, t. 2, Vrin, Paris.

HUNTER Geoffrey, 1971, *Metalogic, An Introduction to the Metatheory of Standard First Order Logic*, University of California Press, Berkeley.

HUSSERL Edmund, 1972, *Recherhes Logiques, V*, tr. franç. L. Kelkel & R. Schérer, Presses Universitaires de France, Paris.

HYLTON Peter, 1990, *Russell, Idealism, and the Emergence of Analytic Philosophy*, Clarendon Press, Oxford.

JACQUES Francis, 1973, «Référence et description chez Meinong», *Revue Internationale de Philosophie*, n° 2-3.

KOTARBIŃSKI Tadeusz, 1955, «The Fundamentals Ideas of Pansomatism», engl. tr. A. Tarski & D. Rynin, *Mind*.

KOYRE Alexandre, 1968, *Études newtoniennes*, Gallimard, Paris.

KANT Emmanuel, CFJ, *Critique de la faculté de juger*, éd. F. Alquié, *œuvres philosophiques*, t. II, Gallimard, Paris, 1985.

—, CRP, *Critique de la raison pure*, éd. F. Alquié, *œuvres philosophiques*, t. I, Gallimard, Paris, 1980.

(Les références aux autres œuvres de Kant citées en notes sont données à partir de la pagination de l'édition de l'Académie de Berlin indiquée dans l'édition de la Bibliothèque de la Pléiade, Gallimard, Paris, 1980-1986.)

KENNY Anthony, 1989, *The Metaphysics of Mind*, Oxford University Press, Oxford.

KERBRAT-ORECCHIONI Catherine, 1986, *L'implicite*, Colin, Paris.

KIM Jaegwon, 1993, *Supervenience and Mind*, Oxford University Press, Oxford.

KORNBLITH Hilary (ed.), 1994, *Naturalising Epistemology*, 2nd ed., The Massachusetts Institute of Technology, Cambridge, Mass.

KRIS Ernst & KURZ Otto, 1987, *L'Image de l'artiste*, tr. franç. M. Hechter, Rivages, Paris.

KUNDERA Milan, 1986, *L'Art du roman*, Gallimard, Paris.

LAKOFF George & JOHNSON Mark, 1985, *Les métaphores dans la vie quotidienne*, tr. franç. M. de Fornel & J.-J. Lecercle, Minuit, Paris.

LAMBERT D'AUXERRE, 1988, «Properties of Terms», N Kretzmann & E. Stump ed., *The Cambridge Translations of Medieval Philosophical Texts, vol. I*, Cambridge University Press, Cambridge.

LAUGIER Sandra, 1992, *L'anthropologie logique de Quine, l'apprentissage de l'obvie*, Vrin, Paris.

LEBRUN Gérard, 1970, *Kant et la fin de la métaphysique*, Colin, Paris.

LEIBNIZ Georg Wilhelm, 1978, *Opuscules philosophiques choisis*, tr. franç. L. Schreker, Vrin, Paris.

LEVI-STRAUSS Claude, 1958, *Anthropologie structurale I*, Plon, Paris.

—, 1973, *Anthropologie structurale II*, Plon, Paris.

—, 1985, *La potière jalouse*, Plon, Paris.

LEWIS David, 1969, *Convention*, Blackwell, Oxford.

—, 1986, *On the Plurality of Worlds*, Blackwell, Oxford.

—, 1990, «Allism or Noneism ?», *Mind*, 99.

LINSKY Leonard, 1974, *Le problème de la référence*, tr. franç. S. Stern-Gillet, P. Devaux, P. Gochet, Le Seuil, Paris.

LYCAN William, 1979, «Actualism and Possible Worlds», *in* M. Loux, *The Possible and the Actual, Readings in the Metaphysics of Modality*, Cornell University Press, Ithaca.

MAC CORMAC Earl R., 1985, *A Cognitive Theory of Metaphor*, The Massachusetts Institute of Technology Press, Cambridge, Mass.

MEINONG Alexius, 1920, engl. tr. by R. Grossmann *in* Grossmann, 1974.

—, 1904, *Uber Geganstandstheorie*, engl. trans. in R. Chisholm ed., 1960.

MORIZOT Jacques, 1992, «Eloge de la construction», *Lire Goodman*, sous la direction de R. Pouivet, L'Eclat, Combas.

—, 1993, «Un, deux ou trois Goodman?», *Revue Internationale de Philosophie*, n° 2-3.

NEF Frédéric, 1988, *Logique et langage, Essais de sémantique intensionnelle*, Hermès, Paris.

—, 1990, «Logique et mystique : à propos de l'atomisme logique de Russell et Wittgenstein», *Acta du colloque Wittgenstein*, Trans-Europ-Repress, Mauvezin.

—, 1991a, *Logique, langage et réalité*, Editions Universitaires, Paris.

—, 1991b, «Pourquoi y a-t-il un monde actuel et pourquoi est-il unique? (Fantaisie modale)», *Les Cahiers de philosophie*, n° 13.

NEALE Stephen, 1990, «La théorie des descriptions : passé et présent», *Bertrand Russell, de la logique à la politique*, Hermès, n° 7, Centre National de la Reherche Scientifique, Paris.

OCKHAM Guillaume d', 1978, *Commentaire sur le livre des prédicables de Porphyre, précédé du Proême sur les livres de l'art logique*, tr. franç. R. Galibois, Centre d'Études de la Renaissance, Université de Sherbrooke.

OWEN G.E.L., 1977, «Aristotelian Pleasures», *Articles on Aristotle, 2*, ed. by J. Barnes, M. Schofield & R. Sorajbi, Duckworth, London.

PANACCIO Claude, 1987, «Nominalisme occamiste et nominalisme moderne», *Dialogue*, XXVI, n° 2.

—, 1991, *Les mots, les concepts et les choses, La sémantique de Guillaume d'Occam et le nominalisme d'aujourd'hui*, Bellarmin & Vrin, Montréal & Paris.

PANOFSKY Erwin, 1987, «Galilée, critique d'art», tr. franç. N. Heinich, *Actes de la Recherche en Sciences sociales*, n° 66-67.

PARSONS Terence, 1980, *Nonexistent Objects*, Yale University Press, New Haven.

—, 1982, «Nominalistic Theories of Fictional Objects», *Poetics*, 11.

PAVEL Thomas, 1988, *Univers de la fiction*, Le Seuil, Paris.

PEARS David, 1993, *La pensée-Wittgenstein*, tr. franç. C. Chauviré, Aubier, Paris.

PERSZYK Kenneth J., 1993, *Nonexistent Objects : Meinong and Contemporary Philosophy*, Kluwer, Dordrecht.

PLANTINGA Alvin, 1974, *The Nature of Necessity*, Clarendon Press, Oxford.

POMIAN Krzystof, 1987, *Collectionneurs, amateurs et curieux*, Gallimard, Paris.

POUIVET Roger, 1991a, «Plaidoyer pour les signes», *Les Cahiers du Musée national d'Art moderne*, 38, Centre Georges Pompidou, Paris.

—, 1991b, «Signification et métaphore chez Hobbes», *Bulletin de philosophie*, n° 6, Centre Régional de Documentation Pédagogique, Rennes.

—, 1992a, sous la direction de, *Lire Goodman*, L'Eclat, Combas.

—, 1992b, «Peut-on faire échec aux faussaires?», *Les Cahiers du Musée National d'Art moderne*, n° 41.

—, 1993a, «Goodman, Scheffler, Mme Bovary et quelques anges», *Revue Internationale de Philosophie*, n° 2-3.

—, 1993b, «L'art, avec ou sans essence?», *Critique d'art*, n° 1.

—, 1993c, «L'artiste africain est-il un créateur ?», *Créer en Afrique*, Actes du 2ᵉ Colloque européen sur les Arts d'Afrique noire, *Arts d'Afrique noire*, Arnouville.

—, 1994a, «Compte rendu de J.H. Zammito : *The Genesis of Kant's Critique of Judgment*», *Revue Internationale de Philosophie*, n° 3.

—, 1994b, «A la poursuite du trivial», *Critique*, n° 562.

—, 1995a, «Survenances», *Critique*, n° 575.

—, 1995b, «Conventionality and Reflective Equilibrum», *Miedzy Filozofia a Historia Nauki, (Konferencja pamieci Jerzego Giedemyna)*, Fondation «Humanoria», Université Adam Mickiewicz, Poznan.

—, 1995c, «Normes non évaluatives», *Penser la norme, approches juriques et philosophiques*, Textes réunis par R. Pouivet et J.-P. Delville, Publications du Centre de Recherche sur la Logique et son Histoire, Université de Rennes I.

PUTNAM Hilary, 1994, *Le réalisme à visage humain*, tr. franç. C. Tiercelin, Le Seuil, Paris.

QUINE Willard Van, 1961, *From a Logical Point of View*, 2nd ed., Harvard University Press, Cambridge, Mass.

—, 1977, *Relativité de l'ontologie et autres essais*, tr. franç. J. Largeault, Aubier, Paris.

—, 1976, *The Ways of Paradox and other Essays*, 2nd ed., Harvard University Press, Cambridge, Mass.

RAFMAN Diana, 1993, *Language, Music and Mind*, The Massachusetts Institute of Technology, Cambridge, Mass.

RICŒUR Paul, 1975, *La métaphore vive*, Le Seuil, Paris.

ROSENKRANTZ Gary S., 1993, *Haecceity, An Ontological Essay*, Kluwer, Dordrecht.

ROSKILL Mark, 1976, *What is Art History?*, Thames and Hudson, London.

RUSSELL Bertrand, 1988, Lettre à Frege du 16 juin 1902, tr. franç. P. de Rouilhan, *Logique et fondements des mathématiques, 1850-1914*, Payot, Paris.

—, 1989, *Ecrits de logique philosophique*, tr. franç. J.-M. Roy, Presses Universitaires de France, Paris.

—, 1991, *Introduction à la philosophie mathématique*, tr. franç. F. Rivenc, Payot, Paris.

RYLE Gilbert, 1978, *La notion d'esprit*, tr. franç. S. Stern-Gillet, Payot, Paris.

SCHAEFFER Jean-Marie, 1992, *L'art de l'âge moderne, l'esthétique et la philosophie de l'art du XVIIIe siècle à nos jours*, Gallimard, Paris.

SCHEFFLER Israël, 1979, *Beyond the Letter, A Philosophical Inquiry into Ambiguity, Vagueness and Metaphor in Language*, Routledge & Kegan Paul, London.

—, 1986, *Inquiries, Philosophical Studies of Language, Science & Learning*, Hackett, Indianapolis.

—, 1991, *In Praise of the Cognitive Emotions*, Routledge, New York.

SEARLE John R., 1972, *Les actes de langage*, tr. franç. H. Pauchard, Hermann, Paris.

SELLARS Wilfrid, 1992, *Empirisme et philosophie de l'esprit*, tr. franç. F. Cayla, L'Eclat, Combas.

SIMONS Peter, 1987, *Parts, A Study in Ontology*, Clarendon Press, Oxford.

SMITH David W. & MCINTYRE R., 1982, *Husserl and Intentionality, A Study of Mind, Meaning and Language*, Reidel, Dordrecht.

SOURIAU Etienne, 1969, *La Correspondance des arts*, Flammarion, Paris.

STEPHAN Lucien, 1988, *La sculpture africaine : essai d'esthétique comparée*, in *L'art africain*, Mazenod, Paris.

—, 1991, «Le vrai, l'authentique et le faux», *Les Cahiers du Musée National d'Art moderne*, n° 36, Centre Georges Pompidou, Paris.

STRAWSON Peter F., 1977, *Etudes de logique et de linguistique*, tr. franç. J. Milner, Le Seuil, Paris.

TAKALA Tapio, 1993, «A neuropsychologically based Approach to Model Creativity in Knowledge Bases», Gero and Malher (eds), *Modeling Creativity and Knowledge-Based Creative Process*, Lawrence Erlbaum Ass.

TARSKI Alfred, 1972, «Le concept de vérité dans les langages formalisés», tr. franç. G. Kalinowski, *Logique, sémantique et métamathématique*, Colin, Paris.

VAN INWAGEN Peter, 1993, *Metaphysics*, Oxford University Press, Oxford.

VERNANT Denis, 1993, *La philosophie mathématique de Russell*, Vrin, Paris.

VEYNE Paul, 1983, *Les Grecs ont-ils cru à leurs mythes?*, Le Seuil, Paris.

VUILLEMIN Jules, 1971, *La logique et le monde sensible*, Flammarion, Paris.

—, 1984, *Nécessité ou contingence*, Minuit, Paris.

WALTON Kendall L., 1990, *Mimesis as Make-Believe, On the Foundations of the Representational Arts*, Harvard University Press, Cambridge, Mass.

WEITZ Morris, 1988, «Le rôle de la théorie en esthétique», tr. franç. D. Lories, *Philosophie analytique et esthétique*, Méridiens Klincksieck, Paris.

WITTGENSTEIN Ludwig, 1953, *Philosophische Untersuchungen (Philosophical Investigations)*, with engl. tr. by G.E.M. Anscombe, Blackwell, Oxford.

—, 1963, *Tractatus logico-philosophicus*, Surkhamp, Frankfurt am Main.

—, 1971, *Leçons et conversations*, tr. franç. J. Fauve, Gallimard, Paris.

WIGGINS David, 1980, *Sameness and Substance*, Blackwell, Oxford.

—, 1993, «Putnam's Doctrine of Natural Kind Words and Frege's Doctrines of Sense, Reference and Extension : Can they Cohere?», A.W. Moore ed., *Meaning and Reference*, Oxford University Press, Oxford.

WOLEŃSKI Jan (ed.), 1990, *Kotarbinski : Logic, Semantics and Ontology*, Kluwer, Dordrecht.

WOLFRAM Sybil, 1989, *Philosophical Logic*, Routledge, London.

WOLLHEIM Richard, 1994, *L'art et ses objets*, tr. franç. R. Crevier, Aubier, Paris.

ZAMMITO John H., 1992, *The Genesis of Kant's Critique of Judgment*, The University of Chicago Press, Chicago.

ZEMACH Eddy M., 1970, «Four Ontologies», *The Journal Philosophy*, 67 (8).

—, 1992, *Types, Essays in Metaphysics*, E.J. Brill, Leiden.

Index des noms

Agathon, 192
Altdorfer A., 188
Apollonaire G., 68
Aristote, 8, 18, 36, 49-50, 97, 106, 157, 192, 195, 198, 202-203, 207, 210
Arnauld A., 193, 203

Bach J.S., 21, 26, 79, 110, 185, 186
Bach K.P.E., 186
Bacon F., 22
Baldini U. & Cosazza O., 201
Balzac H. de, 79
Baumgarten A.G., 17-18
Beaumarchais F., 173
Beethoven L. von, 26, 79
Bergson H., 18, 208
Black M., 99
Boden M., 124
Borillo M., 208
Bouveresse J., 39, 53, 131, 161, 201, 208
Brahms, 46
Brancusi, 121
Brentano F., 162
Burkhardt H. & Degen W., 202

Callias, 198
Caravage, 202
Carnap R., 89, 205
Cassirer E., 159-160, 166
Cézanne P., 114
Changeux J.-P., 124
Chisholm R., 162, 203
Collingwood R.G., 34, 53

Cometti J.-P., 91, 92
Cooper D., 123
Coppola F., 45
Corneille P., 119
Cournot A., 22
Crittenden C., 163

Davidson D., 11, 50, 63, 91, 124, 165
De Sousa R., 53
Descartes R., 208
Descombes V., 205
Dickie G., 125
Du Bellay J., 25
Dummett M., 131
Duns Scot, 193, 203
Dürer A., 73, 186, 188

Eberle R., 11
Eco U., 92
Elgin C.Z., 15, 91, 104, 116, 123, 161, 164, 203, 205, 208
Engel P., 12, 53, 106, 123, 161
Epictète, 203
Erlande-Brandenbourg A., 178

Fauré G., 46
Field H., 11
Findlay J.N., 162
Flaubert G., 87, 146, 156
Frédéric Le Grand, 133
Frege G., 95, 129, 131-136, 147, 150, 161, 205
Freud S., 87

Gainsborough, 110-111
Geach P., 53
Genette G., 15, 201
Gilson E., 51
Gochet P., 90
Gribomont P., 90
Godart-Wendling B., 124
Gombrich E., 70-72, 165
Goodman N. & Elgin C.Z., 88, 116, 155, 207
Goodman N., 10-14, 45-47, 56, 58-62, 67, 70-72, 74, 76, 79-82, 84-85, 93, 99-101, 104, 106, 108, 112, 121-122, 151, 168, 170, 174, 186, 198-199, 205-206, 210
Gordon R.M., 53
Greimas A., 164
Grossman R., 162

Haack S., 15, 123
Hacking I., 62, 91
Hallyn F., 91
Hanson N., 27
Haydn J., 186
Hegel G.W., 9, 11, 31-32, 51, 118-119, 170, 205
Heidegger M., 92, 170
Hintikka J., 161
Hobbes T., 124, 195, 203
Homère, 21
Horace, 25
Hume D., 18, 31, 104, 206
Hunter G., 91
Husserl E., 92, 162
Hylton P., 163

Jacques F., 137
James W., 92

Kant E., 8-9, 11, 13-14, 19-32, 44, 47, 52-53, 84, 104, 122-123, 129, 132-133, 135, 170-171, 205-206, 209
Kenny A., 38-39, 53
Kerbrat-Orecchioni C., 165
Kiesewetter J.G., 20
Kim J., 50, 53, 125
Kotarbinski T., 15
Koyré A., 26
Kripke S., 210
Kris E. & Kurz O., 52
Kundera M., 87, 92

La Tour G. de, 189, 191
Lakoff G. & Johnson M., 105, 124
Lambert d'Auxerre, 161
Laugier S., 53
Le Breton A., 52
Le Nain, 189, 191
Lebrun G., 19, 28, 51

Leibniz G.W., 18, 51, 199-200, 202-203
Léonard de Vinci, 185
Lesniewski S., 11
Lévi-Strauss C., 165
Lewis D., 50, 79, 123, 146, 161
Linsky L., 162
Locke J., 118, 210
Longhi R., 202
Luca Signorelli, 188
Lycan W., 146
Lysippe, 22

Mac Cormac E., 124
Mally E., 163
Manet, 120
Marx K., 87
Meinong A., 129, 131, 135-139, 146-147, 161-162
Michel-Ange, 21-22
Mondrian P., 46, 63-64, 88, 122
Morizot J., 15

Neale S., 164
Nef F., 90-91, 93, 123-124
Newton I., 21, 26-27
Noce V., 201

Ockeghem, 46
Ockham G. d', 8, 10, 111, 208, 210
Owen G.E.L., 53

Panaccio C., 11, 124, 164
Panofsky E., 91
Parsons T., 129, 140-147, 160-161, 163
Pascal B., 29
Pavel T., 164
Pears D., 53
Perszyk K.J., 163, 164
Philippe de Champaigne, 69
Picasso P., 69, 72, 79
Pierro della Francesca, 33
Plantinga A., 161, 203
Platon, 11, 25, 32, 115
Pline l'ancien, 22-23
Plotin, 11, 31-32
Pomian K., 202
Pouivet R., 53, 203, 210
Prokofiev S., 106
Protogénès, 23
Putnam H., 69-70, 91
Pythagore, 134

Quine W.V., 11, 53, 84, 90, 138, 141, 148, 205, 208, 210

Rafman D., 210
Recht R., 202
Rembrandt, 46, 79, 181

Ricœur P., 123
Rilke R.M., 25
Rodin P., 121, 154
Rosenkrantz G.S., 203
Roskill M., 188-189, 202
Rousseau J.-J., 164
Routley R., 163
Russell B., 10, 60-62, 90-91, 95, 123, 137-139, 148, 162-164, 205
Ryle G., 49, 120, 139

Saint Matthieu, 163
Saint Thomas d'Aquin, 163, 203
Schaeffer J.-M., 201
Scheffler I., 47-48, 53, 60, 91, 106, 123, 147, 205-206, 208
Schönborn C., 203
Schopenhauer A., 170
Schumann, 187
Searle J., 113
Sellars W., 11, 82, 93
Seurat, 78
Shakespeare W., 173
Simons P., 163, 195-196, 203
Smith D.W. & R. McIntyre, 162
Socrate, 198
Souriau E., 110-111
Stendhal, 79, 187
Stéphan L., 124, 187, 201-202
Stockhausen K.H., 46, 88
Strawson P., 165
Suger (Abbé), 85

Takala T., 210
Tarski A., 104-106, 124
Tovey D., 26
Twardowski K., 162

Van Gogh P., 112-114
Van Inwagen P., 201
Van Meegeren H., 183, 188
Venn J., 15, 210
Vermeer, 183-184, 188
Vernant D., 163
Véronèse P., 202
Veyne P., 166
Virbel J., 208
Vuillemin J., 12, 191-192, 203

Walton K., 164-165
Webern A., 46, 122
Weitz M., 169
West N., 89
Wiggins D., 161, 194, 203
Wittgenstein L., 13, 24, 34, 38, 40, 57-59, 63, 76-77, 90, 103, 164, 169-171, 201, 205
Wolenski J., 15
Wolfram S., 15
Wollheim R., 174-178, 180, 182, 205

Zammito J.H., 51
Zemach E., 11, 15, 52-53, 172, 174-175, 177-185, 202, 205

Index rerum

actuel, 79-80, 129, 181, 192
allusion, 118-119
ambigu, 102-103, 153
analogie, 49, 133
anticipations, 71, 111, 185
appréciation, 49, 185
apprentissage, 49, 89
art (définition),
— selon Dickie (théorie institutionnelle), 125
— et éducation, 49, 209
articulation (d'un système), 68
attribution, 174, 183-191, 193
authenticité, Chap. V
autographique/allographique, Chap. V-5

beau («Analytique du beau»), 9, 19, 20, Chap. I-3, 133-134, 169-171
beauté,
— libre et adhérente (selon Kant), 132
besoin, 49

cadre de référence, (voir : version).
caractère, 66-69, 74, 109
carte, 75
catachrèse, 99
catégories, 7, 18, 28, 88, 100-101, 175-176, 180, 184, 199
classe de correspondance, 74
classification, 28, 33-34, 109, 121, 158-160, 180, 184-185, 199
cognitif, 38, 46-47, 51, 79-82, 87-88, 94-96, 102-108, 122, 156, 168, 183, 189, 199, 206-207

cohérence, 36, 75, 79, 104, 155
compétence, 12, 68, 107, 122, 147, 150-157, 159-161, 167-168, 171, 190, 207
contexte, 27, 83, 114-115, 117-118, 120, 129, 141
convention (contrat), 64, 123, 166
(convention T selon Tarski), 124
copie, 181-183, 186, 189
correction, 42, 62, 88, 155
correspondance des arts, 111
création, 20, 23, 99, 133, 196-197, 208
culture, 14, 29, 70, 84, 180, 206, 209

dénotation, 82, 116, 121, 149-150, 160
— et référence, 116
— selon Frege, 131-132, 150
densité, 68-69, 72, 84, 86-87, 109, 170, 187
— sémantique, 74, 84
dépassement vs déplacement, 9, 205-206
dépendance ontologique, 136, 139, 194, 196-198
dépiction-x, 109-110, 150, 154
de re / de dicto, 143, 171
description (et description-x), 9, 36-37, 41, 44, 48, 59-60, 79, 81, 102, 116, 119, 123, 128-129, 149, 161
— selon Russell (théorie des descriptions), 137-139, 148
dicible, 76-77, 90
différenciation sémantique, 72, 74, 86
— syntaxique, 67, 72, 86
disjonction sémantique, 74, 103
— syntaxique, 67-68, 74

distributivité, 59

échantillon, 85, 116, 119
économie (principe d'—), 10-11, 86
émotion, 12, Chap. I, 56, 70, 89, 95-96, 122-123, 136, 206-209
encyclopédie, 79
enfance, 43, 150
entité, 9-11, 111, 115, 137-157, 176
épistémologie, 168
essence, 28, 67, 69, 72, 83, 86, 115, 118
étiquette, 18, 97, Chap. III, 129-130, 150-161
évocation, 119-120
existence, 89-90
exemplification, 110
   (définition de l'—), 116-117
expression, Chap. III
   (définition de l'—), 111-116
extensionnalisme, (voir : identité extensionnelle).
extension primaire / secondaire, 149-150

faux, Chap. V, particulièrement 183-191
fiction, Chap. IV
— et mythe, Chap. IV-5

gestuel, 108-111

habitude, 99
haeccéité, 192-194
holisme symbolique, 56, Chap. II-3, 209

idéalisme, 61-63, 80-81, 205-206
identité,
— des indiscernables, 141
— extensionnelle, 57-61, 76
— orthographique, 186-187
— relative, 34-35, 180-181
illustration, 119
induction, 62
— et métaphore, 104
intellectualisme, 46, 93, 122, 208
image, 57-60, 72-73, 108-111, 148-151, 196
implantation, 62-65, 78, 100
indexicalité, 112
inexprimable, 13, 24, 26, 73, 97
inscription (inscriptionnalisme), 111-120, 127-131, Chap. IV-4-6
intention (intentionnel), 96, 101, 110, 113, 115, 153-154, 174
intensionnel, 9-10, 105, 113-116, 134-136, 141, 154
interprétation, 33, 69, 120-122, 157-160, 173, 179-180
intuition, 23, 133, 141, 183, 206
irréalisme, 81

isomorphie,
— extensionnelle, Chap. II-1-3

jugement, 8-9, 12-13, 18-37, 132-133, 135, 170, 184-185, 187-191, 195-198, 209

kantisme esthétique, 37, 171

littéral *vs* métaphorique, 94-111
logique, Introduction, 77-8, Conclusion

marque, 66-69, 109
mentalisme, 13, 111
mention-sélective,
— vague, 153
métaphore, 94-111
— picturale, 108-111
métaphysique, 9, 28, 31-32, 70, 82, 97, 115, 139, 147, 182, 196
mérite (esthétique), 36
monde, 55-56, 78-82, Chap. IV
musée, 37, 40, 56, 121, 157
mythe (mythologie), 157-160

nominalisme, 9-11, 111, 115, 129, 174
normatif, 12, 118, 132

objets,
— fictionnels, 132, 140, 142-147, Chap. V
ontologie, 11, 76, 78-81, 130
— méréologique, 178-185
opérations logiques, 36
ordinateur (lecteur d'image), 107

participation (théorie de la —), 71, 115
pertinence, 79, 87-88, 107, 155, 190
pictural, 69, 73-74, 108, 147, 150, 168, 187
plaisir, 8, 19, 29-30, 33, 38, 42, 44, 48-51, 93, 96, 122-123, 131-132, 154, 157, 187, 208-209
selon Aristote, 49-50, 157
poétique, 7, 25, 133
pragmatique, 75, 79, 88, 106, 155
pragmatisme, 62
pratique, 81, 89, 100, 183, 191, 198
prédicat, 9, 13, 28, 32, 61-65, 67, 71, 74-75, 100, 104, 111, 115, 149-150
prédiction, 12
présentification, 196
projection, 59-65, 100, 104
propriété, 9, 33-34, 50, 78, 83, 85, 113, 122, 136, 140-147, Chap. V
— nucléaire, 140-147

quantification, 9, 138-147, 149

rasoir d'Ockham, 10, 208
réalité, 18, Chap. II, 94, 102-103, 113-114
reconception, 5, 168, 206
réduction, 56
référence (théorie de la —), 37, 75, 112, 206
règle, 13, 20-21, 24-27, 38, 63-69, Chap. IV-3 et 4, Chap. V-6
règne, 100-102, 107, 110
rendu, 74-76
réplique, 74, 106, 109, 115-117, 148, 176, 186
représentation,
— esthétique, Chap. II
reproduction, 119, 172, 177-186
ressemblance, 60, 70-71, 77-78, 82, 109, 169, 190
restauration, 177-178, 181, 196

saturation symbolique, 72-73, 85-86
sémantique, 10-11, 37, 44, 64, 66, 72-78, Chap. II-4, 105-108, Chap. IV-1, 151, 157, 198-199
sens,
— et dénotation, 131-134
— métaphorique, 96, 107
sensibilité, 5-6, 18, 24, 27, 40, 156
sentiment, 19, 24, 29, 43, 47-48, 172-173, 206

signification, 8, 33, 38, 55, 82, 113, 115, 120, 134-135, 147-148, 157-158
structuralisme, 157
structure, 55-65
style, 75
subsistence *(selon Meinong)*, 136
survenance, 49-51, 122-123
symbole, 66-69, 73, 83-85, 148-151
symptôme, 73, 84-86, 118, 120, 170-171, 199
synonymie, 149
syntaxe, 66-69
système, Chap. II, 101, 108-109, 157, 170
— symbolique, 66-69

transfert, 59-102
trope, 95
type, 175-185
— logique, 60-61

vague, 57, 76, 102-104, 180, 208
valeur cognitive, 87, 94-98, 102-108
verbal, 69, 72-74
vérité, 18, 88
— de la fiction, 131-132, 148, 154-157
— métaphorique, 94, 96-97, 102-108
version, 78-88

Table des matières

AVANT-PROPOS 5

INTRODUCTION 7

1. Esprits de géométrie, esprits de finesse................................... 7
2. Logique philosophique 8
3. Nominalisme 9
4. Norme et valeur esthétiques 12
5. Projet 13

Chapitre I
ÉMOTION

1. L'art en-deçà, l'art au-delà de la science 17
2. Le génie et le cerveau 18
3. Le beau 27
4. L'émotion esthétique 38

Chapitre II
REPRÉSENTATION

1. Un monde sans visions 55
2. L'isomorphie extensionnelle... 57
3. Le holisme symbolique 65
4. L'art et le monde 78

Chapitre III
EXPRESSION

1. Art et expression... 93
1. Logique de la métaphore.. 94
2. L'expression 111
3. Connaître et interpréter 120

Chapitre IV
FICTION

1. Sémantique de la fiction 127
2. Fictions sans référence (Kant et Frege) 131
3. Les objets qui n'existent pas (Meinong, Parsons)....................... 135
4. Une théorie inscriptionnaliste de la fiction 147
5. Le mythe 157
6. Les limites de la fiction 160

Chapitre V
AUTHENTICITÉ

1. Esthétique et ontologie des œuvres d'art 167
2. Authenticités... 172
3. L'art et ses objets (Wollheim).. 175
4. Ontologie de l'œuvre d'art et relativité de l'identité (Zemach) ... 178
5. Authenticité et classification 185
6. Authenticité et nécessité 191
7. Authenticité, identité et dépendance ontologique 194
8. Qu'est-ce qu'une œuvre d'art? 198

CONCLUSION 205

BIBLIOGRAPHIE 211

INDEX DES NOMS 219

INDEX RERUM 223

PHILOSOPHIE ET LANGAGE
Collection publiée sous la direction de Sylvain AUROUX, Claudine NORMAND, Irène ROSIER

Ouvrages déjà parus dans la même collection :

ADAM : Eléments de linguistique textuelle.
ANDLER et al. : Philosophie et cognition - Colloque de Cerisy.
ANSCOMBRE / DUCROT : L'argumentation dans la langue.
AUROUX : Histoire des idées linguistiques - Tome 1.
AUROUX : Histoire des idées linguistiques - Tome 2.
AUROUX : La révolution technologique de la grammatisation.
BESSIERE : Dire le littéraire.
BORILLO : Information pour les sciences de l'homme.
CASEBEER : Hermann Hesse.
CAUSSAT : La langue source de la Nation.
CHIROLLET : Esthétique et technoscience.
COMETTI : Musil.
COUTURE : Ethique et rationalité.
DECROSSE : L'esprit de société.
DOMINICY : La naissance de la grammaire moderne.
DUFAYS : Stéréotype et lecture - Essai sur la réception littéraire.
EVERAERT-DESMEDT : Le Processus interprétatif - Introduction à la sémiotique de Ch. S. Peirce.
FORMIGARI : La sémiotique empirique face au kantisme.
GELVEN : Etre et temps de Heidegger.
GUILHAUMOU-MALDIDIER-ROBIN : Discours et archive. Expérimentation en analyse du discours.
HAARSCHER : La raison du plus fort.
HEYNDELS : La pensée fragmentée.
HINTIKKA : Investigations sur Wittgenstein.
ISER : L'acte de lecture.
JACOB : Anthropologie du langage.
KIBEDI-VARGA : Discours, récit, image.
KREMER-MARIETTI : Les racines philosophiques de la science moderne.
LAMIZET : Les lieux de la communication.
LARUELLE : Philosophie et non-philosophie.
LATRAVERSE : La pragmatique.
LAUDAN : Dynamique de la science.
LAURIER : Introduction à la philosophie du langage.
LEMPEREUR : L'argumentation - Colloque de Cerisy.
MAINGUENEAU : Genèse du discours.
MARTIN : Langage et croyance.
MEYER : De la problématologie.
MOUREY : Borges, vérité et univers fictionnels.
NEUBERG : Théorie de l'action.
PARRET : Les passions.
PARRET : La communauté en paroles.
POUIVET : Esthétique et logique.
SCHLIEBEN-LANGE : Idéologie, révolution & uniformité de la langue.
SHERIDAN : Discours, sexualité et pouvoir (Michel Foucault).
STUART MILL : Système de logique.
TRABANT : Humboldt ou le sens du langage.
VANDERVEKEN : Les actes de discours.
VECK : Francis Ponge ou le refus de l'absolu littéraire.
VERNANT : Introduction à la philosophie de la logique.